中传学者文库编委会

主　任： 廖祥忠　张树庭

副主任： 蔺海波　李　众　刘守训　李新军　王　晖
　　　　　 杨　懿　柴剑平

成　员（按姓氏笔画排序）：

王廷信　王栋晗　王晓红　王　雷　文春英
龙小农　付　龙　叶　龙　刘东建　刘剑波
任孟山　李怀亮　李　舒　张绍华　张　晶
张根兴　张毓强　林卫国　郑　月　金　炜
金雪涛　周建新　庞　亮　赵新利　徐红梅
贾秀清　高晓虹　隋　岩　喻　梅　熊澄宇

中传学者文库

主编／柴剑平　执行主编／龙小农　副主编／张毓强　周建新

民俗学与表演研究

王杰文自选集

王杰文　著

中国传媒大学出版社

·北京·

图书在版编目（CIP）数据

民俗学与表演研究：王杰文自选集 / 王杰文著 . -- 北京：中国传媒大学出版社，2024.8.

（中传学者文库 / 柴剑平主编）.

ISBN 978-7-5657-3769-5

Ⅰ . K890-53

中国国家版本馆 CIP 数据核字第 2024S71U29 号

民俗学与表演研究：王杰文自选集
MINSUXUE YU BIAOYAN YANJIU: WANG JIEWEN ZIXUANJI

著　　者	王杰文
责任编辑	张　笛
封面设计	锋尚设计
责任印制	李志鹏
出版发行	中国传媒大学出版社
社　　址	北京市朝阳区定福庄东街 1 号　　邮　编　100024
电　　话	86-10-65450528　65450532　　传　真　65779405
网　　址	http://cucp.cuc.edu.cn
经　　销	全国新华书店
印　　刷	北京中科印刷有限公司
开　　本	710mm×1000mm　1/16
印　　张	17.5
字　　数	270 千字
版　　次	2024 年 8 月第 1 版
印　　次	2024 年 8 月第 1 次印刷
书　　号	ISBN 978-7-5657-3769-5/K・3769　　定　价　88.00 元

本社法律顾问：北京嘉润律师事务所　　郭建平

总　序

　　媒介是人类社会交流和传播的基本工具。从口语时代到印刷时代，再经电子时代至今天的数智时代，媒介形态加速演变、融合程度深入发展，媒介已然成为现代社会运行的基础设施和操作系统。今天，人类已经迈入媒介社会，万物皆媒、人人皆媒，无媒介不社会、无传播不治理。今天，无论我们怎么用力于信息传播的研究、怎么重视信息传播人才的培养都不为过。

　　中国传媒大学（其前身为北京广播学院）作为新中国第一所信息传播类院校，自1954年创建伊始，即与媒介形态演变合律同拍、与国家发展同频共振，努力探索中国特色信息传播人才培养模式、构建中国信息传播类学科自主知识体系，执信息传播人才培养之牛耳、发信息传播研究之先声，被誉为"中国广播电视及传媒人才摇篮""信息传播领域知名学府"。

　　追溯中传肇始发轫之起源、瞩望中传砥砺跨越之未来，可谓创业维艰而其命维新。昔日中传因广播而起，因电视而兴，因网络而盛，今天和未来必乘风破浪、蓄势而上，因人工智能而强。在这期间，每一种媒介兴起，中传均吸引一批志于学、问于道、勤于术的

学者汇聚于此，切磋学术、传道授业，立时代之潮头，回应社会需求，成为学界翘楚、行业中坚，遂有今日中传学术研究之森然气象，已历七秩而弦歌不断，将传百世亦风华正茂。

自新时代以来，中传坚守为党育人、为国育才初心，励精图治、勠力前行，秉承"系统治理、创新图强、交叉融合、特色发展"的办学理念，牢牢把握高等教育发展大势、传媒业态发展趋势，瞄准"智能传媒"和"国际一流"两大主攻方向，以世界为坐标、以未来为向度，完成了全面布局和系统升级，正在蹄疾步稳、高质量推动学校从传统高等教育向未来高等教育跨越、从传统传媒教育向智能传媒教育跨越、从国内一流向世界一流跨越，全力建设中国特色、世界一流传媒大学。

中国特色、世界一流，在于有大先生扎根中国大地，汇聚古今、融通中外；在于有大先生执教黉门，学高为师、身正为范；在于有大先生躬耕杏坛，敦品积学、启智润心。习近平总书记更强调，高校教师要立志成为大先生，在教书育人和科研创新上不断创造新业绩。中传广大教师素来以做大先生为毕生职志，努力成为新时代"经师"与"人师"的统一者，做真学问、立高品行，践履"立德树人"使命。

2024岁在甲辰，欣逢中传建校70华诞，学校特邀约部分学者钩玄勒要、增删批阅，遴选已公开刊发的论文汇编成集，出版"中传学者文库"，意在呈现学校在学科建设、科学研究、服务行业实践等方面的最新成果，赓续中传文脉，谱写时代新声。

文库汇聚老中青三代学者，资深学者渊渟岳峙、阐幽抉微；中年学者沉潜蓄势、厚积薄发；青年学者踌躇满志、未来可期。文库与五十周年校庆所出版的"北广学者文库"相承接，大致可勾勒中传知识生产薪火相传、三代辉映之概貌，反映中传在构建中国特色新闻传播类、传媒艺术类、传媒技术类学科体系、学术体系和话语体系方面的耕耘与收获，窥见中国特色信息传播类学科知识体系构建的发展脉络与轨迹。

这一构建过程，虽筚路蓝缕，却步履铿锵；虽垦荒拓野，亦四方辐辏。一批肇始于中传，交叉融合、具有中国特色的学科，如播音主持艺术学、广播电视艺术学、传媒艺术学、数字媒体艺术学、政治传播学等，从涓涓细流汇入滔滔江河，从中传走向全国，展现了中传学者构建中国自主知识体系的学术想象力和创新力。文库展示的虽然是历史，实则是呈现今天；看似是总结过去，实则是召唤未来。与其说这套文库的出版，是对既有学术成果的展示，毋宁说是对未来学术创新的邀约。

回首过往，七秩芳华。我们深知，唯有将马克思主义基本原理与中华优秀传统文化相结合，才能推动中华学术创造性转化和创新性发展，推动中国自主知识体系的构建。我们深知，唯有准确把握媒介形态演变的脉动、深刻认知媒介形态变革所产生的影响，才能推动中国信息传播类学科自主知识体系的构建与时俱进。

展望未来，星辰大海。我们深知，以人工智能为代表的产业和科技革命正迅疾而来，媒介生态正在加速重构，教育形态正在全面重塑，大学之使命与价值正在被重新定义；我们深知，唯有"胸怀国之大者"、面向世界科技前沿、面向经济主战场、面向国家重大需求，才能确保中传始终屹立于中国乃至世界传媒教育发展之潮头。

如何应对人工智能带来的深刻变革，对中传而言是一场要么"冲顶"、要么"灭顶"的"兴亡之战"。我们坚信，不管前方是雄关漫道，还是荆棘满途，唯有勇敢直面"教育强国，中传何为？"这一核心命题，奋力书写"智能传媒教育，中传师生有为！"的精彩答卷，才能化危为机，奋力开创人工智能时代中传智能传媒教育新纪元。

功不唐捐，芳华七秩；风帆正举，赓续创新。

是为序。

第十四届全国政协委员，中国传媒大学党委书记、教授、博士生导师

自 序

20世纪70年代前后,"表演"一词,开始逐渐成为国际民俗学界的流行术语,"表演研究(Performance Studies)",也迅速成为国际民俗学界最有影响力的学术思潮之一。21世纪初,中国民俗学界才开始零星地翻译、介绍"表演研究"的相关文献,部分同行才开始逐渐关注"表演研究"。但是,今天看起来,真正关心这一研究范式的学者,仍然屈指可数。

为什么会这样呢?其中最重要的一个原因,也许与"Performance"这一英文单词有关。习惯上,它被翻译为"表演",而"表演"在中英文语境中又具有不完全相同的含义。当我们把"Performance"翻译为"表演",并作为关键概念使用时,往往会让同行们联想到"装腔作势",或者是"文艺表演"。总之,许多人会望文生义,简单粗暴地排斥这一概念。

事实上,只要迈出民俗学的学科边界,稍微涉略一点戏剧学、人类学、社会学、语言学、传播学等学科的基本文献,就不难发现,上述不同学科都在广泛地使用"Performance"这一概念。然而,几乎没有哪个学科会画地为牢,为这一概念设定一个为某一学科所专属的定义。恰恰相反,作为一种全新的研究范式,"表演研究"从一开始,就是从模糊"(行为)类型"、跨越学科边界中产生的。整个"表演研究"的学术史,就是从模糊"艺术与社会"之间的边界,从"人生如戏,戏如人生"的格言中获得学术灵感的。

当然,"表演研究"被漠视的原因还有很多,比如,它仅仅被当作一种偶然出现的研究方法,而不是内生于国际民俗学理论发展史的一种研究范式;它被想象为某种具有固化程式的理论与方法,而不是一种不断发展变化的思维方式;它被想象为民俗学专有的理论,而不是一种多学科交互影响的学术范式等。此外,既然"表演研究"反思并批判了之前以"文本"和"事象"为中心的研究范式,那它就必然会挑战民俗学界保守的学术传统,于是,保守的民俗学者自然会对它视而不见、听而不闻。在表演研究者看来,这种态度本身就是一种表演。

"表演研究"之"表演",指向了一切人类行为,认为一切社会现实都是通过"行为"而被建构出来的;所以,任何人们以为是"理所当然"的事情,都是一系列的"表演",都是一个习得、排练、改编与呈现的过程。当然,它也意味着改变与创新的可能性。换句话说,"表演研究"不是局限于对哪一种具体的表演形态的研究,而是对日常生活实践进行观察、分析与批评,并为合意的未来生活提供某种指引。在这个意义上,"表演研究"既是一种学术研究的方法,也是一种理解世界的方式,还是一种生活的态度。

"表演研究"认为,一切"表演"的终极目标是"转变";而人类令人惊叹的能力就是创造、改变生活,努力成为他们庸常生活中所不能够呈现的样子。"表演研究"试图通过"表演",摆脱某种陈腐的状态,走向更理想、更合意、更美好的生活。走向"表演研究"的民俗学,不只是一种学术研究的范式,还是一种艺术创造的形式,更是一种社会生活的实践方式;当然,主张表演研究的民俗学,也试图借助"表演"的概念,完成学科自身的自反性更新。

在本书的上编部分,作者试图向读者朋友们呈现这样一幅学术图景:

(1)口头艺术的"表演研究"是从国际民俗学理论史中自然地

生长出来的。

（2）口头艺术的"表演研究"是被不断地丰富与完善的。

（3）口头艺术的"表演研究"可以被普遍地应用于阐释其他一切日常生活行为与事件。

（4）口头艺术的"表演研究"已经汇入跨学科的"国际表演研究（PSi）"。

（5）在"国际表演研究"的话语中，民俗学正在重新进行学科定位。

在本书的下编部分，作者借助"表演研究"的相关概念，对挽歌与祭文、传说与社火、评书与评话、中国皮影、网络笑话、传奇故事、哑谜等民间艺术类型进行个案研究，试图以此展示"表演研究"的分析方法，呈现其特有的阐释能力。

本书对"表演研究"的理解与应用，一定还有许多不足的地方，敬请读者朋友们批评指正。

目 录

上 编

反启蒙主义与民俗学
　　——以赛亚·伯林论维柯、赫尔德 ·················· 003
格林兄弟的语文学与"口头传统"研究 ·················· 022
本土语文学与民间文学 ·················· 047
民俗研究的哲学根基
　　——来自哲学家巴赫金的启示 ·················· 062
普罗普与巴赫金
　　——试论20世纪民间文艺学的两种范式 ·················· 082
超越"文字中心主义"
　　——重估顾颉刚先生的民俗学方法论 ·················· 103
超越"口头艺术"的边界
　　——"表演研究"与面向未来的民俗学 ·················· 119

下 编

挽歌与祭文
　　——在"类型"的"对话"中表演权力 ………… 137
直义与隐喻
　　——"十八打锅牛"传说的分析 ………… 154
"表演理论"视角下的非遗 ………… 182
评书、评话表演中演员的身体 ………… 205
"数码一代"的口头传统实践
　　——从"关于兔子的一些笑话"说起 ………… 218
本事、故事与叙事
　　——唐传奇《柳毅传》的表演研究 ………… 230
复杂类型及其表演
　　——以打哑谜的故事（AT924）为例 ………… 252

后　记 ………… 264

上　编

反启蒙主义与民俗学*
——以赛亚·伯林论维柯、赫尔德

近年来,在中国民俗学界,吕微与户晓辉竭力要把民俗学的起源追溯到康德及其理性主义的思想传统。这是一项颇具创新性与挑战性的思想实验。它潜在地刺激并推动了中国民俗学界部分同仁努力去重新认识学科之起源及其意图,有利于重新规划未来民俗学的学科任务与学术目标。

然而,基于已有的民俗学发展史的研究成果,不难发现,学界同仁向来都是把民俗学的学科源点追溯到赫尔德(而非康德),或者再往前追溯的话,更多是追溯到意大利的哲学家维柯①那里。众所周知,赫尔德与康德是思想观念几乎近于针锋相对的两位哲学家——他们之间的对立,是特殊而独有的事物同重复而普遍的事物之间的对立,具体和抽象之间的对立,内在世界与外部世界的对立,质与量的对立,历史主义与永恒的价值、文化与永恒的原理之间的对立,作为人类永恒处境的精神冲突与自我转变同和平、秩序、最终的和谐以及理性的一切希望之满足的可能性之间的对立——民俗学如何可能同时从两位完全对立的哲学家那里发展出来呢?尽管赫尔德是康德的学生,

---

* 本文原载于《民间文化论坛》2019 年第 6 期,收入本书时有改动。
① 乔瓦尼·巴蒂斯塔·维柯(1668—1744),发明了社会知识的一个新领域,它包含社会人类学,以及对语文学、语言学、人种学、法理学、文学、神话学的比较和历史研究,实际上,他发明的就是广义的文明史。

他的思想中不可能没有乃师理性主义思想的影子[①]，但是，从根本上来看，赫尔德更多是维柯思想衣钵的继承者，是一位浪漫主义者而不是一位启蒙主义者[②]。

从历史事实的角度来说，如果民俗学出自反启蒙主义而不是启蒙主义，那么，这种思想渊源本身会不会带有先天的缺陷呢？而且，抛开历史的起源不说，当前民俗学的出路仍然是反启蒙主义吗？在当前社会里，难道还有人会反对理性主义，转而宣扬一种反智主义的理论立场吗？显然，回答民俗学的历史渊源与现实困境的问题，需要从思想史的角度作出某种努力，即需要把民俗学作为一门现代学科的基本任务与目标展示出来，从历史的层面予以解释，庶几可以回答上述问题。

英国的哲学家和政治思想史家以赛亚·伯林是20世纪最著名的自由主义知识分子之一，他的《启蒙的三个批评者》《扭曲的人性之材》《反潮流：观念史论文集》三部专著，集中论述与评析了启蒙主义与浪漫主义的思想发展史，其中特别介绍与分析了与民俗学的历史渊源相关的重要思想家维柯与赫尔德。本文拟借助于柏林对于维柯、赫尔德的研究成果（尤其是赫尔德），在20世纪自由主义的思想框架中，回顾并重新理解民俗学的思想源起。

一、尊严的受挫

要理解赫尔德的思想渊源及其特质，按照伯林的思路，必须置之于他生活的社会环境中。赫尔德出生于1744年，死于1803年，基本上生活在18世纪的后半叶德国东普鲁士。而在整个17世纪，相邻的法国似乎在每一个领域都稳稳地遥遥领先于周边其他国家，无论是在物质上还是在精神生活领域，它都占据着支配性的地位。它的经济总量、它的社会组织、它的军事实

---

① 尽管一条巨大的理智上的鸿沟把康德与赫尔德分开了，但是，他们都追求精神的自主性，反对盲从未加批判的知识，都追求道德的独立性，尤其是道德的救赎。参见卡岑巴赫.赫尔德传[M].任立，译.北京：商务印书馆，1993：9-15.
② 启蒙主义与浪漫主义之间的矛盾与斗争是一场至今仍然不见结束之迹象的争论。

力、它的艺术成就,都有非常杰出的表现,这使得法国成为当时整个欧洲世界的领袖。人们甚至可以说,当时所谓欧洲文明其实就是法国文明。与法国的一枝独秀相对应的是,此时的德国却是乏善可陈。据说德国除了在建筑学与神学方面有些寒酸的成就之外,其他领域都是成绩平平。当时的德国,经济落后,社会分裂,思想狭隘,仍然停留在中世纪落后的氛围中;某些先进的德国人在倍感羞辱的同时,一方面竭力以法国为样板,起而亦步亦趋地模仿法国,另一方面也在酝酿着反叛的情绪,他们已经作出在文化上进行抵抗的准备。

总之,从历史资料来看,我们永远也不要低估整个17到18世纪法国人给德国人的自尊心所造成的伤害。当一个民族在经济、政治、军事、艺术、文学等领域都无法与对方相媲美的时候,它既可能会完全丧失自我意识,全身匍匐在对手的脚下;也有可能努力在自己身上寻找优越的道德品质和深刻的精神,从而获得在对手面前自傲的资本。事实上,德国人更多地选择了后者。

那么,这种引以自傲的资本是什么呢?在18世纪的德国人那里,就是优越的道德品质和深刻的精神,是对真理和内心精神生活的一种高贵而无私的爱,他们感到自己年轻而朝气蓬勃,是未来的真正使者。相反,在他们看来,法国人精神空虚,耽于物欲,他们的艺术、科学、沙龙与财富因此而一文不值。德法之间的国力形势对比,在经过以赫尔德为代表的德国浪漫主义者、民族主义者的宣扬与鼓吹之后,竟然极大地鼓动了斯拉夫民族、北欧诸民族以及世界其他地区的民族主义情绪及其相应的抵抗行动。

以赛亚·伯林认为,赫尔德的思想,一方面是德国人对法国人作出的文化民族主义的反应,如上所述,法国在政治和文化上居于支配地位,有一种以庇护者自居的傲慢态度,这种倨傲的态度深深地刺痛了极度自尊的赫尔德;另一方面是对能够发现所谓支配理论与实践的普遍理性原则的否定。如果说前者是一个外在的、偶然的刺激性因素,那么,后者却是一种内在的,具有深刻必然性的原发性思想逻辑。显然,我们应该将德国民俗学的起源置于这一思想史的背景之下来理解。这种文化民族主义与文化相对主义深深地镌刻在人类学与民俗学的学术观念当中，尤其是通过弗朗兹·博厄斯的语言，人类学与民俗学的传统直接地延续到当下的美国民俗学当中[①]。

二、启蒙主义的基本思想

作为反启蒙主义的旗帜性人物，赫尔德是在 18 世纪中晚期登上历史舞台的。当时，启蒙主义思想已经风靡整个欧洲。既然理解民俗学的源起，必须先理解维柯与赫尔德的反启蒙主义；而理解反启蒙主义，显然，首先得理解启蒙主义的思想原则。

启蒙运动的思想家们之间虽然也有很大的分歧，但他们依然坚持某些共同的基本前提，比如：

（1）人性无分地域时代，都是一样的[②]；（2）地域与历史的多样性，与人性恒久不变的内核比较起来，显得琐碎而不值一提。比如，从构词法的层面来说，"中国人"，无论他们多么特殊，他们首先是"人"，他们遵守一切"人"的基本特性，"中国"在普遍的"人"面前是其次的、不重要的。人之所以是"人"，重要的是他的"内核"，比如，人们都追求基本的物质和生理需要的满足，食物、住所、安全以及和平、幸福、正义、个人天赋的和谐发展，追求真理、完美的道德与高贵的人格等。这就是一切"人"作为"类"的人性，我们最好把它们称为"极终目的"或者"自然法则"。启蒙主义者坚持认为：人性有一种静止的、不变的本质，其目的永恒不变，对一切时间和地点的所有人都普遍一致，而且，那些掌握了某种知识的人将会认识这种人性，甚至还可以圆满地实现它。换句话说，启蒙主义者假定存在普遍适用的

[①] BAUMAN R，BRIGGS L. The foundation of all future researches：Franz Boas，George Hunt，native American texts，and the construction of modernity［J］.American Quarterly，1999（3）：479-528.

[②] "启蒙主义观点认为人完全与自然的性质一样，而且与由培根提倡、牛顿指引的自然科学已经发现的内容共享总体一致。简而言之，有一种与牛顿的宇宙一样绝对永恒不变的、神奇般简单的人性。也许它的有些规律不同，但是有规律；也许它的不变性被本地形式的标志所模糊，但它是不变的。"参见格尔茨.文化的解释［M］.韩莉，译.南京：译林出版社，2014：44.

人类目标、真正的目的和有效手段，这是一些至少从原则上说是可以发现的目标与手段。在他们看来，真理之光，无论何时何地都是一样的，尽管人们经常因为德性不足、愚蠢或脆弱而不能发现它，或者即便看到它，也不能够在它的光芒之下生活。（3）既然存在着物质运动的科学，想必也存在着人类行为的科学。牛顿物理学的科学方法在说明无生命的自然方面已经被证明极为成功，于是他们相信，在道德、政治、经济以及一般人类关系领域，也能够发现和采用类似的方法，这就是所谓"人文科学"。通过参照自然科学的基本原理与工作方法，人类可以分析一切不幸的历史的与现实的根源，可以找到铲除邪恶和痛苦以及爱尔维修所谓的"涉及利益的谬误"的方法，可以消除一切迷信、愚昧、残忍与疯狂，用"理性"取而代之。"理性"将把人们从政治和道德的不公正及苦难中解救出来，使人类从此踏上智慧、幸福和美德的道路。无可否认，在启蒙运动的时代，人们的确已经消除了很多的残忍、迷信、偏见和蒙昧主义的行为。

总而言之，在笛卡尔及其追随者的影响下[①]，启蒙主义者相信：可以根据任何经验都没有办法驳倒的普遍正确的公式，通过一系列严密的逻辑论证，建立起一个包罗万象的、能够解答一切问题的单一的知识体系。从原则上说，这是唯一正确的、对事实和价值问题同样正确的、统一的知识体系。一旦掌握了这些有关人类的科学原理，就能够用它来实现共同渴望的一切目标。因此，我们可以说，启蒙主义者追求无所不包的方案、普遍有效的统一架构。在这个架构中，万事万物展现出系统的，即符合逻辑或因果律的相互关系以及宏大而严密的结构，它没有给自发的、出人意料的发展留出丝毫余地，其中发生的一切事情，至少从原则上说，都可以根据不变的规律完全得到解释[②]。以赛亚·伯林把这一普遍地存在于西方思想史界的核心观念概括如下：

[①] BAUMAN R，BRIGGS L. Voices of modernity：language ideologies and the production of social inequality [M]. Cambridge：Cambridge University Press，2003：19-69. 理查德·鲍曼则从语言人类学与民俗学的学术史出发，把启蒙主义的思想起源追溯到弗朗兹·培根与约翰·洛克等哲学家那里。
[②] 伯林. 反潮流：观念史论文集 [M]. 冯克利，译. 南京：译林出版社，2011：15-16.

（1）凡是真正的问题，都有正确的答案，而且只有一个。

（2）给一切真正的问题提供正确答案的方法，从性质上说是理性主义的。

（3）这些解答，不管是否已被发现，有着普遍、永恒和一成不变的正确性（不分时间、无所不在、普遍适用）。①

这正是近代启蒙主义运动的纲领，自它被提出以来，一直都在我们这个世界的社会、法律以及技术制度中发挥着决定性的作用。十九世纪进步的左派相信科学，相信对自然、社会和个人生活的理性控制，他们以此为基础，抨击传统、偏见、教权主义、保守派或民族主义者的神话，抨击无法用理性论证加以捍卫的一切。这样的观念与实践已经完全获得了胜利，今天，我们就生活在一个技术官僚主导的后工业社会，这是一个由娴熟的科学专家、理性的计划者以及技术官僚联合进行控制的社会。

然而，反启蒙主义的哲学家丝毫也没有妥协地宣布："人并非天生就有理性，而是天生就会吃、会喝、会生殖、会爱、会恨、会痛苦、会牺牲、会崇拜。巴黎那帮人却对此浑然不知，在那儿，可怕的'认知'遮蔽了崇高的整体。"②反启蒙主义的哲学家并没有堕落为反智主义者，相反，他们承认科学的荣光是不容否认的，但同时他们坚信："当把科学的操纵扩大到人类时，我们就是在贬低人类，使人类失去人性，因为人并不是行动的客体，而是行动的主体。"在某种意义上，他们坚持认为，把"真实的自然"与"人为的自然"混为一谈，是十分糟糕的事情，把人生简化成建立于真理基础之上的规则，实在是毁灭了人类的自发性与创造性，奴役并残害着人类的创造的意志。

况且，维柯早已经说过，根本不存在所谓恒定不变、不需要有任何一点改变的准则。制度的本质仅仅是在某个时间以某种形式形成的。在维柯那里，真正的"自然法则"既不是哲学家的自然法则，也不是一套普遍适用的规则，而是在社会领域，随着新的生活方式的出现而出现，用来描述新的生活方式的新

---

① 伯林.反潮流：观念史论文集［M］.冯克利，译.南京：译林出版社，2011：99；107-108.另见：伯林.扭曲的人性之材［M］.岳秀坤，译.南京：译林出版社，2009：9-10；28；186；211.

② 伯林.反潮流：观念史论文集［M］.冯克利，译.南京：译林出版社，2011：202.

法则。不可否认，每个社会都有一套治理的规则，这套规则至少是其所有成员广泛同意的，但它并不是天然存在的客观真理，而是天才立法者发现之后，再被洞察力有限的普通人，或者整个国家所"接受"。事实上，规则是基于这样一个事实产生的：在一定的环境中，人们会以相同的方式依赖、表达、思考和行动。每个民族，或说每个国家所具备的共识制约着社会生活和人们的行为，使得它们与全体人民或整个国家所共同认可的一致。在这个意义上，"自然法则"是国家的而不是哲学家的。一些制度在所有人当中有共通之处，在所有社会中都会存在这样的社会形式，但是显然，这些仍然不足以构成不变的普遍法的基础，因为它们的形式因人民而异，因时代而异。在这个意义上，试图概括某种自然法则是徒劳无功之举。除了不同的社会在不同的环境中采用的标准外，不存在终极而普遍的标准。因此寻找唯一的客观标准，或据以判断、褒贬这些目的本身的标准，是没有意义的。"美、善、高贵、伟大、完美等说法，都是相对于思考它们的人而言的事物的属性，把这一原则牢记在心吧。它是消除几乎所有偏见的良方。"[①]

如此一来，假如在道德和形而上学问题上获得正确答案——对一切人、一切地方无所不适的正确答案——的唯一普遍适用的方法的可能性受到怀疑和否定，那么启蒙运动所赖以存在的整个价值体系也就动摇了。

事实上，凡是关心人类境况的哲学家的思想，说到底取决于他对"人是什么"以及"人能做什么"等康德式的问题的认识。通过思想史的研究，以赛亚·伯林发现：人本质上不是幸福、和平、知识、权力或者可以使其获救的另一种生活的追求者，至少它们不是人的首要目的。换句话说，共同价值本身是多元的、多价的；多元的共同价值本身可能是相互矛盾、无法调和的；同样，追求共同价值的途径并非只有理性主义一条途径，因为在许多情况下，理性主义会严重地妨碍人们的想象、感情与意志的自由发挥，妨碍人类的精神与政治自由。在某种意义上，人类从未克服的错误，莫过于想把人类的情感与意志简化成某种体系，简化为一堆普遍的命题，如此一来，人几乎被完全歪曲了。

---

① 伯林.反潮流：观念史论文集[M].冯克利，译.南京：译林出版社，2011：172–173.

众所周知，笛卡尔及其追随者对科学的方法与感知、传闻、神话、寓言、旅行家的故事、传奇、诗歌、胡思乱想等这些非科学的杂烩作了比较，他们把后者贬作历史和尘世的智慧，认为其并不能提供有助于科学地处理问题的材料。因此，历史和人文研究一般被笛卡尔划作杂乱无章的信息门类，一个严肃的人可能会在上面消磨一两个小时，但是它不值得人们用毕生的精力来研究和思考。只有在维柯区分了"自然科学"与"人文科学"之后，笛卡尔式的科学至上主义才宣告失败。有关"感知、传闻、神话、寓言、旅行家的故事、传奇、诗歌、胡思乱想等这些非科学的杂烩"——民俗自然隶属于这一杂烩——才获得了被研究的地位。在这个意义上，是维柯而不是笛卡尔的徒子徒孙们创造了民俗学。因为启蒙主义者是通过贬低民俗而谈及它，相反，反启蒙主义者是通过正面的赋值而关注民俗。

三、赫尔德的反启蒙主义

正像以赛亚·伯林评价的那样，"赫尔德的声誉建立在这样一个事实之上：他是民族主义、历史主义和民族精神这些相互关联的思想之父，是对古典主义、理性主义以及对科学方法万能的信仰进行浪漫反抗的领袖之一。一句话，他是法国启蒙哲学家及其德国门徒的对手中最令人生畏的人"[1]。伯林把赫尔德视为三个重要观念的创始人，这些观念不但在他那个时代极为新颖，并且时至今日依然活力十足。这三个观念都与西方源远流长的主流传统背道而驰，而且和启蒙运动的中心价值和关键信条格格不入，无论它们是道德的、历史的还是美学的。

"首先是民粹主义，它相信只有当人们属于一个以传统、语言、习俗、共同的历史记忆为根基的单一群体或文化时，他们才能达到充分自我实现的信念；其次是表现主义，它认为人类的所有作品'最先是言语的声音'，是表达或交流的形式，它们包含着一种完整的人生观；最后是多元主义，它承认文

---

[1] 伯林.启蒙的三个批评者[M].马寅卯，郑想，译.南京：译林出版社，2014：181.

化价值系统具有潜在的无限多样性，它们有着同样终极的价值，没有相互衡量的共同的标准。"①

（一）民粹主义

在赫尔德看来，人类的基本需要之一——就像对食物、住所、繁衍、安全和交往的基本需要一样——是归属于各种明确的"共同体"。这些共同体拥有自己独特的语言、传统、历史记忆、习俗和世界观，其居民长期生活于同一片土地。只有当一个人自然地、无所察觉地真正属于这样一个共同体（比如种族、血缘、宗教信仰以及共同的使命感）时，他才能够进入生活之流，过一种充实的、富有创造性的自立生活，他在这个世界上才有家的感觉，才能使自己与同胞合为一体。这是一个人属于哪一个群体，哪里是他的天然的家园的问题。在这个自然的单位或群体中，个体享有一个得到承认的位置，而这个群体也必须在世界上得到无条件的承认，由此得到一种人生观，得到自身及自身在共同体中的状况的一种意象。在这个共同体中，会产生具体而直接的、自发的人类关系，它没有被对这个的真实身份的神经质的自然怀疑所歪曲，也不会受到另一些人真实的或想象中的优越地位的伤害。②以赛亚·伯林以犹太人的历史及其追求为例，潜在地暗示了族群归属的重要意义与价值。的确，人们希望属于某个团体，这也是一种基本的人类需要。然而，对于天然地已经属于某个群体的人来说，这种对于"共同体"的归属感似乎并不是那么容易被体会与理解的。

一般而言，赫尔德应该算是一位文化的民族主义者，而不是一位政治的民族主义者。他坚信归属于一个民族是压倒一切的需要；坚信在构成一个民族的所有要素之间存在着一种有机关系；坚信我们自己的价值，仅仅因为它

---

① 伯林. 反潮流：观念史论文集[M]. 冯克利, 译. 南京：译林出版社, 2011: 26. 另见, 伯林. 启蒙的三个批评者[M]. 马寅卯, 郑想, 译. 南京：译林出版社, 2014: 181, 187-188.
② 伯林. 反潮流：观念史论文集[M]. 冯克利, 译. 南京：译林出版社, 2011: 28. 另参见：BEN-AMOS D. The context of folklore: implications and prospects[J]. Frontiers of folklore, 1977 (5): 36-53.

是我们的；坚信在面对争夺权威和忠诚的对手时，相信自己民族的权利至高无上。他强调，不同的文化就像人类大花园里众多和睦相处的鲜花，能够也应当共存共荣。

民族主义是一种基本的、独立的历史力量①，与之相反，世界主义基本上是不可取的，因为它压制了不同群体之间的天然的差别，况且这种天然的差别，不但不是一个可以改正的错误，必须不惜一切代价予以消除，反而是多样性的创造活动取之不竭的源泉。但是，从历史发展的层面来说，赫尔德的民粹主义思想极易堕入政治的民族主义的泥淖，在某种意义上，它甚至成为后来德国纳粹主义的远因，尽管赫尔德并不应该为这一历史走向负直接的责任。②

（二）表现主义

在维柯看来，人类历史的真正知识包含三个不腐之源：语言、神话与古物。它们直接反映了社会、经济、精神问题和现实是如何反映在我们祖先的思维当中的。语言、神话与古物是人类精神的自由创造，相比于刻意的记录，它们为人类历史提供了更可靠的资料。当然，也正是因为他对笛卡尔的数学模型的反感，所以他特别关注日常生活、历史、法律制度以及人类自我表达的一切方式。

赫尔德直接发展了维柯的思想，尽管他未必直接受到维柯的作品的启发。在他看来，民族文化的生命活力体现在各民族集体天赋的创造物之中：传说、英雄史诗、神话、法律、习俗、歌谣、舞蹈、宗教、世俗的象征、庙宇、教堂和礼仪等。创造所有这些表达和沟通形式的，不是单个的人或者特定的团体，而是集体的、与个人无关的想象力，是整个共同体的意志在各个不同的意识层面上的活动。因此赫尔德认为，使社会作用于一个独特的有机体而发

---

① 在以赛亚·伯林看来，民族主义的兴起，既是由于受到伤害的社会作出的反应，也是由于新的人生观的结果，它是一群认同这种观念的知识分子的政治追求。

② WILSON A. The marrow of human experience: essays on folklore [M]. Logan: Utah State University Press, 2006.

展的那些亲密而无形的纽带,就是由此产生的。"对他来说,人就是人,在所有的时代都有其共同的特征;但是他们的差异是最为重要的,因为正是差异使他们是其所是,使他们成为自己,不同的人和文化的独特才能正是表现在这里。"①

这就是赫尔德的"文化"与"文化多元性"观念。在他看来,文明的每个阶段都产生自己的艺术、自己的感觉和想象形式。后来的形式与以前的形式相比,既不更好也不更差,只是不同而已,应被判断为它们自己的特殊文化的表达。由此,赫尔德强调个体或者群体的差异而不是相似性,强调多样性、独特性和个性的魅力与价值。这些不同的文化形式,就像一个大花园里的每一棵树、每一朵花一样,它们各有自己的姿态与芬芳,是特定的环境与它们内在的本质相契合而发展出来的自然的状态。

但是,赫尔德坚持的是一种文化多元主义,而不是文化相对主义。尽管不同的文化形式相互区别,但人们仍然可以通过移情的方式相互理解。因为我们所要理解的是人——是和我们一样有各种想法、目的和内心生活的人,他们的作品不可能像非人类的自然之不可穿透的内容那样,完全不被我们所理解。没有这种他称为"进入"头脑和环境的能力,往昔对我们来说,就像博物馆中一堆没有生命的物体。事实上,我知道人是什么,行动是什么,何谓具有意图和动机,何谓追求理解和解释,何谓在一个非人的世界里营造自己的家园。没有能力进入另一些人的内心,进入人类的境况、历史,就无法理解使一个时代或一种文化不同于其他时代或文化的特征。"对于赫尔德来说,人类学才是理解人类及其世界的关键,而不是形而上学或逻辑,不管它们来自亚里士多德,还是莱布尼茨,还是康德。"②

(三) 多元主义

如果不同的文化有自己独有的理想和不可简化的特性,共同本质的观点

---

① 伯林.启蒙的三个批评者[M].马寅卯,郑想,译.南京:译林出版社,2014:15.
② 伯林.启蒙的三个批评者[M].马寅卯,郑想,译.南京:译林出版社,2014:207.

就不能成立。这不仅是对多重性的信仰,而且是对不同文化和社会价值的不可通约性的信仰。正如俗语所说的那样,"用希腊语说的内容,无法用拉丁文表达"。

特别需要强调的是,无论维柯还是赫尔德,都不是所谓的相对主义者。"我喜欢咖啡,你喜欢香槟。我们口味不同,没什么可说的。"这是相对主义。但是维柯、赫尔德的观点并不是这种,恰当地说,他们可以说是"多元论者",也就是说,他们认为,人们追求的目标也许有种种不同,不过都是充分合理的、符合人性的,能够彼此理解、相互同情,并且可以从对方那里获益。

不同的生活方式都受着自身物质环境的制约,遵循着它自身的可以理解的发展道路,满足着过那种生活的人类的需要,而且满足的程度丝毫不亚于属于另一些时代、另一块土地、有着另一种气候和地理条件的另一些文化。因此,人们追求的目的常常是多种多样的,互不相容,这就导致不同文明之间的不可避免的冲突,以及同一个社会在不同的时代、同一个时代中不同社会的各种理想之间的分歧,导致社会、阶级、团体内部,甚至是个人意识之间的冲突。"既然处境大为不同,既然个人的情况极为复杂,就没有单一的道德体系,更不用说单一的道德或政治目标,能够为人类无论何时何地的全部问题提供解决方案。试图贯彻这种单一的体系,不管它是多么有价值、多么崇高,得到多么广泛的相信,最终总会导致迫害和剥夺自由。"① 因此,人民应当有自由地选择的自由,而不是受强迫去接受所谓正确的做法。在赫尔德看来,不允许在各种理解之间自由作出选择,并小心地防止这些理想的信徒之间发生公开战争的社会,必然会衰败和灭亡。

无论如何,在赫尔德的早期著作中,对绝对和普遍价值的否认随着时间的流逝变得愈来愈让人不安,它带有这样一种含义,即人类各种文化追求的目标和价值不仅是不同的,而且可能彼此根本不相容;多样性,也许还有冲突,不是人的状况的偶然属性,更不是可以消除的属性,相反,它们可能是

---

① 伯林.反潮流:观念史论文集[M].冯克利,译.南京:译林出版社,2011:188.

人本身固有的属性。如果真是如此，那么关于存在某种单一、不变且客观的人生法则的想法，即有某种简单、和谐且理想的生活方式，很可能会被证明是不符合实际的；因为存在着许多愿景，存在着许多生活、思想和感情方式，每一个都有其自己的"重心"，它们自我确证，不可合并，更不能被整合为一个天衣无缝的整体。

显然，没有人能够创造出一套永久通用的象征系统，也没有人能够创造出一种永久通用的、不论何时何地，但凡理性的人均可采用的生活方式。在具体的历史语境中，不会只有一种特定的象征体系和生活方式，谁都无法逃离这个特定的范畴，不论是社会的、心理的、还是精神的、情感的。这一范畴建立于特定的时间和地点，并且受到特定发展规律的制约。

如果每一种文明都极不相同并且确实不可结合，那么哪怕只是在原则上对所有人、在所有时代、在所有地方都有效的普遍理想如何能够存在？人们不应该根据另一种文化的标准来评判一种文化；不同的文明有不同的发展，追寻不同的目标，体现不同的生活方式，被不同的生活态度所主导；因此，要理解它们就必须实施一种想象的"移情"，通过它们的眼睛尽可能"从内部"进入它们的本质。非常明显，这一思想也回荡在格尔兹的阐释人类学的思想当中。

如果这些社会与理想是不可通约的，那么，它们当中哪一个是最好的？人们应该偏好哪一个？哪一个更接近主观想象的普遍人类理想，即最可能使人成为其应有的样子？对于赫尔德来说，"世界上没有一个人，一个国家，一个民族，一部民族史，一个政府与另外一个相似。因此，它们身上的真善美也不会相似。"[1] 但是，赫尔德并不是一个主观主义者，他相信判断的客观标准，这些标准来源于对生活和个别社会的目标的理解，它们本身都是客观的历史结构。他不仅要求移情的想象，而且要求广博而严谨的学识。他反对的是绝对的价值标准。根据这种标准，一切文化、特征和行动都可以得到评价。每一种被研究的现象都有它自己的量杆、自己内在的价值体系，只有根据这

---

[1] 伯林.启蒙的三个批评者[M].马寅卯，郑想，译.南京：译林出版社，2014：254.

个体系，事实才能够被正确地理解。人们为之奋斗并且有时为之牺牲的各个最高目标，彼此间是格格不入的。即使每一个都是可能的，人们能够在这些理想间进行选择，那么究竟应该选哪一个呢？既然没有据以评价它们的共同标准，也就不可能存在对人究竟应该追求什么样的目标这种问题的最终的解答。

有一些事是人所共有的，但最关键的那些事却不是。人之所以有个性，使他们成为自己、使交流成为可能的东西，恰恰就在于那些跟其他人所做的不一样的地方。差异、特殊性、细微的区别、个体的特征正是关键之所在。①对于赫尔德来说，使某一国家的人民之所以成为这个国家的人民的是：吃喝、坐卧、穿衣、谋食、赋诗、祭祀、歌咏、战斗、裁决正义、分配财物、管理政治生活等，他们这一切行为的方式都有某种共通的特征，一种定性的品质，一种仅仅是这个国家的人民的模式，而这正是他们区别于他国人民的地方。这些人，或是这些文化，没有哪一个比其他的更优越，他们彼此仅仅是互有差异；正是因为他们有差异，他们才会追求不同的目标；其中，既有他们特殊的个性，也有他们各自的价值。不同的价值、不同的个性品质都是不可比较的。仅有人所共有的那些品质，并不足以保证一个人或民族的本性完全实现，它还依赖于那些由于人所唯一归属的文化、时间和地点而形成的特性，其重要性至少不亚于前者。

民粹主义、表现主义与多元主义，一直都或隐或显地存在于国际民俗学的发展史当中，民俗学与国际民族主义意识的觉醒、第三世界民族独立运动的兴起以及现代民族国家的建立关系密切。从历史发展的角度来看，赫尔德的上述思想深深地影响了民俗学的学科意识，它们甚至已经成为民俗学学科的"潜意识"与"理所当然"的学科逻辑。

---

① 伯林.扭曲的人性之材[M].岳秀坤,译.南京：译林出版社，2009：42.

四、共同价值与特殊价值

康德所谓"人是什么"以及"人能够成为什么"的认识形式,事实上来自人与人——集体的和个体的——以及人与自己的过去,与其他民族和文化,与他们的物质环境的历史交往。按照维柯与赫尔德的思想,我们不应把人的本质当作不断变化的经验中的某种不变的、静止的"核"去寻找,而是应当在变动本身中去感知它,即制度"在特定时代,以特定的形式"生成。然而,如果不存在一套全面的、普适的客观标准,是否会导致无政府主义的后果?

维柯不断探索着自然科学与人文科学的分界线,而这一分界线一直都存在着争议。自然科学通过假设和证明,利用归纳和演绎的方法,论证普遍原理及由现象的共存与演替和一致性得出的理想模式,并把这些方法奉为圭臬。人文科学则试图准确地描述人类的经历,并由此强调多样性、差异性、变化性、动机、目的性和个性,而非一致性、时间不相关性以及毫无改变的重复模式。科学的分析方法是在大量的不同的例子中发现并抽象出相似性,从而建立起一些规则或模型并将其运用于未知的将来或过去。历史的分析方法与此迥然相异,它不在于揭示不同例子背后的共性,而在于寻找每个例子的个性,因为正是这些个性使得每一个活动、事件、个人、社会、艺术学派或者文学作品与众不同。维柯将人类放在具体时间、环境、伦理、知识、历史与社会"语境"中考虑,其参考的标准比人们用于日常生活中交流的标准更细化,但并非根本上不同。① 基于这一区分,维柯提出了"事实的知识"与"通过原因的知识"两个概念。"事实的知识"属于来自外部的认识,只能提供自然科学的信息或外在世界的普遍的知识;而"通过原因的知识"则是人通过自身可以获得的知识。总之,维柯区分了"关于物的知识"与"关于人的知识",他相信人可以了解自己,也可以了解他人,所以人可以了解自己研究的

---

① 伯林.启蒙的三个批评者[M].马寅卯,郑想,译.南京:译林出版社,2014:118.

历史：对自己和他人而言，世界是什么样子的，世界为何如此，但是对于仅能从外在观察其行为的事物、植物和动物，人无法真正了解它们。① 人的本质不应着眼于个人，而应从社会属性方面考虑；人的本质在于运动和变化，而非固定与静止；人的本质应归纳自具体的历史，而非某种超越时间的形而上学。这一区分的历史性意义是巨大的，它使得有关人的科学研究不再亦步亦趋于自然科学的逻辑与法则，从根本上否定了启蒙运动之"理性主义"的核心思想②。

尽管如此，无论维柯还是赫尔德都不完全否认共同价值。因为"普遍的价值即便不多，最低限度总是有的，没有它，人类社会就无法生存"③。只不过对那些秉持赫尔德之带有浪漫主义色彩的个人主义观念的人们来说，重要的不是共同的基础，而是差异；不是一，而是多。他们认为归于一统的渴望是一种错觉，幼稚而且危险；为了求得一致化而抹杀所有的差异（甚至冲突），就等于抹杀生活本身。

赫尔德将"人道"称作终将被人类生活实现的一般目标。对赫尔德以及启蒙运动而言，这是一个非常模棱两可的词，它暗示着一切不死的灵魂朝着普遍有效的目标的和谐发展，这个目标就是：理性、自由、宽容、个人与社会之间的相互的爱和尊敬，还有身体和精神的健康，优异的感知、对地球的征服，等等。这些就是共同价值，但是，他似乎并没有把它用作一种普遍的解释标准或价值标准。与族群的隶属关系比较起来，这些普适性的标准似乎已经变得不重要了，因为隶属关系界定了人的一切。作为一个完整的人，他

---

① 伯林.启蒙的三个批评者[M].马寅卯，郑想，译.南京：译林出版社，2014：128.
② 巴赫金在有关人文科学的哲学根基的讨论中也说，"不能把认识死物的一些范畴，移用到它们的身上（这是形而上学的过失）。心灵自由地向我们述说自己的长生不死，却不能证实它。科学要寻找那种在任何的变化之中（死物的变化或功能的变化）保持不变的东西。存在的形式，是一种自由的形成。这种自由是可以研究的，但无法用认识的行为（对死物的认识）去束缚它"。参见：巴赫金.文本　对话与人文[M].白春仁，晓河，周启超，等译.石家庄：河北教育出版社，1998：3.
③ 伯林.扭曲的人性之材[M].岳秀坤，译.南京：译林出版社，2009：22.

的个性是不可分割的；不同的个体之间可能根本就是互不相容的。

我们显然不应该怀疑终极价值的普遍性，人类之终极价值建基于永恒的理性或自然，不同于一时的趣味或习俗；所有人天生都追求安宁、公平、社会稳定和幸福，只是因自然环境、社会状况的不同，以及由此而造成的制度、习惯、趣味和风俗的区别而导致方式有所差异。与此同时，人们也不得不承认：客观目的、终极价值有很多，其中一些和别的并不相容，不同时代的不同社会，或者同一社会的不同群体，整个阶级、教会或种族，或者其中的个体，各自都有可能发现自己面对的是互不相容的、彼此冲突的主张，然而，这些主张又都是同样终极、同样客观的目标。这些目标有时难以调和，但它们的多样性并非是无限的，因为对人性来说，不管有多么复杂、多么善变，只要还可以称为人，其中必含有某种"类"的特征。

结　语

在经过了 20 世纪的数次大屠杀之后，人们开始反思浪漫主义，发现有一些普遍的价值，是人之所以为人的要素——人必须拥有一个身体的、生理的以及神经的结构，一些器官、一些物理感官以及心理特性，还有思考、愿望、感觉的能力，任何人如果缺少这些特性的话，恐怕就无法再恰当地被称为人，而是一个动物或是一个无生命的物体。此外，道德的特性也是人之为人的特征标准。我们可以与在正常价值观念范围内具有不同选择标准的人交流，却无法与那些持有反常价值观念（反社会、反人类）的人交往，因为后一类人缺乏人性起码的特征，所以我们可以说，在我们的行为背后，隐藏着起码的普遍的原理与法则。这些原理与法则，并不是我们的祖先偶尔选择的东西，而是在根本上人之为人的前提条件，是与他人共存于一个共同的世界的前提，是识别同类，同时也是识别自身的前提。这些就是普遍的、客观的价值观，是我们作为人不得不接受的基本的原则、普遍的伦理原则。如果类似的一些原则看起来不是那么普遍，不那么深刻，不那么重要，我们就该称之为风俗、习惯、规矩、口味或者礼节——重要性依次递减。对这些东西而言,我们不仅允许它们有差异,而且积极地希望它们千差万别。的确,我们不把多样性视为对我们基本统一性的破坏性因素。①

今日西方价值观的标准,越来越回归到古老的标准,即区分文明人与野蛮人的西方传统的标准。当他们在抵抗侵略或者专制政权对自由的践踏时,人们所呼吁的正是这些价值观。而且,在诉诸这些价值观的时候,他们一点儿也不怀疑他们所交流的对象,无论是在何种政体之下,都可以真确地理解他们所说的话。当侵略者与专制者借用文化的特殊性观念为自身的"反人类"行为的合法性辩护时,尤其容易引起民俗学家的警惕与不满,这也是引发民俗学家反思民俗学学科思想基础的直接的动因。

当然,即使在共同价值的前提之下,人类不断出现的基本问题仍然无法从根本上得以解决。人类只能在自己所处的环境下尽力而为,没有任何先验因素能够保证他们会最终获胜;人们为解决自己的时代和文化中的问题所做的努力,会使他们自身发生变化,也会由此产生一些新的问题;因此,人们未来的问题和需要,解决和满足它们的办法,从原则上说是无法预知的,提前制定规则与办法更是无从谈起。另外,在定义人性时无法解决的问题,还在于自由意志、选择、意图、努力和斗争这些概念,总是会给人类的完善创造难以预见的新问题,不过同时也带来解决问题的新途径的可能性。总之,人类社会永远只能是在"生成"当中。

在普遍主义与特殊主义之间长期斗争的辩证关系当中,民俗学在追随哪一种思想路径呢?显然,从历史事实的层面来说,异而非同、多而非一、实践而非理性才是民俗学发展历史的既定轨迹。但是,联系到具体的社会历史发展现实时,民俗学家强调普遍主义,有可能既是基于对自身社会文化传统需要的清醒认识,也是基于对自身学术传统的反思性评估而获得的结论。当然,我们必须清楚地认识到,维柯与赫尔德既不是反智主义者,也不反对普

---

① 伯林.扭曲的人性之材[M].岳秀坤,译.南京:译林出版社,2009:104.

遍的价值，因为在他们的多元主义观念背后隐藏着对于普遍价值的肯定与遵守；而多元主义观念本身又有其不可替代的价值，它是启蒙主义的普遍价值观所无法取代的。在这个意义上，中国的民俗学者不应该为了康德而牺牲维柯与赫尔德。

格林兄弟的语文学与"口头传统"研究*

一提到格林兄弟,人们马上就会想到"格林童话"。然而,人们对他们的尊敬多于了解。普通人并不知道,格林兄弟其实主要是作为语文学家(philologists),作为德语以及德国文学的研究者,或者更准确地说,作为日耳曼学的奠基人而驰名世界的。他们搜集、整理、出版与研究童话、传说、神话的工作,是作为他们语言、历史与法学研究的总体工作的一部分而展开的。

今天,"口头传统"的研究者直接把格林兄弟奉为学科的奠基人[①],竞相转述着他们有关童话、传说、神话的学术思想,然而,格林兄弟生活与工作的时代,距离我们有200余年的时间了,那时,他们专心致志地关注各种"口头传统"的历史原因是什么?他们搜集、整理、出版与研究"口头传统"的行为如何构成他们更大学术与思想的整体的一部分?反过来,他们的学术与思想又如何赋予他们具体的"口头传统"研究以历史意义?自他们辞世以来,他们的历史贡献如何被有选择地继承与发展,继而又如何驱动(或者妨碍)了国际"口头传统"的研究历程?这些问题都值得我们予以细心的辨别与梳理。

---

* 本文原载于《长江大学学报(社会科学版)》2018年第5期,收入本书时有改动。
① 1887年,一份中产阶级知识分子的杂志《公开审理》(*Open Court*)发表了一篇由李·J.万斯(Lee J. Vance)撰写的《民俗研究》的文章,介绍了这门名为"民俗研究"的新学科。在这篇文章中,万斯把这门新学科的历史根源追溯到19世纪初格林兄弟对于故事与传说的搜集工作。参见:VANCE L. Folk-lore studies [J].Open Court, 1887(1):612. 另外,还有许多学者同样把格林兄弟称为"民俗学的奠基人",参见:NAITHANI S. Folklore theory in postwar germany [M]. Oxford: Mississippi University Press, 2014:11.

一、格林兄弟的"民族语文学"

在雅各布·格林(1785—1862)与威廉·格林(1786—1859)的童年时代,人们仍然认为童话故事是乡村的老妪或者愚昧的女仆所讲的谎言,其中充斥着迷信与无知,是令人不屑一顾的、低级的"口头创作",在某种程度上,甚至是侮辱文明人类审美感受的、极其简单的、半原始的艺术形式。只有那些说教性的故事,在被"美化"之后才可能在上流社会优雅的沙龙活动中偶尔被讲述。

但是,远在格林童话集问世前 100 多年,德国诗人沙尔利·佩罗就出版了《鹅妈妈的故事》童话集;18 世纪的末期,德国学者约翰·卡尔·奥斯特·穆泽乌斯(Johann Karl August Musaus)出版了八卷本的《德国民间童话集》(1782—1786)。法国与意大利的学者也在搜集民间故事[①]。这些学者不仅从文献中辑录民间童话故事,还直接从农民、士兵、商贩、家庭主妇以及儿童那里搜集民间故事。他们意识到民间童话并非只是一种娱乐孩子的小故事,而且应当是文学童话。因此,他们对童话进行了大量的文学加工,然而,他们都没能抑制住操纵民间童话语言的冲动,在搜集来的民间童话中掺加了许多并非真正民间传统的东西。

也正好在 18 世纪的后半叶,德国浪漫派的学者开始推崇民间诗歌,他们认为这是唯一真正的诗歌,体现了普通人的情感与智慧。当然,他们盛赞民族传统之过去的辉煌是为了逃避当时的痛苦。德国浪漫派诗人所发现的民间歌谣与故事,大多数都被自由地用于他们自己幻想性的创作,他们把现存的民间创作进行艺术加工后变成自己的作品。即使是格林兄弟的诗友克列缅斯·布伦坦诺(Clemens Brentano)和阿希姆·封·阿尔尼姆(Achim von Arnim)所编辑的民歌集《小男孩的神号》[②]也不例外。

---

① 格斯特纳.格林兄弟传[M].顾正祥,译.杭州:浙江文艺出版社,1986:31.
② 盖斯特涅尔.格林兄弟[M].刘逢棋,译.长沙:湖南人民出版社,1985:75.

格林兄弟的工作方法则大不相同，他们尽可能保持口头文学朴实无华的原貌。正如舍甫琴科在《格林兄弟·俄文版》序言中所说的那样：

> 极其细心和谨慎地对待自己民族（以及其他民族）丰富的民间口头创作，不但保留童话的内容、情节发展的方式和方向、故事的主旨，而且还保留它独特的语言形式，这就是雅各布·格林和威廉·格林在出版童话工作中几乎共同遵循的基本原则。①

然而，问题在于，格林兄弟为什么能够提出并遵循迥然有异于其前辈及同辈诗友的"基本原则"呢？从他们的传记资料中可以发现，早在马尔堡大学求学时期，格林兄弟在法律学方面就深受弗里德里希·卡尔·冯·萨维尼（Friedrich Karl von Savigny）的研究方法的影响②。正是从这位导师那里，格林兄弟学会在研究社会现象中珍视历史主义，学会在各方面，无论在学习中，还是在科学探索中遵循的方法。与此同时，也正是通过萨维尼，格林兄弟结识了德国浪漫派的著名人物布伦坦诺与阿尔尼姆，并开始意识到他们自己的兴趣所在——古代德国的诗歌与语言，这是一片未被开垦的处女地。他们恋恋不舍地暂时抛开了祖父辈的职业传统（法学），不顾生活的困顿，转而从事语言与文学的研究，立志要调查古代德国的文学、故事、迷信与传说。他们投入了极大的精力与热情来搜集与整理相关材料，并以此作为他们学术研究工作的基础。他们竭力想要把德国乃至日耳曼语族口头传统的"明珠"曝光于天下，而不是让它们久久埋没于历史的尘土当中。一开始，他们辑录文献中的相关材料，汇集朋友们寄来的相关材料，因此主要呈现出从事文献研究

---

① 盖斯特涅尔. 格林兄弟［M］. 刘逢棋，译. 长沙：湖南人民出版社，1985：5.
② 萨维尼认为，任何一个群体的传统法律都反映了这一群体的"民族精神（Volksgeist）"，这一观点与赫尔德极其相似，赫尔德曾经说，一个群体的精神体现在他们的民歌当中。赫尔德于1773年创造了"民歌（Volkslieder）"这一术语，出版了《民歌：歌曲中民族的声音》论文集。

的学术印记,而这些文献材料也只是业已消失了的民间传统的梗概①。

尽管格林兄弟的文献研究转向了"过去",但他们并不是单纯地为了"过去"而研究"过去",而是渴望有益于"当代"。强调这一点非常必要,因为从表面上来看,他们不过是在翻检故纸堆,搜集与出版一些从来不被人提及的、濒临遗失的手稿文献,强调一些琐碎的、为众人所鄙视的口头创作的文类,可这些只是"表面上看上去如此"。事实上,他们是在强调古代德语的独特性,强调这些材料对于德国语言与文学史的重要性,因为它们是过去的人民代代相传共同使用过的语言。

这里不能不提出格林兄弟的"语言哲学"与"民族精神观"。雅各布·格林在《论语言的起源》中承认:

> 在所有事物中,即在人们所发明的、想出的、保存的和转给别人的以及在同他们本身所具有的和由他们所创造的大自然的结合中创造的一切事物中,看来语言是最伟大、最珍贵、最必需的财富。但是完全掌握它并且了解它的全部深刻性也是极端复杂和极端困难的。由其他的神秘和奇异的事物所围绕的语言的起源是神秘的和不可思议的。②

在格林兄弟之前,很少有学者会关注德国古代文学,高等学校仍然被古希腊语与拉丁语构成的古典语文学所统治③。格林兄弟显然是研究德国本民族语言的先行者与奠基人,而雅各布·格林更是以其四卷本的《德语语法》为日耳曼语文学奠定了基础,也为"比较的历史语言学"方法论奠定了基础。

---

① 1811年,雅各布发表了《论古代德国的工匠歌》,威廉发表了《古代丹麦英雄诗歌、叙事诗和童话》。这是他们的处女作。之后,他们于1812年出版了两部杰出的中世纪前期史诗《尼伯龙根之歌》《维索勃隆的祈祷》,1815年出版了史诗《可怜的亨利希》和《老伊达之歌》等。
② 盖斯特涅尔.格林兄弟[M].刘逢祺,译.长沙:湖南人民出版社,1985:132.
③ 16世纪,德国宗教改革家路德把圣经翻译成德文,人们开始以较为尊重的态度对待德语;18世纪中叶,赫尔德对平民语言赋予了特别的意义,并称之为"民族的财富"。

格林兄弟联手创造了从希腊语与拉丁语的古典语文学研究走向本土的、历史的、活着的德国语文学的转变。在古典语言占统治地位的时代,格林兄弟使德语具有了与古典语言同等的地位,并鼓励世界各民族人民为提升本土语言的合法地位而奋斗。

尽管雅各布·格林在从事德语语法的研究,但他并不试图建立一种德语理论,在他看来,祖国的语言应当作为某种正常的、自然而然的东西,同母亲的奶汁一起吸收。人民在没有语法知识的情况下不也可以自如地应用自己的母语吗?语言是人民天然的财富,他用以下的话表达了自己的意图:

> 编写德语历史语法的念头完全吸引了我。在认真阅读德国古代文献资料的时候,我每天都能发现这样完美的形式:它完全能够同那种引起我们对希腊人和罗马人产生嫉妒心的东西相媲美。同时,出现了所有同族方言之间完全意想不到的近似情况和从前所没有发现的它们之间存在差异的条件和状况。在我看来,彻底研究和说明这种不间断的、持续的联系,是一件非常重要的事情。①

在这段话里,雅各布·格林的民族浪漫主义思想充分地体现出来。显然,民族统一与独立的意识是隐藏在他生活与工作背后的强烈动因。19世纪前半叶的德国,外有法国这一强势邻居的高压与威吓,内有邦国之间的对峙与倾轧。格林兄弟目睹并亲身经历了战乱频仍、民不聊生的社会现实。当时知识阶层所要求的国家统一与政治民主,似乎仍然遥不可及,但是,格林兄弟从来没有放弃推动时代进步的努力,他们竭力通过自己的日耳曼学研究论证德国政治统一的语言学基础。格林兄弟认为,从路德到歌德的整个德语文学史完全可以说明,德语是一种完全近乎完美的语言②。整个日耳曼语族完全有资格获得与希腊语、拉丁语等同的尊重与重视。在某种意义上,雅各布开展德

---

① 盖斯特涅尔.格林兄弟[M].刘逢棋,译.长沙:湖南人民出版社,1985:134.
② 盖斯特涅尔.格林兄弟[M].刘逢棋,译.长沙:湖南人民出版社,1985:207-208.

语语法的研究，正是当时民族浪漫主义的一种具体实践。此外，雅各布还注意到日耳曼语族内部的相互联系与内在差异，这就需要研究它们之间是以什么方法联系起来的。他从方法论上强调从历史的、比较的视角研究语言关系，在他看来，如果不弄清楚更早的古代的语言形式，就不可能理解现代的语言形式。当然，在19世纪中叶，无论是普鲁士人、巴伐利亚人、符腾堡人、巴敦人、黑森人、撒克逊人还是汉诺威人，虽然他们分别属于不同的邦国，各自有自己的语言特征，但他们又都是讲德语的人。因此，尽管他们的语言之间存在着差异，但他们也许更加愿意强调自己是一名讲德语的人。

雅各布所谓的"德语研究"其实并不限于德语本身，而是把哥特语、英语、斯堪的纳维亚语都纳入进来了，他的语言研究远远超越了民族与国家的边界。作为一位博雅的语言学者，雅各布热情地赞美意大利语，并称之为拉丁语之冠，是其中最丰富、最悦耳的语言；同样，他也赞美瑞典语与丹麦语富有表达力。换言之，与德语或者日耳曼语一样，在雅各布的思想中，各个民族的语言对于其所属民族而言，都具有同等重要的地位与价值。

雅各布深入研究了德语的内部结构，研究了这种内部结构如何把词黏合在一起，并使它们融合为更复杂的语言，从而构成物的一般规律。他发现这种"内部结构"和"语言的精神"以一种不可思议的方式发生作用，在人们的心里唤起并强化某种认同感，进而有力地塑造了某种"民族精神"。反过来，民族的性格和历史又反映在民族语言的性质与命运中。雅各布强调，人们思维的自由发展归功于语言。思维与语言都是人们的财产。人们天性中固有的自由，就是建立在二者的基础之上的。"语言、思维、民族精神、自由的天赋"一起构成了雅各布语言哲学的基础。循此逻辑，德语自然是德国人民自由发展的与形成的历史成果，具有使整个日耳曼民族联合起来的黏合力。德语所塑造的德国人，在智能方面体现出两种相互对立又相互补充的特征，一方面，德国人民迷恋传统事物；另一方面则是对新事物十分敏感。德国人不愿意放弃他们的天性所固有的东西，又随时准备吸收精神上的一切。

正是基于上述语言哲学，格林兄弟才会关注"民族语文学"；正是为了通过自己的民族语文学帮助德国人民争取自由和统一的斗争，他们才会转向

"口头传统"。"口头传统"是联系古代与现代、必然与自由的桥梁。因此，在某种意义上，格林兄弟是把"语文学"当成某种工具，当然也是达到他们所设定的目标（寻找与弘扬民族精神）的唯一途径。在柏林大学任教期间，威廉·格林讲述史诗《谷德仑》与《尼伯龙根之歌》时，清楚地说明了这一点。语文学研究本身并不是他的目的，通过"语文学"而重新认识史诗中久被湮没的"德国人民的精神"才是他的重要目的。格林兄弟一直都在强调，语言的敏感性帮助人们意识到自己是人，各民族的语言帮助人们意识到自己的民族精神。因此，对于一切高尚的民族来说，语言永远是最大的欢乐与财富。

格林兄弟的语文学研究，客观上提升了德国人对自己的语言与民族的荣誉感，他们的皇皇巨著既是德语区统一的象征，也确实促成了德语区的统一。

二、《格林童话》与故事学的诞生

尽管《儿童和家庭童话集》（*Nursery and Household Tales*，简称《格林童话》）自其首次（1812年）出版发行以来，不到10年就获得了世界性的巨大声誉，但格林兄弟作为"口头传统"的搜集者却又是毁誉参半的。不过，作为搜集与研究童话工作的先驱，格林兄弟已经能够被今天的国际口头传统的研究者们，放在他们的时代语境之下而给予相对公平而合理的评价了。

早在1806年，受阿尔尼姆与布伦坦诺的鼓励，格林兄弟就已经开始搜集、整理了数量可观的童话故事。格林兄弟对于这些搜集而来的故事很少进行修饰，只是在他们认为有必要的地方进行一点点改变。可是，浪漫主义诗人布伦坦诺认为，这些未加提升的童话故事既单调沉闷又结构混乱；而阿尔尼姆则批评他们坚持撰写前言与做注释的工作方法。

显然，格林兄弟与他们的朋友在如何转写口头语言艺术的问题上存在分歧。如何谨慎地对待普通的口头语言，以便忠实地记录它们，并把它们传达给读者，这并不仅是一个技术性的问题，而且隐藏着深刻的思想性原则。正如今天人们意识到的那样，正是通过这种工作模式的转变，格林兄弟开启了现代意义上的"口头传统"的研究。具体来说，这里的"口头传统"包括民间歌谣、故事、传说、神话、谚语、史诗、叙事诗等。

通过阅读格林兄弟的传记资料，我们发现，在向朋友与邻居们搜集童话故事的过程中，格林兄弟面对的第一个问题是，要让那些喜欢给孩子们讲故事的老年妇女去给成年人讲童话，远不是想象得那么简单的事情。比如那位著名的"马尔堡说书女人"，一开始，她敷衍格林兄弟的妹妹请求她讲述的请求，后来，当威廉·格林的诚恳态度终于打动她，消除她顽固却又合情合理的顾虑之时，她觉得：

> 如果她去给有学问的人们讲自己那些令人可疑的故事，他们会讥笑她的。①

最终，无奈的威廉·格林只好转弯抹角去求助孩子们，让孩子们去求她讲述故事，然后，孩子们把听来的故事再转述给他们的父亲，而他们的父亲记录下来之后再转告给威廉·格林。可以想象，格林兄弟为了获得这些宝贵的财富，需要多大的耐心与毅力。

格林兄弟面对的第二个问题更加严峻。在记录童话故事的工作中，除了需要准确的洞察力与工作热情之外，还需要严格意义上的转写原则。在这里，格林兄弟区分了"真正的童话"与"伪造的童话"两种类型，正如传记作者所评价的那样：

> 作为真正的研究者，他们不仅仅局限于搜集和编写工作。格林兄弟一方面保留童话本来的、原封不动的情节，不破坏它的体系、结构和主人公的语言特点，另一方面又赋予所搜集到的材料以自己的语言形式。②

语文学家把格林兄弟最终呈现的语言风格描述为"热情洋溢而又简单朴

---

① 盖斯特涅尔.格林兄弟[M].刘逢棋，译.长沙：湖南人民出版社，1985：73.
② 盖斯特涅尔.格林兄弟[M].刘逢棋，译.长沙：湖南人民出版社，1985：75.

素"。自《格林童话》出版之后，200多年以来，这部著作在世界范围内产生的广泛而深远的影响证明了上述评价是中肯的。的确，一方面，格林兄弟并没有逐字逐句地转写童话讲述者讲述的全部内容，他们的学识与判断力为他们保留所谓"童话的全部纯洁性"提供了最高的保障，他们既严格保留"真正的童话"的情节、主题，保证其中的任何一个情节都没有捏造，没有渲染，也没有改变；另一方面，他们又公开承认他们按照语言的规范对这些童话进行了加工。

具体来说，在转写口头文学的原则问题上，雅各布·格林强调科学的可靠性，认为加工与改造的做法是令人感到不快的；威廉·格林则主张进行艺术的和富有诗意的修改。但是，由于兄弟二人在尊重历史的必要性上具有共识，所以，两个人都尽量恪守尊重口头讲述的原则，赞同几乎不加改变地记录它们的做法，坦白地说：

> 他们"只是为了使它（童话）重新放出自己全部优美的光辉，才按照语言的规范进行加工。雅各布的准确性和严肃性同威廉的形式上的优美感构成了难以代替的创造性的结合"。①

因此，在《格林童话》第一版的卷头上，所谓"格林兄弟搜集"中的"搜集"二字，只能理解为格林兄弟一贯的自谦式的表达策略。事实上，正如威廉·格林的儿子盖尔曼·格林所评价的那样：

> 童话以格林兄弟献给人民的那种形式重新成为人民的财富。②

他们用自己的童话集为人们打开了每一个民族所有的美好而又珍贵的东

---

① 盖斯特涅尔.格林兄弟[M].刘逢棋，译.长沙：湖南人民出版社，1985：76.
② 盖斯特涅尔.格林兄弟[M].刘逢棋，译.长沙：湖南人民出版社，1985：76.

西，全世界的人们从此以后都知道它、阅读它、喜爱它。

是的，全世界人民都"阅读它"。《格林童话》甫一出版，孩子们就都十分喜欢它，他们要求父母每天睡觉前给他们读上一两则；孩子的父母预言格林兄弟的搜集与整理工作会给他们带来永久性的荣誉，并且会因此激发他们及其他人去搜集更多的故事。这个预言没有错。

在近 50 年的时间里，格林兄弟——尤其是威廉·格林——孜孜不倦地搜集、整理、出版他们的《格林童话》，并数次对它进行修订、扩充、补充与完善，努力使之具有完善和优美的语言形式，同时又不破坏它纯粹的民间性质。到 1886 年，"大本的"《格林童话》出了 21 版，"小本的"出了 34 版。格林兄弟去世之后，《格林童话》再版、重印的次数多到无法统计。他们的搜集与整理的工作获得了世界性的成功，这是格林兄弟没有预料到的结果。"家庭故事（Household Tales）"变成了"书面童话（Buch marchen）"，这就意味着"本真性（Echtheit）"成为一个显而易见的问题了，尽管格林兄弟一再声称要保存这种"本真性"。当然，"书面童话"使得《格林童话》跻身于世界文学经典的行列。

1819 年之后，雅各布·格林基本上专注于他的语言学研究，威廉·格林则全身心地负责童话故事的整理与再版的工作。虽然格林兄弟在工作上协同一致，一生都保持着相亲相爱的手足之情，但是他们各自都具有相当的个性，而且这种个性既表现在性格上，也表现在研究方法上，部分还表现在研究方向上。雅各布与科学"订了婚"，而威廉则献身于诗学。作为简洁优雅的语言大师，威廉在口语方面具有极好的理解能力，他用"对话"来取代"间接的讲述"，并给予童话中某些偶然的事件以动机。必要的时候，他还会把异文——书面的与口头的版本拼接在一起，以便创作出一个更好的版本。他既保存了原始版本的内容与形式，又赋予它新鲜的表达与风格。如上所述，他的更严谨的哥哥并不总是赞同他这样做，却也允许他在转录时具有某种程度的自由。

在威廉去世以后，1860 年，雅各布在柏林大学的一次演讲中谈到他弟弟的工作时说：

在所有我们的书籍中，幻想故事最接近他的心灵，他从来没有忽视它们……每当我拿起这些故事集，我都会深深地感动，因为，在每一页上面，威廉都会浮现在我的眼前，字里行间都呈现着他的思想……①

雅各布的话提醒我们，《格林童话》远不只是一种"搜集"，而是镌刻着威廉·格林的独特诗学风格的创造性劳动。

搜集童话故事的第二卷时进展十分顺利，这主要是得益于他们的朋友封·哈克斯特豪森与德罗斯捷-休利斯霍弗姐妹的帮助。在她们生活的那些偏远地区，讲故事仍然是一种活态的传统。正是在为《格林童话》第二卷搜集资料的过程中，威廉·格林发现了杰出的故事讲述人多罗捷娅·菲曼，这个老妇人来自接近黑森的茨维恩村，从她那里，威廉获得了大约二十个故事，这些故事大大地丰富了《格林童话》第二卷的内容，然而，这位可怜的老妇人却没有机会看到那本载有她的许多童话的书的出版，因为她在此之前就去世了。

《格林童话》第二卷出版于1814年。在第二卷的导言当中，威廉·格林表达了他希望越来越多的故事能被及时地记录下来的愿望。他认为，这些成果将为作为一个整体的文学进化的研究奠定基础。他再次强调了童话记录的"准确性"，并通过描述菲曼的讲述特质传达了这一观点，他说：

非常幸运的一件事是，由此我们认识了一位来自茨维恩乡村的农妇，这个地方就在黑森附近。从她那里，我们获得了大量真正黑森的故事，大部分都出版在这一卷当中了，她讲述的故事是对我们第一卷的补充。这位妇人，身体硬朗，五十出头，名叫菲曼。她长着一张结实而愉快的脸，目光炯炯。她年轻的时候一定非常漂亮。她头脑里铭记着这些古老的故事，正像她所说的那样，一种天赋，

---

① MICHAELIS-JENA R. Oral tradition and the brothers Grimm [J]. Folklore, 1971 (4): 267.

并非人人都有,正好比某些人不能把任何事情都记在脑子里。她讲述故事时彻底、准确,具有非同凡响的生动性,而且体现出明显的愉快。她在讲述第一遍的时候十分流畅,但是如果我提出要求她再讲一遍时,她会慢慢地讲,以便人们能够把每一个细节都记录下来。以这样一种方式,大部分故事都像它们被讲述的时候那样被确切地保留下来了,其本真的光环是无可怀疑的。有人相信,通常情况下,传统很容易会被篡改,故事保留下来只是无心而为的,因此,故事不可能以相同的形式存在太久。说这些话的人应该听一下这位妇人在讲述一则故事时是多么准确,她多么注意故事的正确性。在重复的时候,她从来不会改变任何细节,而且,如果她发现有错误,她会立即停下来改正它。①

威廉·格林努力强调人们世世代代都在以固定不变的方式传承与维护"口头传统",强调他们转述"口头传统"时的准确性,强调这些"口头传统"一以贯之的结构与内容的准确性如何让当时的人们——包括他自己——感到亲切。

然而,既然编入第二卷的许多童话并不是格林兄弟本人亲自搜集而来的,而是他们的朋友听到以后写下来再邮寄给他们的;既然威廉还把他自己的工作理念作为指导好友们帮助他搜集童话故事的工作要求——他要求他们把一切像他所需要的那样记录下来,也就是可靠而又简单,连同故事所有特点,包括方言的特点,并且不加补充和渲染——那么,他对于这些资料的可靠性似乎也就没有理由怀疑了。可事实上,和从前一样,格林兄弟保留了对搜集到的童话故事的语言进行校订与润色的权利。今天,我们只要比较一下《格林童话》的不同版本,就可以看到格林兄弟(威廉自然应该负主要责任)是如何着手改编故事的了。②

---

① MICHAELIS-JENA R. Oral tradition and the brothers Grimm [J]. Folklore,1971(4):268.
② 有关格林兄弟着手记录与改编童话故事的详细分析与评论,参见:吕蒂.童话的魅力[M].张田英,译.北京:社会科学文献出版社,1995:69.

强调故事讲述者的重要地位，坚持认为故事对于文学研究的重要性是格林兄弟科学方法的典型特征，这些思想与理念都极大地领先于他们同时代的人。他们的工作方法贯穿始终，一方面努力保持童话的内容与情节的纯粹性，另一方面又对童话的语言进行校订与规范，提炼与润色，进而统一了童话的叙述风格。1819 年之后，威廉·格林曾屡次修订《格林童话》。格林兄弟不仅搜集、抄写和发表了这些童话，并且在对这种文学体裁的理论意义的理解方面做了不少的研究工作。1822 年，《格林童话》第三卷出版，其中包括对某些童话的注释以及文学批评，并渐渐形成了格林兄弟的童话理论，这为现代意义上"故事学"的诞生奠定了基础。

第一，在《论童话的实质》一文中，格林兄弟说："给孩子们讲童话，是为了使最初的信念和心灵的力量在他们纯洁而又温柔的世界里萌芽和成长。""童话好像是与世隔绝的，它舒服地处于优美、安逸而又平静的环境之中，对于外部的世界不想一望。""童话不单纯是对那些为一时需要而制成的幻想的花纹所进行的五彩缤纷的、任意的编织，而且在其中可以清楚地观察到意义、因果联系和思想。"[①] 在这里，"童话的实质"被联系到"人的本质"，那是人类心灵向内部求索而获得的高度的自由与和谐，它在概念与范畴的世界里获得了"意义、因果联系和思想"，却不必与外在世界产生任何关联。如果说童话世界与外在世界有任何联系的话，那也只是作为人们主观意志为作用于客观世界而做的一种思想准备。

第二，格林兄弟从地理空间的、民族的层面上把德国童话与法国、意大利的童话进行了比较，认为它们之间存在着"同源关系"。这种"同源关系"是格林兄弟从科学的分析工作中归纳出来的。这种学术思想逐渐形成了后世童话故事研究的基本"学术问题"——他们不仅鼓励各民族的"格林"去搜集、出版、研究各自民族的童话故事，还为新的科学领域（故事学）的形成奠定了材料基础、方法论与理论方向。

第三，在强调各民族之间童话故事的"同源关系"时，格林兄弟同样强

---

① 盖斯特涅尔.格林兄弟［M］.刘逢棋，译.长沙：湖南人民出版社，1985：126.

调了童话（包括传说）的民族性特质，这种特质具体地反映了各民族人民的民族精神。在这个意义上，各民族的童话与传说又是各民族认同的基础。

第四，格林兄弟还从类型的角度对童话、传说与神话进行了比较。他们敏感地发现，童话总是讲一些幻想的东西，总是与一些虚构的、神奇的、不符合自然规律的、无具体时空指涉的内容相关；而传说虽然也会涉及一些不可思议的情节，但它们总是同一定的历史人物、历史事件、具体地点相关联。童话富于诗意，而传说更接近历史真实；童话自然脱俗，而传说质实可征。此外，在他们看来，童话故事应该是神话的遗存。

格林兄弟（尤其是威廉·格林）的故事研究并不限于对德国古代文献中故事的辑录及对德国民间流传的童话故事的搜集、整理与出版，他们还翻译了大量其他民族的故事。比如，1826 年，格林兄弟翻译出版了《爱尔兰的爱尔菲童话集》。在这本译著的序言中，威廉的诗学天赋得到了充分的体现，他那种专注于人民所创造的童话的优美形象与极具语言表现力的作品，为童话故事进入文学作品经典的行列作出了巨大的贡献。

必须指出，格林兄弟并没有从事现代意义上的田野作业，尽管威廉个人曾亲自走访过农妇，聆听她们的讲述，但《格林童话》的主要材料来源是他们的亲戚与朋友，这些人大部分并不是不识字的农民，而是受过良好教育的中产阶级。而且，正如阿兰·邓迪斯所说的那样，想当年，格林兄弟不满于布伦坦诺对于口头文本的改造，但他们自己也没有脱离改造口头文本的做法。①

三、《格林童话》的国际性影响

格林兄弟的童话集在世界人民中间获得了巨大的声誉，他们激励许多国家的研究者和诗人着手去搜集本民族、本地区的童话、传说与神话。虽然格林兄弟在传说与神话研究方面没有获得可以与其在童话研究领域相比肩的影

---

① DUNDES A. International folkloristics: classic contributions by the founders of folklore [M]. Washington: Rowman and Littlefield Publishers, 1999: 5.

响力，但是，他们一以贯之的清晰的搜集、整理的研究思路和工作原则，为他们之后世界范围内"口头传统"的研究者提供了范例与准则。

1856年，在回顾与检视近40年的搜集与整理工作之后，威廉·格林写道：

> 当我们的集子首次出版的时候，它是多么地独一无二啊，从那时以来，已经产生了多么大的收获啊！那时，当我们断言这些故事里保留着思想与直觉，其源头应该在古代的黑暗中寻找，人们听了之后报以宽容的笑声。而现在，这几乎是不容否认的。在充分地意识到其科学价值时，人们开始努力寻找这类故事，生怕会改变其任何一部分内容，然而，之前，它们只是被看作毫无价值的幻想的娱乐，人们可以随意处置……①

威廉的话朴实地描述了真实发生的事情：童话故事的地位已经发生了彻底的变化，在许多地方，故事、传说、神话与民俗传统被记录下来。首先是在德国所有地区，然后是欧洲乃至整个世界都参与其事。在稳定增加的搜集者当中，有一些人引以为豪的是被他们家乡的人们称为当地的"格林"。他们也经常会把他们的集子题献给格林兄弟，并公开说明他们的灵感来自格林兄弟，他们的工作模式参考了《格林童话》与《神话学》。与此同时，对于童话故事与神话的普遍兴趣，激发了人们对于民间文学的所有方面的考察与研究，于是作为现代意义上的学术研究"故事学""神话学"诞生了。

民俗学家鲁思·麦克里斯·耶拿详细地描述了格林兄弟的影响史，他说：约翰·博尔特（Johannes Bolte）与格奥尔·波利夫卡（Georg Polivka）合作，以格林兄弟的调查研究为核心，在补充与修订的基础上出版了五卷本的《格林兄弟儿童及家庭童话的注解》（*Anmerkungen zu den Kinder-und Hausmdrchen der Bruder Grimm*（1910—1933）。这部著作至今仍然是有关民间叙事的相关

---

① MICHAELIS-JENA R. Oral tradition and the brothers Grimm [J]. Folklore, 1971（4）:270–271.

问题的有价值的研究手册。事实上，早在 1823 年，当埃德加·泰勒（Edgar Taylor）翻译了《德国流行故事》之后，人们对童话故事的热情就开始高涨起来了。埃德加的译本是一本翻译给英语国家的人看的幻想故事的选集，它包括 2 卷，分别出版于 1823 年与 1826 年。这个英译本是其他民族语言的译本的基础。埃德加虽然主要是针对年轻朋友而翻译介绍的，但是，他也渐渐地意识到童话故事更广泛的重要价值，在译本中，他这样写道：

> 获得快乐的时光并非译者唯一的目标。下文中故事源自的丰富搜集，从一种文学的观点来看也是十分有趣的，这为这些瑰丽的想象性创造的广泛而早期的传播提供了新的证据。显然，它们出自某些伟大而神秘的源头，那时，俄罗斯人、凯尔特人、斯堪的纳维亚人以及德国人，在他们多样化的结果中，已经吸收了最早的道德教化……①

在他自己有趣的注释中，埃德加经常会参考格林兄弟的著作。《德国流行故事》之后，埃德加出版了一部故事选《菲曼老奶奶》（Gammer Grethel），这里所谓"老菲曼（old Grethel）"的形象，代表的是格林童话中的妇人菲曼，她曾连续十二个晚上都在讲故事。埃德加早逝之后，他的亲戚约翰·爱德华·泰勒继续从事他的工作。他的完整版故事选集叫《魔戒》（The Fairy Ring），多年以来，该书一直都是英语圈儿童最喜欢的读物之一。

对于成年读者与民间故事学的学生来说，埃德加的译本很快就被玛格丽特·哈特的完整版所取代了，玛格丽特在她的著作的序言中指出：格林兄弟并不是为了给儿童提供娱乐，而是为民俗学的学生们储藏材料。安德留·兰在两卷本的故事集中撰写了长篇导言，讨论起源与传播的问题，他使用的概念的依据，是后来被称作人类学派的方法，这种概念和方法与格林兄弟的理

---

① MICHAELIS-JENA R. Oral tradition and the brothers Grimm [J]. Folklore, 1971 (4): 265-275.

论恰好相反。

一个又一个国家在出版传统故事的集子。来自斯拉夫语的学者们的反应尤其强烈,这主要归因于沃克·斯特凡诺维奇·卡拉季奇(Vuk Stefanovic Karadzic)的塞尔维亚故事的成功。这些故事出版于1854年,已经是受雅各布·格林的激励之后好多年的事情了。当年,在维也纳,雅各布通过柯毕塔认识了沃克。那个时候,他就十分崇敬这个年轻的塞尔维亚人对他们本土民歌的搜集工作,把它们看作纯粹的"天然的诗歌(Naturpoesie)"。雅各布为沃克的故事集的德语版写了一篇导言,这也为他本人提供了一个平台,他借此机会详细论述他关于起源与传播的理论。自然,捷克与斯洛伐克的人民也欢迎格林兄弟指导他们寻找草根与人民的过去。帕维尔·约瑟夫·萨伐里克(Pavel Josef Safarik)的《斯拉夫人的古物》就深受雅各布·格林的影响。

一个年轻的捷克学者,卡雷尔·亚罗米·厄尔本(Karel Jaromir Erben)也搜集故事,在记录的过程中,遵循着格林兄弟的工作方式与语言风格。他帮助奠定了研究捷克童话故事的基础。

奥地利、匈牙利、波兰、俄罗斯都有学者受到格林兄弟的影响,俄罗斯的亚历山大·尼古拉耶维奇·阿法纳西耶夫(Aleksander Nikolaevic Afanes'ev)有"俄国的格林"之称。1914年,俄罗斯地理协会的民俗期刊以一整卷来纪念格林兄弟。丹麦的玛蒂阿斯·温特(Mathiaus Winther)、斯维德·格伦德维奇(Svend Grundtvig),瑞典的阿维德·奥古斯特·阿菲兹留斯(Arvid August Afzelius)以及贡那·海尔特-卡瓦留斯(Gunnar Hylten-Cavallius)都是他热情的学生。

格林兄弟与挪威的彼得·克里斯汀·阿斯宾杰森(Peter Christen Asbjornson)以及乔根·莫(Jorgen Moe)维持着亲密而友好的关系。后两者搜集了大量的挪威故事,结集为《挪威民间童话》。格林兄弟认为这是最好的一部童话故事集。这些故事的英译者达森特将其翻译为《挪威流行故事》。达森特在斯堪的纳维亚见到了雅各布,二人之间具有许多共同点。雅各布还给达森特的译本撰写了导言,很好地展示了格林兄弟关于起源与传播的思想。正是达森特鼓励约翰·弗朗西斯·坎贝尔搜集与出版《西部高地的流行故事》。坎贝尔个人对于所谓"故事学"(Storyology)这门新兴的科学十分感兴趣，并认为这门学科的创始之功应该归于格林兄弟。在他的《故事学》的导言中，他提及了他们，并且言及这样一个事实，即通过格林兄弟作出的范例：

> 人们现在已经在从世界多数地方搜集故事。人们从美洲印第安人的讲述中，从南海的岛民那里，拉普人、萨摩亚人、德国人与俄国人那里搜集。传教士们出版了非洲野蛮人的寓言故事；有文化的人翻译了阿拉伯语的、梵语的、汉语的手稿，甚至埃及人的莎草纸也被挖掘出来了，人们努力要获得它们的意义，凡此种种，都提供了故事，它们都与现在口头讲述的故事极其相似……①

在芬兰，雅各布关注着《卡列瓦拉》创造出的一个让人喜爱的氛围，从事搜集与整理工作的人数在增长，与此同时，人们也想要调查故事的起源、意义及传播。这导致作为民俗学家群体的"芬兰学派"的兴起，他们在一种时间与空间的基础上系统地研究民间故事。这一研究范式的一项成果就是史蒂斯·汤普森的皇皇巨著《民间文学的母题索引》(*Motif-Index of Folk Literature*)以及阿尔奈与汤普森合著的《民间故事的类型》(*The Types of the Folktale*)，这两种著作都是民俗学家必备的工具书。

整个英格兰群岛的民间故事搜集活动都是受格林兄弟工作的刺激开展的。人们可能会记得阿迪、巴林-古尔德、哈特兰、亨特甚至雅各布，最终有多卷本的乡村民俗集出版。

托马斯·克罗芬·克罗克(Thomas Croften Croker)在爱尔兰展开搜集工作的时候，大概也正是《格林童话》首次出版的时候，他的《爱尔兰南部幻想传说与传统》出版于1825年，事实上，该书还被格林兄弟翻译成德语。他们在其中看到了童话故事的本真性，给这本书撰写了一篇长长的有关幻想知识的导言。这是一个民族民间童话故事传统交叉互哺的有趣例子。爱尔兰的

---

① MICHAELIS–JENA R. Oral tradition and the brothers Grimm [J]. Folklore，1971（4）：275.

故事在德国受到了热烈欢迎。对于许多读者来说，它们是从德语到凯尔特—苏格兰—爱尔兰传统的第一座桥梁，反过来，1828 年的英语版本偿还了德国人表达的敬意，其中包含了格林兄弟导言的译文。

帕特里克·肯尼迪——一名都柏林的书商——于 1866 年至 1871 年之间，出版了三卷本的故事集，他被称为"爱尔兰的格林"。

在低地国家以及巴尔干半岛的各个国家中，知识阶层普遍意识到搜集传统的需要，虽然当时这些传统仍然十分流行，尤其是在乡村人民那里。在法国，也有许多搜集者，佩罗之后有一段时间搜集活动减少了，但是仍然出版了多卷本的《寓言的小屋》（*Cabinet des Fees*）。法国童话故事的搜集者之一伊曼纽尔·科斯奎（Emmanuel Cosquin），一开始是格林兄弟的热情的崇拜者，后来又疯狂地攻击他们的理论。欧洲的南部也开始搜集童话故事，其中，伊塔洛·卡尔维诺（Italo Calvino）因为他的《意大利的童话》（*Fiabe Italiane*）而被称为"意大利的格林"。他也公开承认受益于格林兄弟的工作方法。①

格林兄弟极大地改变了口头传统研究的方法，尤其是给予民间故事以全新的地位。达森特总结了这一发展，他说：

> 格林兄弟通过劳动，已经提升了过去被看作儿童的幻想故事与老妪的寓言……它们现在值得成熟的男人们花费精力来研究，具备人文科学的全部尊严。②

四、格林兄弟对于传说、神话及民俗的研究

长期以来，格林兄弟一直都怀有一个宏大的学术计划，那就是搜集与记

---

① 卡尔维诺. 论童话［M］. 黄丽媛，译. 南京：译林出版社，2018.
② 以上有关格林兄弟之影响的介绍材料，转引自：MICHAELIS-JENA R. Oral tradition and the brothers grimm［J］. Folklore，1971（4）：265-275.

录人民创作的一切口头作品与民俗。这种理想最早甚至可以追溯到1806年，当时，格林兄弟参与了布伦坦诺与阿尔尼姆共同创作的《小男孩的神号》，这是一部德国民间抒情诗歌集。1815年，格林兄弟撰写并分发了一份"搜集民众诗歌的倡议书"，号召人们对本地的故事以及其他口头传统开展地方性的记录。雅各布非常简洁而又精确地介绍了他想要搜集的内容，并简要地提示了开展搜集工作的具体办法。他强调"口头传统"自身的传统性、弥散性、普遍性，强调它对于历史、语言及文学研究的重要性。他特别指出了有待搜集的材料范围，包括：

> （1）民歌与韵文，它们在不同的季节性事件里演唱，在节日里演唱，在纺纱房与舞厅里演唱。与此同时，人们在田野里劳作。最重要的是，这些民歌与韵文包含着史诗的内容，也就是说，在这里，很可能以它们的词语、手势与音调，某种行为发生了。（2）散文性的传说，尤其是许多童话故事，这里面有巨人、侏儒、魔鬼，被施了魔法与解除了魔法的公主与王子，魔鬼、宝藏以及能够满足人类愿望的事物。而且，地方传说被讲述与记忆，因为它们能够解释与说明某个地点，比如大山、河流、湖泊、沼泽、废弃的城堡、塔、岩石以及所有过去时代的纪念物。人们应该特别注意动物寓言，通常是与狐狸、狼、公鸡、狗、猫、青蛙、老鼠、松鼠等有趣的动物有关。（3）幽默的骗子的故事与趣事、长故事；古老的曾经风行一时的木偶戏，里面有小丑与魔鬼。（4）节日、习俗、惯用语与游戏；生日庆典，婚礼与葬礼；古老的习惯法，利息费用与赋税，土地的买卖与租赁，边界争端的裁决，等等。（5）有关魔鬼、幽灵、巫术、好的与坏的预兆、鬼怪与梦的迷信。（6）谚语，动人的智慧，修辞格与复合词。①

---

① MICHAELIS–JENA R. Oral tradition and the brothers Grimm [J]. Folklore，1971（4）：265

雅各布·格林强调，所有材料都必须被忠实地记录下来，"不要修饰与添加，从讲述者的口里出来，无论何时，有可能的话，要用他们自己的词汇"[1]。即使是那些貌似无意义的话、片断性的信息也要记录下来，不允许记录者擅自删除或者自行阐释这些信息。

在雅各布看来，用当地方言来记录上述材料尤其具有价值；同一则故事的异文从来都不应该弃之不顾，因为在比较它们之后，总是可以发现新鲜而难以预料的重要细节。此外，按照雅各布的理解，小城市要比大都更有可能搜集到这样的材料，而乡村——尤其是那些偏远的乡村——则较之小城市可以收获更多材料。在这些地方，某些职业（牧人、渔夫、矿工，普遍来说是老人、妇女与小孩）被认为是材料好的"源泉"。

面对新技术发明的迅速扩展，人民生活的迅速变革，格林兄弟认为，人们对于旧的童话和传说不再感兴趣的时代可能很快就会到来，因此，搜集与记录民众诗歌的任务十分急迫。他们殷切希望并告诫那些可能会对民众诗歌感兴趣的朋友，应该在年老的讲故事的人把他们所知道的一切带进坟墓之前，把他们知道的童话和传说记录下来。格林兄弟倡议那些纯粹出于热爱而搜集民众诗歌的人们组织起来，做自己喜欢做的事。他们甚至指导大家把每一个事项记录在单页的纸上，标注搜集的地点、社区与日期，记录者与讲述者的姓名等信息。作为语文学家，他们当然不会忘记提醒大家去当地的档案馆与修道院看看，记录一下哪些古代德语的书籍与手稿未被登记的信息。[2]

差不多从 1806 年开始，在编辑童话集的同时，格林兄弟开始搜集传说。他们用与搜集、编辑童话类似的方式搜集、编辑传说。无论这些传说的材料来自口头还是书面，他们都会进行统一的加工与润色，力图用通俗无饰然而又是他们所习惯的流畅语言来转述这些传说。换句话说，他们尽可能地保留了传说的内容与形式。但是作为语言学大师，格林兄弟并不是他们搜集来的

---

[1] MICHAELIS-JENA R. Oral tradition and the brothers Grimm [J]. Folklore, 1971（4）:268-269.
[2] DUNDES A. International folkloristics: classic contributions by the founders of folklore [M]. Washington: Rowman and Littlefield Publishers Press, 1999: 5.

传说材料的"奴隶",只要人们认真地阅读他们的传说集,就可以清楚地分辨出兄弟二人相互补充、相得益彰的二重唱——雅各布的语文学的准确性与威廉的诗学的洞察力。1829 年,威廉·格林出版了《德国英雄的传说》,其中包括从 6 世纪至 17 世纪德国英雄传说的材料。在这本书里,威廉·格林叙述了德国史诗的起源与发展的理论,把德国史诗研究提升到与古希腊史诗研究同等重要的地位。推而广之,在威廉·格林看来,人类一切民族的史诗,都是"出自无名作者之手的最具有诗意的出色作品,它们朴实而自然的形式、极为深刻而丰富的内容,这本身是一幅新的、纯洁的、朝气蓬勃而又繁荣兴旺的生活图画"[①]。传说与史诗是威廉一生持续关注与研究的主题,他深入研究了上古、中古时代欧洲各民族的各种史诗,在他看来,传说与史诗也是民族精神的重要载体。[②] 此外,1816 年与 1818 年,格林兄弟还出版了《德国传说》。1821 年,威廉·格林出版了《论德国古代民歌》。民歌也是格林兄弟长期以来关注的对象。威廉个人更是对古代典籍中的民歌材料十分熟悉。这本著作就充分地体现了他的专业水准。

当威廉在古代德语文学中发掘其潜在的诗意的力量的时候,雅各布也在专心致志于德语语法的规律性的总结,并于 1828 年出版了《古代德国法律》一书。他从古代法律文件文本中了解那个时代的语言、民间习惯、信仰和人们的生活方式。这是一部有关德国古代社会民情风俗的重要文献。但是,必须强调的是,雅各布绝不是为了猎奇好异而研究过去的法律与生活习俗,而是试图通过正确地理解过去的本土的法律文献,助益于逐渐临近的法制改革。1835 年,雅各布又出版了《德国神话》一书,该书辑录了大量关于创世、自然、动物与植物的起源、日月星辰的更替以及关于死亡、命运、犯罪与救赎等重要主题的神话,作者以鲜明、形象、准确的语言倾心撰写了这部著作,为后来"神话学"的出现做好了准备。对于古代人民的神话讲述,雅各布特别指出:

---

① 盖斯特涅尔. 格林兄弟[M]. 刘逢棋,译. 长沙:湖南人民出版社,1985:152.
② 盖斯特涅尔. 格林兄弟[M]. 刘逢棋,译. 长沙:湖南人民出版社,1985:152.

> 我们的祖先，直到偶像崇拜时代为止，并没有用野蛮、粗鲁、没有任何规则的语言说话，而是用灵活、发达、从远古以来就适用于诗歌的语言说话。他们并没有过着混乱、野蛮、乌合之众的生活，而是根据自古以来保留下来的关于正义的合理认识，过着自由联盟的生活，遵守着严肃而又美好的风俗习惯。在这种情况下，我还是想用同样的而不是任何别的方法证明：他们的心充满了对于神的信念，他们的生活对于主宰者，对于胜利的喜悦和死亡的鄙视……充满了简单而又美好的（虽然是不完善的）认识。人民没有宗教是无法生活的，他们的语言和风俗从远古时代起直到现在还保留着健全的形式。①

这显然是一种所谓"民族浪漫主义"的语言观与诗学观，按照"后来居上"的社会进化论的学术观念，这是一种乌托邦式的对于过去时代的美好幻想。但是，至少在雅各布的比较的历史语言学看来，古代神话反映出来的诗学并不能证明后来的理论话语的正确性。恰好相反，古代人民对于神话世界的信仰，并不是科学意义上的落后或者愚昧的反映，而是一种创造性的想象力的表现；事实上，古代人民同样沐浴在太阳的光亮之下，同样具有高尚的素质，这种高尚的素质为不同的民族保留了他们的风俗习惯和权利。因此，创造力并不专属于现代，古代人民同样具有极高的创造力。

五、格林兄弟的自由与民主思想

格林兄弟的学术生活并不外在于他们所处的时代，也不脱离他们身处其中的社会生活。他们研究语言、文学与法律，并不是为了使读者消遣，也不是为了逃避社会，而是为了让过去的伟大成就为现代的利益服务。雅各

---

① 盖斯特涅尔. 格林兄弟［M］. 刘逢棋，译. 长沙：湖南人民出版社，1985：179-180.

布·格林公开宣称：科学不仅教人真理，而且在必要时还应捍卫现实生活中的真理。在他看为，"科学"固然保存了人类最宝贵的财富，也是人世间的无价之宝；但是，同人的立身之本（他指的是毫不动摇地尊奉神圣的信条）相比却又是微不足道的，在哥廷根七君子事件之后，他说：

> 我岂能一边穷究体现我们父辈纯洁美德的德意志法，一边自己又恣意践踏当代的法律？如果有人说，在我生活的时代，在我生长的国度里，绝大部分人都弄假宣誓，叫我如何致力于德国历史和传说的研究呢？①

非常明显，格林兄弟的语文学与"口头传统"研究并不是单纯地为了研究而研究，为了博学而博学，他们具有迫切的现实使命感。当拿破仑占领德国的领土时，他们通过自己的研究寻找安慰，积累丰富的知识，为德国人民发扬爱国主义树立信心。他们坚信，他们的学术工作从根本上有助于德国人民争取自由与统一的斗争。因此，他们的学术生命是与他们时代的任务密切相关的。

雅各布·格林曾数次投身于政治实践活动，他目睹了德国境内各邦林立、经年混战导致的民生凋敝、社会动荡，也亲身感受到那个时代进步知识分子与广大人民群众期盼统一，实现民族复兴的强烈愿望；与此同时，他还亲身体会到自己所在邦国内部专制统治的严酷，感受到德国人民的政治良心已经苏醒的时代风尚。

19世纪中期，在格林兄弟生活与工作的晚期，德国的法律学者要求制定全德国统一的法律，日耳曼学者对统一全德国文化的要求越来越强烈。雅各布·格林越到晚年，民主与法制的意识越强烈，他对于自己学术著作的政治意图从不隐讳，承认他的著作是"渗透着政治的"。在他看来，他的法律、语言与历史研究，一切的一切，如果：

---

① 盖斯特涅尔.格林兄弟[M].刘逢棋，译.长沙：湖南人民出版社，1985：83.

没有宪法，所有其他计划和著作都是毫无意义和毫无用处的。①

因此，在某种意义上，如果格林兄弟的学术生活不被放置在他们政治思想的框架内进行理解的话，就会显得十分琐碎而片面。格林兄弟（尤其是雅各布·格林）一再高度评价赖以自由和平静地生活的宪法；因为宪法能够使大家有最大的保障，能够授予并保证每一个人不可侵犯的行动自由；而"自由"的概念又是非常神圣的，全体德国人是自由的，自由应当使德国的空气也变成自由的空气。

格林兄弟的"口头传统"研究是十分伟大的，因为他们建立了现代意义上民间文学研究的学术传统；格林兄弟的"民族语文学"也是十分伟大的，因为他们为德意志的政治统一作出了巨大的贡献；格林兄弟的"民主与自由"的思想尤其伟大，因为这是支撑他们卷帙浩繁的大型学术工作的灵魂与主心骨。

不只是格林兄弟，事实上，整个19世纪至20世纪的前半叶，由于文学的与民族主义的意识形态的原因，几乎所有的民俗搜集物都被掺假或者净化了。因此，对于现代民俗学家而言，重要的问题不是去描述格林兄弟事实上做了什么，而是理解他们当初声称想要做什么。

---

① 盖斯特涅尔.格林兄弟［M］.刘逢棋，译.长沙：湖南人民出版社，1985：264.

本土语文学与民间文学*

一、什么是"语文学"

"语文学（Philologie）"这一术语是希腊人的发明，而作为专业的"语文学"，则出现于希腊化时期（公元前4至2世纪）。当时，在新兴的大都市里，人们开始着手收集希腊古典文学的遗产。在收集的过程中，人们发现那些被收集起来的文本十分粗糙，讹误百出，亟须对它们进行考据性的整理与审订，建构出可靠的版本，以便将这些文本及其词汇和内容解释提供给读者。词汇和内容解释需要考据作者的生平材料，整理词汇，编纂辞典，需要文化史的知识，也需要大量有关语法、风格和音韵学的知识。这些相互关联的研究工作界定了"语文学"的学科性质。与词汇和内容解释相比，对文本的文学批评及审美性解读要退居到次要的位置了，"此种语文学对某些文体很少关注——如被视为'低等'的寓言或神话，以及被贬低为仅具娱乐功能的小说，与此相应，这类作品的保存以及今天能够获得的相关资料都很有限"[①]。

公元前1世纪以来，罗马地区的语文学也以同样的方式得到发展。此后，中间经过中世纪时期直到文艺复兴时期，语文学再度辉煌起来。当时的语文学家收集古希腊、古罗马文学中受到忽略或者濒临失传的手稿，积极致力于

---

* 本文原载于《民族艺术》2019年第6期，收入本书时有改动。
[①] 克拉夫特.古典语文学常谈［M］.丰卫平，译.北京：华夏出版社，2012：157.

编纂与评注的工作。在1500多年的漫长时间里，语文学整体的研究内容与研究风格基本保持一致。

16、17世纪时的法国与荷兰是古典语文学的重镇，语文学专业的学术化倾向日益强化，它"注重考据性的版本、古文物的研究、对事实和真实性的评注等"①。语文学家和语法学家对经验证据的强调奠定了新方法的基石。于是，人们随之相信，通往真实的历史之路必然要经过"语文学"②。18世纪的德国狂飙突进运动和浪漫主义运动都十分推崇古希腊作品的原创性，但它们是以人文主义的理想来取代和超越纯粹的语文学研究的。德国的语文学家与古典的相遇并不完全是为了学术研究，而是通过欣赏与阐释古希腊、古罗马的典雅艺术与文学、哲学与伦理学，获得精神的升华，提升自身的素养。如此一来，德国语文学为古典语文学添加了新鲜的气象。

然而，19世纪之后，历史—实证主义的语文学再次占据主导地位，语文学再次强调文本本身，"其文本研究形成了一套固定的、近乎数学式的体系，此一体系认为对文本的审美评价主观性太强，因而将其排除在文本考据的范畴之外"③。对科学客观性的强调使语文学封闭在一个狭小的圈子里，与社会现实生活的距离越来越远。20世纪初，由于许多语文学家遭到德国纳粹党的驱逐，德国在语文学界的领先地位渐渐丧失了，却由此开启了语文学的全球化发展的趋势。在古典语文学之外，现代语文学开始考察新拉丁文学、巴洛克和近代早期的文学作品，它试图突破古典语文学在研究对象、方法与理论方面的桎梏。

综合来看，古典语文学就是阐释保存下来的古希腊语和古拉丁语的文献，它的研究兴趣并不局限于这些有关希腊人和罗马人的专业文献（哲学的、科学的与历史的）之艺术的层面，甚至主要不在于艺术的层面，而是首先对这些文献的传播媒介做考据性的工作，尤其是对抄件学和古代文字学做必要的考据工作，考订版本是古典语文学的前提性的工作；其次，随着时代的发展，

---

① 克拉夫特.古典语文学常谈［M］.丰卫平，译.北京：华夏出版社，2012：159.
② 伯林.启蒙的三个批评者［M］.马寅卯，郑想，译.南京：译林出版社，2014：164–165.
③ 克拉夫特.古典语文学常谈［M］.丰卫平，译.北京：华夏出版社，2012：160.

希腊语与拉丁语在词尾和词义、词汇和语法规则方面都一再发生变化，出现了许多语言形式，因此语言史和语法史成为古典语文学研究的重要内容；再次，由于古希腊与古罗马的文学都十分讲究，其修辞与语言形式特征渐渐也成为语文学的一个十分重要的研究内容；最后，希腊语或者拉丁语的源流考辨工作也是古典语文学的重要工作，人们通俗地将之称为"比较语言学"。显然，上述所有古典语文学的研究工作都离不开其他专业知识的帮助，其中，古代文化史、考古学、宗教学的知识尤其显得必不可少。[1]

二、"本土语文学"的学术谱系

民间文学的学科基础之一便是"语文学"，准确地说，这一语文学的传统根基是18世纪中叶的圣经语文学与古典语文学，这具体地体现在诸如托马斯·布兰克威尔（Thomas Blackwell）、罗伯特·罗斯（Robert Lowth）以及罗伯特·伍德（Robert Wood）等人的作品中。在这些作者的作品中，通过引进一种文化的与历史的相对主义的维度——认为对于一部文学作品的真正的理解，取决于对它扎根其中的时空的理解的原则——这些学者扩展了古典语文学的事业，即认为良好的语言知识是批判性地阅读经籍与古典文本的先决条件。这样一种学术指向要求读者或者批评家，努力透过创作了作品的人们的眼、耳与心智来看待作品。此后，正是约翰·戈特弗里德·赫尔德（Johann Gottfried Herder）的巨大贡献极大地扩展了这一相对化的语文学，极大地超越了古代希伯来人以及古希腊人与罗马人的古典语文学的视野，赫尔德拥抱所有人、所有语言、所有文明，认为它们与其所属的人们的精神相一致，是普罗大众的声音的表达[2]。

事实上，赫尔德的"语文学"关注的范围是十分广泛的。他不仅关注那些非希腊、罗马、希伯来的地方语言，而且扩展到关注语言的"功能"问题，

---

[1] 克拉夫特.古典语文学常谈［M］.丰卫平，译.北京：华夏出版社，2012：7-9.
[2] BAUMAN R. Folklore as transdisciplinary dialogue［J］. Journal of folklore research，1996（33）：16.

比如他考察民间文学在儿童社会化过程中的作用；考察形式—功能—意义之间的相互关系的问题，即在使得诗学作品变得可记忆、可重复、有说服力、可阐释的过程中，经典的平行性的语法结构与语义结构的效果问题；考察政治权威性的问题，即文本传统在构建传统权威中的作用；考察文化的政治社会学的问题，即扎根于特定时空中的流行的与本土的形式，与吸引文化精英的流行声音的表达、具有抽象普遍性的城市化形式之间的区别；考察交流媒介的问题，即活态的口头表演的感染力的直接性与书面文学的分离的媒介之间的对比。赫尔德超前的语文学思想要在很久之后才会再次被民俗学家发现。

专就德国民俗学而言，它从一开始就是德国语文学（German philologie）的一个分支，时人称之为"日耳曼学（Germanistik）"，而格林兄弟则是日耳曼学与民俗学的双料奠基人。当时德国人所谓"日耳尔曼学与民俗学"乃是指对德国语言与文化的研究①。但什么才算得上是一国"语言与文化的代表"呢？当时，古典语文学基本上研究的是用外国语言（法语）、古典语言（希腊语、拉丁语）记录的古代的与中世纪的书面文本。格林兄弟的历史功绩在于，在继承赫尔德思想的前提下，切实地给予德国语文学以一个新方向，即转向了研究德国民俗与德国民间语言。他们的语文学研究的就是普通德国人口头讲述的德语以及德语的口头文化表达。在某种意义上，德国民俗学从一开始就可以被称为德国的"本土语文学"。

19世纪早期，在"德国语文学"形成之际，德国至少有两种语文学传统：一种是古典语文学传统，代表人是卡尔·拉赫曼（Karl Lachmann）；一种是由格林兄弟，尤其是雅各布·格林（Jacob Grimm）创立的德国"本土语文学"。前者通过书面文本的研究来理解德语及其文化，而后者关注活态的语言及文化表达。格林兄弟称自己的研究为"狂野的语文学（wilde philologie）"②，

---

① 赫尔德与格林兄弟提倡"本土语文学"是出于对法国启蒙运动及其霸权话语的反抗，这一点是十分明显的。相关论述可参见：SHIMAMURA T. What is vernacular studies?［J］. School of sociology journal, 2018（129）: 1–2.

② NAITHANI S. Folklore theory in postwar Germany［M］. Oxford: University Press Of Mississippi, 2014: 12.

以区别于拉赫曼代表的"规训的语文学（disciplined philologie）"。显然，这两种语文学的传统从一开始就沿着"口头与文字"的分野展开了。然而，在随后的历史发展过程中，非常明显，格林兄弟倡导的"本土语文学"并没有获得应有的重视。尽管如此，"浪漫主义者是第一批母语语文学家，他们试图以母语感受为基础，把它作为意识和思想形成的媒介（Medium），来彻底改造语言学思维。确实，浪漫主义者一直是语文学家这一词准确意义上的语文学家"①。

如上所述，语文学从一开始关注的就是对外国语言与古典语言的研究，学者的任务是解释文本在它们的原始语言中的重要性。因此对于"德国语言与文化"的研究，从严格的意义上讲，一开始并不能算作语文学学科的内容，它是由一群业余的社会人士热心地从事着的学术工作。在德国，自拉赫曼被任命为柏林大学德语研究的第一任主席之后，基于他自己的标准化的语文学学术训练与学术根基，他坚持进行"规范化"的德国语言与文化研究。他研究的材料就是古代及中世纪的德语文本（比如史诗）；他的研究方法就是古典语文学的方法，他坚决地清除异文所带来的模糊性，自我确立德语的标准。显然，格林兄弟主张的语文学与拉赫曼之颇具"规范化暴力"的语文学十分不同。但是，拉赫曼的语文学传统——以文本为中心的语文学方法——深深地影响了后来的民俗学。而格林兄弟的"本土语文学"传统以及赫尔德有关"民歌"的思想对于民俗学的影响，则主要体现在其认同由格林兄弟与赫尔德所区分出来的研究主题——"民俗是民族精神的表达"——当中。后来的德国民俗学直接把关注的重心转向了"文本化的口头文学"，这显然是对上述两种语文学思想的一种折中。

按照理查德·鲍曼追溯的学术谱系②，自赫尔德、格林兄弟倡导"本土语文学"以来，历代民俗学家通过不同的学术路径，共同创造了新时代的"本

---

① 巴赫金.巴赫金全集　第二卷［M］.李辉凡，张捷，张杰，等译.石家庄：河北教育出版社，2009：432–433.
② BAUMAN R. The philology of the vernacular［J］. Journal of folklore research，2008（1）：29–36.

土语文学"的学术方向,概括起来,有三种学术线路:

第一种是经过美国著名的歌谣学家弗朗西斯·詹姆斯·柴尔德(Francis James Child)、乔治·里曼·凯特里奇(George Lyman Kittredge),发展至阿切尔·泰勒(Archer Taylor)、史蒂斯·汤普森(Stith Thompson)的民间文学研究路径。他们大都关注民间文学的历史,采用古典语义学的方法,强调文本的持续性,把变异看作退化的过程,通过细致的文本比较研究,考察主题的变异问题,然而他们基本上不考察民间文学形式的与语用的层面。1849年至1851年,柴尔德曾在德国哥廷根大学从事研究工作,而此时格林兄弟已经离开哥廷根前往柏林大学。柴尔德一生都保持着与欧洲同行之间的联系,这种跨大西洋的学术交流一直延续下来,他的学生以及学生的学生都保持着与欧洲同行的密切交流。老中青三代学者都在文学系教授民俗学,都与欧洲大陆保持着密切的交往,都在关注与研究来自旧世界文化的民俗,保存了古典语文学的学术传统。①

第二种是经由米尔曼·帕里(Milman Parry)与阿尔伯特·洛德(Albert Lord)开创的口头程式理论。20世纪30年代,同样在哈佛大学,同样是基于民俗与文学研究的领域,产生了一种基本上与柴尔德相反的工作方式。柴尔德是一位坐在图书馆里搜集与整理古代遗留物的民俗学家,可是,哈佛大学古典语文学家米尔曼·帕里和他的学生阿尔伯特·洛德却综合了民俗学与文学研究的方法。他们开展大量的田野作业来搜集口头表演,这有助于解释西方文学中幸存下来的古老的作品②。在聆听了南斯拉夫歌手表演的一个复杂的达9000行的史诗后,他们师徒二人提出了一个假说:《伊利亚特》与《奥德赛》这两部作品也是口头创作的,而且是在表演中创作的,又在每一次演唱中被重构。之所以能够这样,是因为歌手们对程式性短语的经常性使用。他

---

① CLEMNETS W. 100 years of American folklore studies: a conceptual history [M]. Washington: The American Folklore Society Press, 1988.

② FOLEY M. The theory of oral composition: history and methodology [M]. Bloomington And Indianapolis: Indiana University Press, 1988: 6-10. 除了语文学的学术传统,弗里教授还强调了荷马问题、人类学的民族志传统对于"口头程式理论"产生的重要影响。

们强调的重点是个人在表演中的创造性，当然也承认诗学体系的形式规则的条件、表演情境的语境性限制、所谓口头文化的能力限制等。与此同时，创造的动态性也到得强调，因为每次表演都要考虑它与前在的同一类表演的平衡。这一研究传统同时考虑了口头诗学之形式的、主题的与实用的层面。但是，从整体上来看，帕里-洛德师生二人仍然是典型的语文学家，他们依据的材料仍然主要是"书面文本"。

第三种是自博厄斯、萨丕尔、雅各布森，经由保罗·拉丁以及戴尔·海姆斯而来的美国语言人类学的学术传统。博厄斯特别强调对于本土美国人文化传统的文本记录，他搜集与分析印第安人的口头文本材料，建构了美国的人类学实践。博厄斯坚信：每一种文化都拥有自己的概念、分类与偏见，为了达成对于另一种文化的真正的理解，非常重要的一点是，学者们要用当地的语言搜集大量的可靠的材料。因此，神话与故事被通过当地人的语言搜集与保存起来，作为一种未受污染的文化表达，这些口头材料保留着理解那一社会的全部必要的关键信息。通过细查准确地记录下来的文本，学者们可以获得新的理论，新的问题就可以被解决。换句话说，材料将导向阐释。

在博厄斯的语言人类学学术传统中，"文本"是从事三种基本的调查研究的重要材料：（1）文化—历史的研究。他们把未加修饰的"文本"作为解释文化传播、移民与文化接触的历史过程的证据。（2）文化的研究。他们把口头文学当作"文化自传"的一种类型，作为对文化的反思形式，尽管它可能只是一种经过选择与折射的反映。（3）语言学与自然话语的研究。美国的语言人类学家向来关注语言的主题、形式与功能的综合体，但是，他们往往把精力聚焦于语言本身，忽视讲述者及其语境。

萨丕尔是博厄斯最负盛名的学生，作为职业的语言人类学家，他关注的焦点是把语言放置在其文化的语境当中。他教育学生，应该在社会背景中来考察讲述语言，这种讲述行为既是那一语境的一部分，也是那一语境的建构者。正是从萨丕尔开始，语言人类学家把民俗与口头传统置于"宏观"与"微观"的语境当中进行考察。雅各布森则是把欧洲语言学思想带到美国民俗学界的重要思想家与语言学家，他传播的主要是苏联与捷克的形式主义者的

分析方法,同时还有一种对索绪尔的语言学思想的更新的兴趣。他对美国民俗学的影响,与其说是直接的,不如说是引发了一种有关"民俗与语言"关系之假设的考察风气。他还提醒美国民俗学家,可以把形式主义与美学的特征与博厄斯-萨丕尔的最佳传统很好地结合起来。正是通过雅各布森,美国民俗学再也无法忽视东欧及苏联的民俗学传统了。最后,作为语言人类学最突出的一支,戴尔·海姆斯倡导的"讲述的民族志本身,是语文学传统中两种学术路线的综合,即博厄斯与萨丕尔一脉的美国语言人类学与布拉格一脉的诗学的综合"①。

三、"本土语文学"的核心思想

作为一个明确的学术概念,"本土语文学(the philology of the vernacular)"②是理查德·鲍曼于2008年提出来的,作为对阿兰·邓迪斯有关美国民俗学没有"宏大理论"的指责的反击,鲍曼显然是有针对性地以"本土语文学"作为一种回应。在他看来,"本土语文学"的确回溯到民俗学伟大的语文学传统中去了,它具备一套完整的学术框架,预设了一套社会与文化的理论前提,为民俗学者提供了一套可资利用的学术概念与分析方法,因此,它当然是一种民俗学的核心理论,尽管它可能并不是所谓的"宏大理论"。

令人颇感困惑的是,鲍曼一反"以表演为中心"的一贯立场,称一切"语文学"都是以"文本"为中心的,其分析的基本单元是"文本"。他说的

---

① "讲述"这一关键的概念,甚至可以追溯到赫尔德那里。戴尔·海姆斯在多篇论文中表达了对赫尔德的敬意;萨丕尔的硕士论文研究的是赫尔德的《论语言的起源》;雅各布森引述赫尔德来讨论古典的平行主义这一诗学功能的范式。而对于赫尔德来说,民俗就是一种讲述的方式。赫尔德的好朋友、语文学的导师克里斯汀·戈特洛布·海恩(Christian Gottlob Heyne)是对神话进行文化分析的先锋性人物,他曾经使用这样的术语——"神话的、象征的讲述方式""讲述的习俗"——来理解神话叙事。因此可以说,讲述的民族志与民俗学最充分、更核心的关注点相契合。

② BAUMAN R. The philology of the vernacular [J]. Journal of folklore research, 2008 (1): 29-36.

"文本",指的是一段被精心制作的、有固定边界的、具有内在连贯性与一致性的"话语"。当然,民俗学向来关注被明确标记的文本化的话语形式,比如民间故事、歌谣、谚语等,以及其他被文本化的文化形式(如习俗、信仰与迷信)。但是,作为表演理论的代表性人物,鲍曼不是一直都在强调"表演"相对于文本的重要性吗?为什么他放弃了"表演"转而重新强调"文本"呢?

事实上,鲍曼从来没有否认"表演"概念的重要性。但是自20世纪90年代以来,在他所写的所有作品中,他已经开始更多地强调口头艺术交流事件中"文本"与"表演"的互动性关系,而且,他所谓的"文本"更多是指"话语文本",而不是民俗学传统意义上的"书面文本"。这一点在后面的论述中会更加清晰地呈现出来。在这里,在"本土语文学"的框架里,以"文本"的概念为核心,鲍曼直接把民俗学重新嫁接到语文学的传统中去了①。

鲍曼认为,对于"文本"的理解与阐释只能在它所在的"文化"中进行。换句话说,文本是由文化建构的,反过来,文化又是由文本构成的。在这个意义上,文化(民族的、国家的、人民的、社群的)是辨识与分析文本类型及其特征、惯例的社会基础;而文本的语料库也被看作文化遗产,是民族文化的基石。一句话,要理解一种文化,首先就应该考察其文本;要想理解一个文本,必须在它所属的文化中来理解它。把"文本"与"文化"直接关联起来,是"语文学"的传统思路,更是自赫尔德、格林兄弟以来,浪漫主义与民族主义意义上的"本土语文学"的思想精髓。尽管在二战以后,这一语文学的学术传统受到质疑,但显然,鲍曼试图重新拾起其中有价值的内容,即重新肯定文本与特定的文化传统之间的天然关联。

具体来说,"文本"有某些惯例性的形式特征,具体体现在形式、主题与用途等不同层面。探讨"文本"的形式特征就是要讨论它们是如何被创造出来的,它们的形式构成与组织原则是什么,它们如何区别于它们的讲述环境,

---

① BAUMAN R. Others' words, others' voices: the making of a linguistic anthropologist [J]. Annual review of anthropology, 2018: 1-17.

它们如何构成一种具有内在连贯性的总体，一句话，要讨论文本的诗学。主题问题则与文本的指称性与命题性内容相关，即与它们表征世界的方式有关。文本的用途是关注它们被呈现与使用的模式，它们如何被用于达成特定的社会目标。对于文本的符号学、符形学与符用学的总体考察，可以作为区分与辨识多样化文本类型的标准。文本"类型"就是具有相对固定的形式特征、主题特征与功能特征的程式化的表达方式，民俗学家倾向于把它们当作文本固有的、趋于惰性化的特征。许多语文学家曾努力寻找民俗文本的形式特征，并因此积累了丰富的形式性特征的知识。

在这个意义上，鲍曼认为，"文本"的上述特征使它们成为可记忆的、可重复的，从而也是共享的与持久的文化传统。语文学的核心关注点就是文本的社会的与时代的传播和传承的问题。文本的讲述与转述使之成为集体记忆的一部分，一个文本连续不断的讲述与转述，构成文本间相互关联的同源文本的时间的连续体。这就是民俗学传统之所以作为"传统"之"趋同"的一面。然而，尽管在这个意义上，文本可以被看作一个文化中共享的、历时性的传承，但它们同时也是趋于变化的。从文本传播的动力学来看，没有任何两次讲述是完全相同的，这里面不可避免地具有变异的维度，连续讲述的文本之间会存在差异。如果文本变化的话，那么文化一定也变化了。

因此，"本土语文学"考察的正是文本的连续性与持久性（即传统）和文本的变异性与创造性之间的动态性的紧张关系。"传统与变异"之间的张力会体现在文本形式的、主题的与应用的层面上。除此而外，"本土语文学"还涉及传播与传承中媒介之变迁的问题，因为文本的属性和能力与它们在生产、传播、接受的过程中所使用的交流技术有关。而"文本"之生产、传播与接受的社会分层问题，使得民俗"文本"的生产、传播与接受过程天然地带上了政治学与社会学的维度。

丹·本-阿默斯曾把民俗界定为"小群体内的艺术性交流"[①]，在某种意义上，"本土的"这一术语与这一定义十分吻合，首先，"本土语"意味着讲述

---

① AMOS D. Toward a definition of folklore in context[J]. Journal of American folklore, 1971(331): 5.

的小群体或者讲述的社区，意味着讲述的资源与实践是在实践的社群中非正式地获得的，而不是正式习得的。然后，交流的关系是直接的，是基于互动的秩序与生活世界的，即一种面对面的互动与交流。最后，"本土语"的"小群体"的边际具有空间的固定性，局限于某种特定的区域。正像地方与全球相对立一样，"本土"与"大都会"相对立，"本土语"指的是非正式的、直接的、地方的、亲近的语言，因此是属于小群体与地方社会的。①

总之，通过"本土语文学"这一术语及其内在的规定性，鲍曼试图说明我们的学科具有连贯的问题意识与学术传统。它也提供了一个宏大的学术框架，依据这一框架，某些新的研究方向可以被看作持续关注的问题的新观点。它可以让我们更好地看到民俗学同仁的研究工作中的同中之异与异中之同。对于上述问题的连续的反思，可以把我们团结成为一个学术共同体，与其他领域的学者展开对话。

事实上，在过去的两个世纪里，随着知识性劳动分工的不断加剧，作为完整研究规划的语文学被分解为不同的学术学科，它们沿着不同的路径对相同的对象开展研究，于是，文学研究诗学，语言学研究语言，人类学研究文化，政治科学研究政治。然而，在这些表面的差异之下，不难发现，所有学科都在采用"文本"的批判性的方法——文学在建构批判性的编辑文本，人类学开展对于叙事性综合体的历史性调查，民俗学采用历史－地理的方法。文学批评、语言学与民俗学，每一个都在自身的学科旗帜之下，讨论着"文本性（textuality）"的问题。但不同方向的研究人员可能采用了不同的术语，比如类型、连贯性、话语分析或者形式诗学；他们都关注文学形式与文化的关系，提出了诸如民族文学、文化的反映以及民族民俗等概念。虽然所有这些知识性的关注最终都源自相同的语文学事业，但是，在鲍曼看来，作为一个研究领域，与其他学科相比较，民俗学更加努力在维持语文学纲领的完整

---

① 哈林.民俗学的宏大理论［M］.程鹏，等译.上海：上海社会科学院出版社，2018：83-92.

性，正是语文学为它提供了名称，界定了学科的视野①。把民俗学的理论追求重新界定为"本土语文学"，似乎可以保持语文学"跨学科性"的原初特性，避免"学科林立"造成的画地为牢的弊端。

四、"本土语文学"的关键概念：表述与意义

巴赫金曾将结构主义语言学的根源置于欧洲古老的语文学传统之下，在他看来，这一（语文学）传统研究的是死语言，如古希腊语，或虚拟的语言，如原始印欧语。语言学是语文学之子，因而它总是将"一种已经完成的、独白式的言谈作为出发点，即古代的书面文献，将它们看作最终的实在……尽管在文化和历史特征方面存在着巨大差异，但作为语文学家，从古代印度的祭司到现代欧洲的语言学者都无一例外地译释着陌生的、神秘的文稿和词语……祭司无一例外地是最早的语文学家和最早的语言学家。历史表明，任何一个民族的宗教著述或其口语传统所使用的语言，对于世俗来说，在一定程度上都是陌生的和难以理解的。译释神圣词语的奥义就是祭司（语文学家）所要执行的任务"②。

巴赫金对于古典语文学研究工作的描述可谓入木三分。他清楚地看到古典语文学（包括语言学）的症结，即研究僵死的语言材料而不是活态的言说，研究陌生的语言材料而不是熟悉的言语交流。也就是说，语文学深深地与陌生言词的历史性纠缠在一起，所以它对自己与陌生言词的同谋关系视而不见。这样，语文学家迷恋于深奥的或死去的语言而不能自拔，他们无法将注意力转向熟悉的语言，转向活生生的本土语言。例如，索绪尔高扬抽象的、超历史的语言，贬抑生动的、具体的言语。语言学不仅把"活生生的语言当作死

---

① 在这一点上，最近的"文化研究"颇类似于民俗学一贯的学术追求，它关注的是流行的交流形式的社会学与政治经济学，关注其生产与社会应用的机制性联系，由此，这些文化形式被生产与传播，作为社会生活的行为与构成而呈现出意义。

② 巴赫金.巴赫金全集 第二卷［M］.李辉凡，张捷，张杰，等译.石家庄：河北教育出版社，2009：418.

语言"研究,而且将"本土语言当作异域语言"来研究。① 正是在这双重批评的基础上,巴赫金重新为"(母语)本土语文学"奠定了重要的理论基础。

换句话说,"(母语)本土语文学"质疑并抛弃了"古典语文学"的研究对象与研究方法。

第一,它反对古典语文学对于死的古典文献的关注方式,认为以研究书面记载的僵化的他人语言作为实践和理论的目的是大有局限的。这种仅仅依靠僵化的书面语言形式——而且首先是死语言——的做法,不能够说明一般的言语及其各种形式的产生,它不知道从人类语言学的角度来接受活的语言及其无限自由的创作变化。这种抽象化的、科学的语言形式体系,只是在一定的实践和理论目的中才有效,但是,它与具体的语言现实完全不相关。

第二,与这些僵死的文献相对的是语文学家的消极的理解意识。他们仅仅在文献自身的范围内来理解文献的内容,事实上,任何特定的、死的文献都是更宏大的整体的言语活动链条中的一个环节,都是对于前在言说的回应,同时也是对未来言说的期许,这就是巴赫金所谓广义的"对话"。但是,古典语文学家却倾向于把文献记载与它的语境分离开来予以理解,这是一种基于语文学家自身从事语言学事业——寻找语言学规则、从事语言学教学——的理解方法。事实上,语言是生活着的,是在具体的言语交际中历史地形成的,是与具体环境相关联着的。一句话,"语言是一个由说话者的社会言语相互作用而实现的不断形成的过程"②。

第三,正是与"表述""言说"相关联,"语境、意义、评价、声调"等才成为本土语文学重要的学术问题。与古典语文学相对立,本土语文学必然要考察"语境"的问题,正是通过"语境","意义"才得以产生、形成与锚

---

① 克拉克,霍奎斯特.米哈伊尔·巴赫金[M].语冰,译.北京:中国人民大学出版社,1992:294.
② 巴赫金.巴赫金全集 第二卷[M].李辉凡,张捷,张杰,等译.石家庄:河北教育出版社,2009:443.

定①。而且，这种"意义"并不局限于文字本身的形式层面，而是依据具体的交流事实形成与展开的，因此，它内在地携带着讲述者与听众相互之间的"评价"的意图。在普遍的意义上，这种"评价"的声音不是通过视觉化的"文字"而是通过转瞬即逝的"声调"体现出来的。在这些意义上，本土语文学关注的焦点完全不同于古典语文学。

第四，本土语文学转向关注"熟悉的语言，转向活生生的本土语言"。日常生活中的语言是最敏感的社会变化的标志，反映着社会存在的最细微的运动。每一个话语都是各种社会声音混杂和斗争的小舞台，个体口中说出的话语成了社会力量之间生动的相互影响的产物。对于个体的说话者而言，"语言形式重要的不是作为固定的和永恒不变的标记，而是作为永远变化着的和灵活的符号。这就是说话者的态度"②。换句话说，本土语文学会考虑到听话者和理解者的观点，因为作为一个话语，其中永远内含着"说话者与听话者"的相互关系，它是二者之间共同的领地，这里永远都充满着意识形态或生活的内容和意义，最直接的社会氛围和更广泛的社会环境从内部决定着表述的结构、主题、内容与形式。

总之，本土语文学关注日常生活中的当下的、熟悉的话语交流，这是广泛地存在于特定人群的生活世界（life-world）中的日常生活实践。"本土（Vernacular）"一词，一方面指的是"一个国家或者地区的土著语言"，在社会语言学当中，它指的是"特定的讲述社区的土著语言或者方言"；另一

---

① "在任何一个机关、任何一个地方，偶尔聚集起来的不同类型的人们按次序发表的声明和反驳，开头和结尾都迥然不同。农村的夜晚集会、城市的酒宴、工人午饭休息时的闲谈等都有自己的方式。每一个稳定的日常生活环境都拥有一定的听众组织，所以都有小生活体裁的一定角色。任何日常生活体裁都要被纳入适合于它的社会交际轨道，成为其形式、结构、目的和社会组成的意识形态反映。日常生活体裁是社会环境的一部分：节日的、闲暇时候的、在旅馆和工厂里交际的，等等。它与这一环境相连，受它的限制，并且由它决定自己一切的内部因素。"巴赫金.巴赫金全集　第二卷［M］.李辉凡，张捷，张杰，等译.石家庄：河北教育出版社，2009：441.

② 巴赫金.巴赫金全集　第二卷［M］.李辉凡，张捷，张杰，等译.石家庄：河北教育出版社，2009：414.

面，它又指一个国家或者地区所特有的艺术或曰艺术的特征。^①总之，这一概念意味着"在特定的生活世界中产生与存活的土生土长的经验、知识与表达"^②。它是与某一特定群体的日常生活密切相关的文化，是非官方的日常生活的文化。具体地说，它体现在地方民众的语言、艺术、信仰、情感、人际关系、日常生活以及文化创造活动当中。"本土"的实践既有被动的适应，又有乐得接受的部分，还有些许能动的创造，甚至是反体制的冲动以及生活经验带来的反省，这一切复杂的过程都对日常生活施加着某些影响，混杂在一起推动着日常生活的更新与继替。"（母语）本土语文学"还意味着本土人对本土人自身文化（尤其是话语）实践的反思与自省，在社会结构不断变迁的洪流中，努力在其日常生活世界中、"在本土中"发现自己保留了什么、抛弃了什么、引进了什么、改变了什么，通过细致考察生活世界中产生与存活的经验、知识与表达，积极地吐故纳新，向着更加美好的生活世界迈进。

---

① PRIMIANO N. Vernacular religion and the search for method in religious folklife [J]. Western folklore, 1995（1）: 37-56.
② SHIMAMURA T. What is vernacular studies? [J]. School of sociology journal, 2018（129）: 6.

民俗研究的哲学根基[*]

——来自哲学家巴赫金的启示

1998年,《巴赫金全集》中译六卷本由河北教育出版社出版发行。在该书的首发式上,民间文艺学家钟敬文先生发表了题为《略谈巴赫金的文学狂欢化思想》的讲话[①],赞扬巴赫金学问渊博,广泛地涉猎了哲学、社会学、语言学与文艺学等领域。然而,像国际范围内众多民俗学家、人类学家一样,钟敬文先生也是从民间文化研究的学科立场出发发表讲话的,他特别予以肯定的是巴赫金对民间狂欢节的研究以及由此提出的狂欢化文学理论。2002年,有来自文艺理论界的学者把钟敬文与巴赫金等量齐观,比较研究了他们二人对"民间文学在文学中的地位,民间文学与俗文学及精英文学的互动关系,狂欢化文学的精神内涵"等问题提出的类似见解[②],总结并评价了两位学者在民间文化研究领域的共识。

然而,从一开始,中国民俗学家对于巴赫金的理解就是失之偏颇的。钟敬文先生仅仅从民俗学、民间文化研究的角度来讨论巴赫金的作品与学术思想,客观上消解了巴赫金的整体性与复杂性,把一位本可以为民俗学、民间文化研究提供哲学根基的哲学家降格成了一位仅仅用来提供工具性支持的文艺学家。

事实上,正像巴赫金本人在接受柯日诺夫的采访时所声明的那样:"你

---

[*] 本文原载于《天津社会科学》2019年第5期,收入本书时有改动。
[①] 钟敬文.谣俗蠡测[M].上海:上海文艺出版社,2001:244-249.
[②] 程正民.文化诗学:钟敬文和巴赫金的对话[J].文学评论,2002(2):5-11.

们要注意到,我可不是文艺学家,我是哲学家。"① 巴赫金的这一自我身份认同为理解他的学术思想提供了十分重要的线索,也为后来的研究者更加全面系统地理解他的多样化的研究成果指明了方向。既然他自己都竭力告诫大家不要把他作为一名文艺学家来看待,那么,民俗学家仅仅因为他关注民间文化、狂欢节便把他引为同调,而不去深究他之所以关注民间文化、狂欢节的深层原因,这显然是不够的。中国民俗学者也的确基本上没有关注过巴赫金的"超语言学"(translinguistics)理论;对于其建立在"超语言学"理论之上的"类型理论"同样没有给予应有的关注,尽管"类型(genre)"是民间文学研究的核心概念;对于貌似与其学科(民间文艺学)距离遥远的小说理论,则只是在现象的层面上做过某些断章取义、牵强附会式的对比与关联;至于潜藏在巴赫金多样化的思想理论背后的、一以贯之的、更深层次的哲学问题,中国民俗学者更是置若罔闻。

总之,在汉译《巴赫金全集》出版发行 20 年之后②,当"巴赫金学"已经产生巨大的国际性影响,在新的世纪里收获了新的成绩之际③,当中国文艺理论研究界的同仁们积极参与其中并发出自己声音的时候,中国民俗学与民间文艺学研究领域对于巴赫金的超语言学理论、类型理论及其相应的哲学人类学思想仍然没有给予应有的重视。对于这些理论成果可能会对中国民俗学与民间文艺学研究产生何种重要的影响,学者们仍然缺乏足够清醒的认识。

与中国民间文艺学家的兴趣点不同,美国民俗学家在接受巴赫金的思想时,主要是深受其"类型理论"的启发,理查德·鲍曼与查尔斯·布瑞格斯把巴赫金有关"类型"的观念与他们从语言人类学传统发展出来的"表演"

---

① 钱中文.理论是可以常青的——论巴赫金的意义[M]//巴赫金.巴赫金全集 第一卷.晓河,贾泽林,张杰,等译.石家庄:河北教育出版社,2009:5.
② 2009 年,钱中文先生主编的中文版《巴赫金全集》七卷本面世,该版本对 1998 年出版的中文版六卷本《巴赫金文集》进行了增订,主要收入了巴赫金有关俄国文学与外国文学的讲座记录以及其他一些珍贵的档案材料。
③ 周启超.欧美学者论巴赫金[M].南京:南京大学出版社,2014:1-33.

的观点结合起来,深化了由他们共同倡导的口头艺术之表演研究①。

受美国民俗学同仁的启发,同时也受国内"实践民俗学"同仁有关民俗学伦理哲学之讨论的激励,并借助于多学科学者提供的阅读经验与研究成果,本文试图说明,巴赫金的哲学人类学、超语言学理论以及类型理论,可以为近半个世纪以来国际民俗学、民间文艺学研究的范式转型提供某种理论性的说明,也可以为国际民俗学未来的实践导向提供某种伦理性的学术基础。

一、巴赫金"哲学人类学"的基本问题:我与他人

对于具有多面形象的巴赫金在不同学术领域里被"盲人摸象式地"予以理解的事实,许多研究者都清楚地意识到了。正像美国的巴赫金研究专家克拉克与霍奎斯特评价的那样:"在西方的人类学家、民俗学家、语言学家和文学批评家的圈子当中,他已获得举足轻重的地位,但是,他在这些领域里的成就的哲学基础却鲜为人知。"② 显然,在不了解巴赫金的哲学思想的前提下,对其基本概念、研究方法及相关研究成果所进行的任何阅读、理解与借用都难免是轻率的,都有可能产生"一叶障目,不见泰山"的褊狭之见。不过,随着《巴赫金全集》的出版以及"巴赫金学"研究的不断深入,"多面"的巴赫金背后隐藏的"统一"的形象渐渐地为人所知了,这里所谓"统一"的巴赫金指的是他在多样的研究内容背后一以贯之的"哲学人类学"思想。换句话说,在他的小说研究、话语研究以及狂欢化文学现象的研究背后,有一个根本性的思想贯穿其间,那就是有关"人"之存在的思考。

传记资料记载,巴赫金精通德文,他平常用德语思考,德语几乎是他的第一语言。他少年时代就阅读德文原版哲学著作,十二三岁就阅读康德的《纯粹理性批判》,而新康德主义者马堡学派的首领赫尔曼·柯亨的著作《康德的经验理论》对他影响巨大。1928 年,巴赫金还曾给所谓"巴赫金小组"

---

① BAUMAN R, BRIGGS L. Poetics and performance as critical perspectives on language and social life [J]. Annual review of anthropology, 1990 (19): 59-88.
② 克拉克,霍奎斯特. 米哈伊尔·巴赫金 [M]. 语冰,译. 北京:中国人民大学出版社,1992: 2.

的成员们讲过康德哲学,介绍过新康德主义者柯亨、李凯尔特、卡西尔等人的思想①。

柯亨把伦理学视为哲学的中心,而"我与他人"之间"交往"与"对话"的问题,则是其伦理学研究中最重要的问题之一。正如钱中文先生所说的那样:"抽象理论如逻辑学、认识论、认知心理学,按其理论建构,从理论上来认识世界。而巴赫金自己在这里突出了行为,并把行为视为伦理学的对象,提出了一套伦理学的范畴,如存在、事件、责任、应分、参与性、在场、不在场等。他实际上想以伦理学为核心,建构他的'第一哲学'、价值哲学,这种哲学叫作'行为-伦理哲学',或者叫作存在哲学、人的哲学,而后通向了哲学人类学。"②正是这种"行为-伦理哲学",内在地规定了"我与他人",即我和你,或我和他人的你,你和我,或你和他人的我——之间的关系问题,这一问题成为巴赫金一生探索的核心问题。这是一个关于"人的存在"的哲学问题。在新康德主义者看来,"存在"就意味着我与你(我与你都是独一无二的存在)的交往与对话③,而交往与对话就必然地构成事件,从而内在地规定了主体的责任性与应分性。巴赫金超越康德的地方在于:唯一存在的事件再也不是什么被思考的东西,而是存在着,将要通过我和他人而被现实地、不可避免地完成的事情。现实生活中的主体有能力赋予认识以价值,使它成为"我的"的认识与理解,这里不仅仅是某种意识,而且是一种有责任的意识。"我"在有意识地表现某种行为,在为自己的行为"署名"。在这个意义上,人的存在——作为主体必然的责任——就是把经验、历史以及意义都一起带到了丰富而统一的作为事件的存在中。

---

① 1918年移居涅维尔之后,巴赫金与哲学家马特维·卡甘过众甚密,马特维·卡甘曾在马堡和柏林跟随赫尔曼·柯亨和保罗·纳托普研究哲学,他们都是康德的信徒和再解释者,因而经常被指认为"新康德派"。
② 钱中文.理论是可以常青的——论巴赫金的意义[M]//巴赫金.巴赫金全集 第一卷.晓河,贾泽林,张杰,等译.石家庄:河北教育出版社,2009:19-20.
③ 巴赫金15岁的时候,随父亲移居奥德萨。正是在这里,一位商贾人家的德国家庭老师向他介绍了马丁·布伯的著作。参见克拉克,霍奎斯特.米哈伊尔·巴赫金[M].语冰,译.北京:中国人民大学出版社,1992:37.

"我与他人"之间的关系，投射到文学艺术作品与美学中，便是巴赫金所谓"作者与主人公"之间的关系。尽管巴赫金有关"作者与主人公"的相关论述有一个历时性的发展过程，但其中仍然有某些一以贯之的思想。他提出的最重要的理论性概念就是作者的"外位性"，这一概念强调了作者超越主人公的地位，也强调了主人公相对于作者的平等性地位，还强调了"作者意识与主人公意识"之间的"对位性"。最终，巴赫金返回到"我与他人"的一般性伦理哲学的起点，强调"作者与主人公"平等地作为自由的人的观点：无论是我还是他人，都是相依而存在的。"我"离不开他人，离开他人，"我"就不能成为"我"，对于"他人"而言，亦复如是。总之，人应是相互反映、相互接受的。

事实上，早在20世纪20年代，巴赫金就撰写了《论行为哲学》一文，在这篇论文中，他把自己构想的行为现实世界的结构性构成要素分为三种关系，即"自己眼中之我、我眼中之他人、他人眼中之我"[①]。按照巴赫金的看法，"自己眼中之我"（或者"镜中的自我观照"）本质上只是一个虚假的设定，因为当"我"望着镜中的自己时，"我"假想了一个"他人"的存在，在镜中观察自己是站在他人的视角观察，镜中的"我"是他人眼中的"我"，"我"是相对于他人，并借助于他人的力量而存在的，是作为从他人内部映照出的"我"的存在。因此，"自自（自己眼中之我）"关系——或者"主我（I）"与"宾我（me）"之间的关系——根本上仍然是一种"自他"关系。换句话说，巴赫金构想的行为现实世界的三种关系，可以归结为上文中所谓"我与他人"之间的相互关系。

"我与他人"之间的相互关系建立在关于"人的本质"的问题之上。在《论行为哲学》中，巴赫金从伦理学的角度论证了"人"的核心地位，确立了"我"的独一无二性及其在存在中的位置。"我"自己是人，而人只存在于我和他人的形式中，也就是说，"我"的存在就意味着"我与他人"同时存在，

[①] 巴赫金. 巴赫金全集 第一卷 [M]. 晓河，贾泽林，张杰，等译. 石家庄：河北教育出版社，2009：54.

一方面是"我眼中之他人",另一方面是"他人眼中之我"。个体作为存在,既以他人的存在为前提,也以人和人之间的交往与对话为前提。巴赫金反对彻底的主体性与唯我论,在他看来,自我从来都不是一个浑然天成的整体,相反,自我只有同一切异己的外在相关联才能存在。在这个意义上,交往与对话不可能结束,也不应该结束,这对于作为个体的人与作为社会群体的人来说,都具有根本的规定性。

所以,巴赫金的理论模式是建构性的,他反对固定的模式,反对永不变化的点或者实体,强调一种流动的模式和动态的关系。现实生活中与具体事件相关的任何行动或者表述,都是在"我与他人"这一主体间的关系结构中不断建构着的、形成中的、未完成的事件,并不具有固定的、普遍的、已经完成的特征。概言之,在交流与互动事件中,"我与他人"都是"大活人"。

民俗学与人类学都是关于人与人之间、文化与文化之间、社会与社会之间相互理解与阐释的学科,巴赫金关于"我与他人"关系的哲学人类学思想对于上述学科具有重要的认识论与道德论价值,晚年的巴赫金在《答〈新世界〉编辑部问》一文中谈到了文化间理解的问题,他说:"存在着一种极为持久却是片面的,因而也是错误的观念:为了更好地理解别人的文化,似乎应该融于其中,忘却自己的文化而用这种别人文化的眼睛来看世界。这种观念,如我所说是片面的。诚然,在一定程度上融入别人文化之中,可以用别人文化的眼睛观照世界——这些都是理解这一文化过程中所必不可少的因素;然而如果理解仅限于这一因素的话,那么理解也只不过是简单的重复,不会含有任何新意,不会起到丰富的作用。创造性的理解不排斥自身,不排斥自己在时间中所占的位置,不摒弃自己的文化,也不忘记任何东西。理解者针对他想创造性地加以理解的东西而保持外位性,时间上、空间上、文化上的外位性,对理解来说是件了不起的事。要知道,一个人如果对自己的外表也不能真正地看清楚,不能整体地加以思考,任何镜子和照片都帮不了忙;只有他人才能看清和理解他那真正的外表,因为他人具有空间上的外位性,因为他们是他人。"①

民俗学与人类学的研究工作，天然地涉及研究者与研究对象之间的关系问题。19世纪末至20世纪前期，民俗学家与人类学家所关注的对象只是"古物"或者"民俗事象"本身，只关注他人创造的文化产品，对于作为文化产品之创造者的"他人"却视而不见；20世纪中期之后，随着一批殖民地的独立以及欧美民权运动的高涨，民俗学家与人类学家关注到作为研究对象的"他人"，但是"他人"往往会被继续予以"物化"地处理，似乎他们是一成不变的，是已经造就的文化传统的承载者或者容器。直到20世纪70年代前后，国际民俗学与人类学界才开始认真地反思其田野作业的研究方法与民族志的书写策略，开启了真正意义上的有关田野作业的学术范式、学术伦理乃至学术任务的反思。

然而，在民族志与文化研究中，即使是克利福德·格尔兹这样蜚声国际的人类学家，当他倡导所谓"世界作为文本"（world-as-text）这一广为民俗学家与人类学家接受的主张时，也未能避免在"我与他人"关系的问题上延续西方中心主义的旧传统。按照格尔兹的说法："某一人群的文化就是一个文本集合体，它们自身集合起来，人类学家要努力越过他们的肩膀来读懂他们所拥有的东西。"② 尽管巴赫金也说过，"不管研究的目的如何，出发点只能是文本"③，但是，巴赫金所谓"文本"，更接近"表述、言语"；而格尔兹所谓"文本"，则更接近独立于讲述者与听众的"符号的综合体"。显然，正如德怀特·康克古德所批判的那样，当格尔兹坚持倡导"文化作为文本"（culture-as-text）的主张时，他同时假设并坚持"田野作业作为阅读模式"（fieldwork-as-reading model）的主张。在格尔兹看来，做民族志研究就像在试着阅读一

---

① 巴赫金.文本 对话与人文[M].白春仁，等译.石家庄：河北教育出版社，1998：370.
② 格尔兹.文化的解释[M].纳日碧力戈，郭于华，李彬，等译.上海：上海人民出版社，1999：452.
③ 巴赫金.文本 对话与人文[M].白春仁，等译.石家庄：河北教育出版社，1998：301.

部手稿①，民族志研究者的工作不是去倾听、理解与对话，而是站在当地人之外或者之上去凝视与偷窥。他们不请自来，偷偷摸摸地伸长脖子，越过当地人的肩膀偷窥他们的文本。康克古德批判说："不对称的权力关系确保了人类学家闯入他人世界的特权，也确保他人对此保持默许（虽然人们可以设想一下，当他们站在人类学家阅读性凝视的外面来看人类学家的工作方式与研究动机时，人类学家会怎么说）。这一场景的焦虑与紧张并不会通过谈话或者互动而得以缓解；无论是研究者还是被研究者，都是面对文本的沉默的读者，而不是抬起头来正视对方，或展开一场对话。"②

以格尔兹为代表的"阐释人类学"的田野作业伦理与民族志书写策略，在某种意义上，是对前殖民主义时代人类学传统的延续。它仍然未能彻底地反思与理解"我与他人"之间的存在主义意义，未能彻底地理解"他人"之"他性"是一个先天的、形而上的东西——因为每一个个体都占据着特定的位置，而这个位置都天然地具有视觉上的观点与盲点。在这个意义上，占据特定位置的个体的"观点与盲点"，对于他自身来说都是独特的，对于他自身的形成来说都具有根本性的意义与价值。

概言之，在巴赫金看来，"他人不是地狱"，而是自我最深刻意义上的朋友，因为无论是从直接经验的层面上，还是在辩证思维的层面上，如果没有"他人"，"自我"就不可能独自获得完整与统一，不可能获得自我的同一性，不可能独立自主。当"我"透过他人的眼睛看世界，并最终带着这种他人视野的知识回到自己独特位置的时间和空间时，一方面，"我"从他人那里获得了一个完成了的"自我"；另一方面，他人从"我"这里获得了一个经由"我"建构好的"他人"。在这个意义上，民俗学与人类学的田野作业与民族志书写，类似于作家通过主人公创作的作品，二者同样得借助于书写者自身

---

① 格尔兹.文化的解释[M].纳日碧力戈，郭于华，李彬，等译.上海：上海人民出版社，1999：10.
② CONQUERGOOD D, JOHNSON P. Cultural struggles: performance, ethnography, praxis[M]. Ann Arbor: University Of Michigan Press, 2013: 39.关于德怀特·康克古德所谓"对话的民族志"的相关论述，容另为文介绍。

意识的"建筑术"。

显然,巴赫金的哲学人类学思想——有关"我与他人"的相关论述——是其后来转而关注一切现象(语言、文学、文化以及一切人类互动)的思想基础。正如阿拉斯泰尔·伦弗鲁所总结的:"巴赫金最早的著作——甚至是俄文版著作,几乎全都没有发表,一直到1970和1980年代——概述了一门'第一哲学',它形成了后来那些更直接地关注文学、语言学和文化的著作的概念基础。"①

这些概念(如事件、对话、外位性、未完成性、建构等)可以为民俗学与人类学的经验研究提供认识论与道德论的依据,可以促进相关学科从根本上反思其学科传统上的集体无意识,从而形成一种自觉的、具有高度反思性的经验科学。简言之,巴赫金的哲学人类学至少蕴含如下三个方面的思想:(1)民俗学与人类学应该是一门有"你"的人文科学,这一点严格地区别于不知有"你"的自然科学。(2)民族志的书写是基于理解而不是解释,"解释"的对象是他人的符号文本,是一种独白式的断言;而"理解"意味着与表述者进行"对话",这是一种复调、杂语共存乃至众声喧哗的事件与过程。(3)田野关系是对话关系而不是中立的观察与访谈,是建构的、生成中的,而不是前定的、固定不变的。

二、超语言学:转向"表述"的行为

由于巴赫金把"行为"(postupok)——这个词被认为既有"行动",又有"言说"(或者"表述",utterance)的意思——作为人的本质属性,自然而然地,人之"存在"的根源就在于"自我与他人"之间永恒的交往与对话之中。"言说"在巴赫金那里,当然并不仅限于语言与文字,而且表现在思想与行为层面,这一含义深远的概念超出了语言学家与语文学家所讨论的"语言"的范畴。

---

① 伦弗鲁.导读巴赫金[M].田延,译.重庆:重庆大学出版社,2017:46.

巴赫金提倡的"超语言学"研究的正是活的语言中超出语言学范围的那些方面，即人的"言说"。巴赫金认为，"言说"——而非语言体系——才是人类语言活动的中心。语言通过"表述"而进入生活，生活通过表述而进入语言。

巴赫金的"超语言学"理论是在批判以洪堡、福斯勒、克罗齐为代表的"个人主义的主观主义"语言学与以索绪尔、斯大林为代表的"抽象的客观主义"语言学的基础上展开的。前者把语言的现实视为个人言语行为连续不断的创造性活动，主张"我占有意义"；而后者恰好相反，把语言当作一个稳定不变的总体，认为语言学的任务就是发现那些独立于个体而存在的语法规则，认为"没有人占有意义"。在巴赫金看来，尽管上述两种语言学理论针锋相对，但说到底只是各执一端，同样偏执。前者可以说是一种过于自信的独白，而后者则是一种过于压抑的沉默，二者都忽视了语言的社会性的交往功能与历史性的生成功能。

与这两种观点不同，巴赫金认为：个体的语言是一种层累叠加的结果，它被包蕴在方言土语和各种社会行话中，这一切构成了个体所在的文化体系使用的特定的语言，因此，我的语言既不完全属于我个人，也不完全属于任何人，而是属于特定的"我们"，正是"我们占有意义"：一方面，我能够意指我所说的；另一方面，我又只能通过间接的迂回途径来意指我所说的。换句话说，我们总是身在集体当中，无可避免地必须依循集体遵守的规约来讲述语言。我们的讲述可以具有意义，但必须是在与他人的"交往与对话"的前提下才有意义。这个"意义"既不简单地存在于我们每个人的"内心"，也不僵硬地存在于每个人之外的"别处"，而是存在于"你我之间"。

"语言"（langue）与"言语"（parole）之间的关系，在索绪尔的普通语言学中与在巴赫金的超语言学中，占有完全不同的位置。在索绪尔之新柏拉图主义式的观念中，普通语言学关注的对象是"语言"，而不是"言语"；是语言象征的秩序，而不是言语意味的变异。但是，巴赫金完全拒绝这样的二元对立式的分裂性观念。他认为语言与语言、体系与行动之间彼此相连，互相协调。从"历史语文学"的角度来看，语言发展的历史就是语言与语言之间矛盾斗争的历史，是一种语言与其他语言之间相互斗争、取代与整合的过程；从"本土语文学"的角度来看，具体语境中个体的讲述以及个体之间的语言交流本身，就是社会斗争与交往的过程。仅仅局限于语音、词汇与语法的分析，试图把"意义"固定在这些语言要素之上，在巴赫金看来，是不可能的。正是在这个意义上，巴赫金的"超语言学"把语言交往视为个体之间交往的领地，在这片领地上，始终存在着通过语言诗学进行斗争、妥协与合作的政治学。

既然巴赫金"超语言学"的核心概念是"表述"或者"言说"——而非"语言"或者"句子"——那么，基于这一术语所建构的语言哲学在深层意义上如何区别于索绪尔的普通语言学呢？事实上，巴赫金对于这一"区分"具有明确的问题意识与理论观点，他多次明确、坚定地区分了"作为语言单位的句子"与"作为交际单位的表述"，使"超语言学"明显地区别于"普通语言学"，巴赫金详细地阐释了"表述"的基本特征：

第一，"表述"意味着言语主体（表述的作者）和言语交际中其他参与者的交流关系。

在巴赫金那里，语言交流中的讲述者与听众并不是概念意义上的抽象存在，相反，听众的在场行为以及聆听行为都积极地参与了语言交流事件，讲述者同样积极地假定了听众的应答，在这个意义上，"对牛弹琴"式的交流是不存在的。此外，从长远历史的角度来看，讲述者与听众的语言交流又构成了人类整体语言交流的一个环节。"环节"的意象表明：特定的表述不仅联系着前在的环节，也联系着后来的环节。过去、现代与将来是一个整体。在这个意义上，巴赫金把"表述"的重要（结构性）特征归结为"诉诸"于某人的"针对性"[①]，这个"某人"可以是过去、现代与未来的某个他人。

第二，"表述"的边界是由言语主体的更替形成的，即对话关系。

按照巴赫金的说法，表述不是一个假定性的单位，而是实际的单位。一个表述主体讲述的结束，意味着留给听者一个应答的机会。说者一开始就期

---

① 北冈诚司.巴赫金：对话与狂欢[M].魏炫，译.石家庄：河北教育出版社，2002：192.

待着听者的回应，整个表述的构建，仿佛就是为了获得这一回应。事实上，在巴赫金后期的理论中，表述与回应之间的"对话关系"是一种近乎普遍的现象，渗透在一切人类言语以及一切人类生活的关系和表现形式当中。

第三，"表述"自身具有完成性的特征，意味着"我"说完了，"你"可以开始应答了。

为了清楚地说明所谓表述的"完成性"，巴赫金从言语主旨、言语意图以及言语体裁三个方面进行解释：（1）言语主旨的完成性是指在表述内容、指物意义层面上的充分性；（2）言语意图的完成性是指听者想象出说者想要说什么，并按照自身的理解来衡量表述的完成性；（3）言语体裁的完成性指人际交流中，表述创造出的整体比较稳定的典型形式，听者在聆听他人言语时，从一开始就猜得出它的体裁类型，由此能估计"表述"的大致长度、组织模式、发展方式及结尾。

第四，"表述"与应答的互动关系会渗透到表述的内容与方式之中。

表述不仅指向自己的对象，而且指向他人关于这些对象的言语。表述的情态总在或多或少地作出应答，即表现说者对他人表述的态度，而不仅是表现他对表述对象的态度。语调是体现说者态度的一个重要指标。如"讲述他人的讲述"——引述（戏拟、模仿、表演等也都是重新组织表述的不同框架）——就是一种典型的情态渗透。事实上，一切表述都充满了对话的泛音，只是"他性"的程度深浅不同而已。在这个意义上，那些存在于表述之外，但同时又内在于表述的东西（即表述的言语之外的语境）也应成为研究对象。

第五，"表述"能够改变说话人之间的相互关系。

在巴赫金那里，表述超越句子与词汇的地方在于，它推动生活向前发展。这不仅意味着叙述某些新的东西，而且把新的东西纳入人们的相互关系之中，在这方面，每一个表述都是历史的[①]。

总之，"表述"使得一切语言学的成分成为言语主体表达、交流"意义"的手段。它包含着主体之间的互动性和具体的社会领域，一系列的社会关系

---

① 巴赫金.文本 对话与人文[M].白春仁，等译.石家庄：河北教育出版社，1998：239.

正是通过每一个参与者而得到体现的。表述是自我与他人之间的桥梁，是当下的社会语境和更广阔的社会背景之间的桥梁。这种"语境"不是从外部机械地影响着表述的形式与内容，而是从内部决定着"表述"的行为与事件。

通过强调"表述"而非"语言"，"超语言学"自然地区别于"普通语言学"，但是，巴赫金在晚年写作的《文本问题》中说："可以以第一极为取向，即走向语言——作者的语言、体裁的语言、流派的语言、时代的语言、民族的语言（这是语言学），最后还走向潜在的语言之语言（这是结构主义、语符学），又可以以第二极为取向，走向不可重复的文本事件。在这两极之间分布着一切可能的社会科学，它们全以文本这个第一性实体为出发点。两极的存在是无条件的：潜在的语言之语言是无条件的，唯一而不可重复的文本也是无条件的。"[①] 在这里，巴赫金把"普通语言学"与"超语言学"设置为两个极点，坚定而又宽容地同时为上述两种学术研究的路径预留了空间。当然，他一如既往地为"超语言学"的合法地位辩护，为"超语言学"特殊的研究目标与研究方式争取相应的学术地位。

"超语言学"转向语言的"表述"问题，与民俗学转向口头艺术的"表演"，二者内在的精神基本上是一致的。尽管民俗学的"表演研究"直接的思想来源并不是巴赫金的"超语言学"（而是以戴尔·海姆斯为代表的社会语言学家所提倡的语言人类学或者讲述的民族志），但是，"超语言学"与表演研究分享着"讲述、表演、语境与事件"等关键词，其潜在的研究路径是非常契合的。既然"超语言学"又具有超越语言人类学（具体来说是"讲述的民族志"）之实证经验研究的哲学思考，那么，理解并领会"超语言学"的思想对于民俗学而言，具有补救其在"哲学层面的贫困"的极其重要的参考价值。

法国符号学家托多罗夫评价说，巴赫金的"超语言学"（托多罗夫称之为"元语言学"或者"转换语言学"）思想散发着浓浓的"实用主义"气味，甚至"可以毫不夸张地说巴赫金不愧是这门学科的现代创始人"[②]。在他看来，

---

① 巴赫金.文本　对话与人文 [M].白春仁，等译.石家庄：河北教育出版社，1998：305.
② 托多罗夫.巴赫金、对话理论及其他 [M].蒋子华，张萍，译.天津：百花文艺出版社，2001：208.

巴赫金的"超语言学"与美国实用主义符号学家皮尔斯以及莫里斯的"语用学"①分享着某些共同的论题与观点。正是由于这一点，巴赫金被美国口头艺术的表演理论家视为知音。

三、类型论：简单类型与时空体

类型问题始终是巴赫金思想中一个特别受到关注的问题，也是文学史中最基本的概念之一。巴赫金之所以如此重视这一概念，是因为这是他的方法论讨论的核心问题，即形式与内容不可分裂，以及社会性高于个体性的问题。巴赫金说："每一单个的表述，无疑是个人的，但使用语言的每一领域却锤炼出相对稳定的表述类型，我们称之为言语体裁。"②表述类型（或者言语体裁）——包括口头的和书面的——具有特别重要的意义，但从普通语言学的角度来说，这一问题却几乎完全被忽略了。

表述类型的问题之所以被人们长期忽略，一个主要原因就是它像我们的母语一样，是我们在习得语言的同时习得的，也是在我们的日常生活交往中被应用的。正像人们无须研究语法就可以轻松地驾驭自己的母语一样，人们不需要研究表述类型也可以自如地使用它们。语言形式与典型的言语体裁形式紧密地结合在一起，存在于人们的经验与意识当中。语法学家注意到了语言形式，却很少关注体裁形式，可事实上，在日常的交流行为中，人们并不是在单词与句子的层面进行的，而是在表述的层面进行的。换句话说，人们在聆听他人的讲述时，一开始就是在某种言语的体裁形式内把握他们的语言形式；相应地，讲述者也必然是在某种体裁形式中使用某些语言形式。语言形式与体裁形式是任何话语实践的一体两面。优秀的讲述者不仅可以熟练地掌握语言形式，而且可以熟练地掌握体裁形式。对于个体具体的讲述行为来说，二者同样具有规范性的意义。重要的是，区别于普通的语法学家，巴赫

---

① 高宣扬.实用主义和语用论［M］.上海：上海交通大学出版社，2017：18，227，338-343.
② 巴赫金.文本　对话与人文［M］.白春仁，等译.石家庄：河北教育出版社，1998：140.

金认为，在具体的言语交流活动中，体裁形式决定着特定个体对语言形式的选择与组合方式。当然，他说的这种体裁形式，并不是指语言形式，而是指典型的表述形式。

面对表述类型的多样性与界定其普遍性特征的困难性，巴赫金首先区分了"简单类型（第一类）"与"复杂类型（第二类）"[①]：简单类型指的是日常的对话或者对白；而复杂类型则是指长篇小说、戏剧或其他专业的著作，是在较为复杂的有组织的交流活动中形成的。借用瓦尔特·本雅明的概念来说，"复杂类型"是对简单类型的"去/再语境化"与组合建构，"简单类型"与日常生活的交流语境脱离关系，而被重新组织进新的话语关系中来了。

当然，简单类型——无论是那些程式化的类型，还是自由的类型（尤其是那些口头言语类型）——本身就是复杂多样的，任何讲述者只有很好地掌握简单类型的形式特征，才可以多样化地、自由地改造与使用它们。复杂类型则把简单类型吸收进来并加以改造，换句话说，简单类型被组织进复杂类型后，在其中进行"表演"。巴赫金正是通过分析两种类型之间的多种多样的关系以及复杂类型吸纳简单类型的历史过程来揭示"表述"的本质——"对话"——的关系的。概言之，按照巴赫金的解释，一切表述中都隐藏着他人的表述，都回荡着他人的泛音。

正是在分析"简单类型"与"复杂类型"彼此转化关系的基础上，巴赫金建立了一种完整的文化人类学，因为从简单类型转换为复杂类型，或者当我们把他人的词语"化用"到我们自己的词语中时，这种讲述行为已经不仅是一种语言行为，而且是社会行为，涉及对"意义"的控制与重组、谁来控制"意义"以及关于"意义"在何种程度上被分享的问题，同时，还涉及说者在何种程度上让渡给他人以自由的问题。因此，"真正的体裁诗学是体裁社会学"[②]。在某种意义上，特定主体用以安排话语的方式反映的是其意识形态实

[①] 巴赫金.文本 对话与人文［M］.白春仁，等译.石家庄：河北教育出版社，1998：142-143，146－155.

[②] 托多罗夫.巴赫金、对话理论及其他［M］.蒋子华，张萍，译.天津：百花文艺出版社，2001：285.

践的自由度的问题，反映的是个人及所处社会开放与封闭的程度的问题。

巴赫金不只从语言"表述"的角度讨论了"类型"——区分出简单类型与复杂类型——的问题，还具体地从"小说"这一复杂类型出发，深化了对"类型"这一概念的理解。在他看来，"类型"（或者体裁）是一种特殊世界观的 X 片，是某一时代、社会或者群体之社会观念的映射。在传统的诗学里，"类型"是被本质化地加以描述、固化与等级化的，某些"类型"被赋予更高的等级，另有一些类型则被贬抑为低级的，甚至被置之不顾。巴赫金有意要反对这种诗学理论，于是，他特别关注那些被传统诗学理论边缘化的"类型"，强调这些底边的"类型"反抗与抵制经典"类型"的方式与过程。

为此目的，"小说"这种类型才特别受到巴赫金的关注，在他看来，小说不仅是一种文学体裁或者类型，而且具有一种特殊的力量，他称之为"小说性"。这种"小说性"不仅拒斥与颠覆了一切固有的诗学理论，而且潜在地瓦解了那些所谓经典"类型"的官方的与社会的保守势力。

小说的这种"颠覆性"特质既体现在其对待语言的态度上，也体现在其对待空间与时间的态度上。巴赫金从康德的认识论出发提出了一个新概念，他称之为"时空体"（chronotope），该词的字面意义就是将时间与空间作为一个整体。这是他针对小说中时间与空间范畴的比例和性质而提出的一个分析性概念。在他看来，"时空体"是一个整体，不可分离；"时空体"是一个历史性的、社会性的概念；在文学作品中，"时空体"作为一种形式上的构成范畴，决定着文学中人物的形象，人物的形象总是内在地具有"时空体"的特征。

在巴赫金那里，"时空体"这一概念不仅划分了文学史上的更大范畴，而且界定了体裁和类型的特点，划分了主要文学类型的各种亚类型。比如，他区分了西方古典小说中"时空体"方面的三种类型，即传奇时间、日常生活的传奇时间以及传记时间。传奇时间的重要特征在于它是完全抽象的，看不出任何历史的、时代的踪迹。在传奇时间里，主人公完全没有生物学意义上或年龄上的变化，时间由短暂的、彼此无关的片段组成，历险在主人公身上、情节上乃至最终的结局上，都不会留下任何痕迹。在日常生活的传奇时间中，具体的历险意味着某种变形过程——突变或者连续——主人公的历险会对他产生具体的后果与影响，他也应为自己的行为负责；历险总是发生在具体的社会空间当中。传记时间则包罗甚广，巴赫金列举了所谓"柏拉图式的时间"与"家庭时间"这两种基本的类型，它们都是基于生活事件的展开，主人公及其视角也全部彻底公开，这是一种公共广场上的对话式的时空观念。基于这两种基本类型的衍生类型是"活动时间"与"分解时间"，前者认为人的本质即人的活动本身，活动之外不存在人的性格。在这种时间体系中，只有行动的实现，没有人性的变化。而后者持类似的时间观念，只不过是把发生在不同的时空中的行为予以分类性的整理与归类，但它们背后的人的性格也是不变的。巴赫金还分析了传记时间的种种变体，即"挖苦-讽刺的时间""书信时间"以及"斯多葛自传时间"等，兹不赘述。

"时空体"作为关键性的元素决定了体裁与类型。巴赫金不顾通常的体裁划分模式（比如史诗、抒情诗、戏剧、小说、散文等），而将所有体裁分为史诗与小说两类，并将这两种文学类型与两种将时间融入语言结构的不同方式联系起来，每种方式都暗含了一种不同的人类形象。"在古代，人们也曾尝试在文学文本中表现当前的生活。但是，在体裁的等级制中，对现实的描写总是被置于低下的地位，例如喜剧和讽刺剧，不然就是流于民间的口头传统，而高雅体裁对过去的理想化则有某种官方色调。因此，巴赫金将史诗看作与现代隔绝的体裁，是往昔的文本博物馆，是官方价值的影像。他的这种观点不仅将史诗与小说对照，而且指明了使所有其他体裁区别于小说的那些特征。小说之外的所有形式都以各自的方式保留了史诗的时空型。"[①] 小说吸纳着其他所有类型的语言，当其他体裁或者类型维护稳定的形式特征，倾向于可重复性与固定不变性时，小说却不顾这些体裁的"反对"，把它们浸染在"多语"（polyglossia）与"杂语"（heteroglossia）的世界里。因此可以说，小说这种体裁天然地更倾向于变化和寻求多样性，它是把一门成分混杂的语言中诸多的话语组织，谱写成一个对话性的语言形象的多层次的复合体。它一举破除

---

① 克拉克，霍奎斯特.米哈伊尔·巴赫金[M].语冰，译.北京：中国人民大学出版社，1992：374.

了假定只有一门语言以及只有一门统一的语言的双重的神话。

"时空体"在一切特定的时期中"运转",它强有力地制约着人们对属于那一时期的物质对象、事件、社会关系等的理解;对它们进行理解的可能性条件不是(或不应该是)我们自己的"时空体",不是观察者的"时空体",而是我们所沉思的世俗中的他者的"时空体"。所以,他者对于"类型"的应用,从根本上讲,就是其世界观的潜在体现。

"类型"是民俗学的关键词之一,民间文学研究首先建立在对于不同材料的"分类"的基础之上。芬兰历史地理学派的历史功绩,在很大的程度上,就是对于民间故事的分类研究;普罗普不满于芬兰同行的分类方法,提出了形态学的分类法;德语区的民俗学家(比如吕蒂、约勒斯、柯斯林等)则依据民间文学的风格来区分其类型①。与上述种种努力不同,巴赫金有关"类型"的研究并不以"类型"本身的区分为目的,而是服务于对人际对话与交流的理解的一种方便法门,其独特之处在于把民间文学的形式分析与功能分析结合起来,考察的是口头艺术的社会实践问题,这一学术取向对于中国民间文学的研究具有极其深刻的启示性价值。

巴赫金在《答〈新世界〉编辑部问》一文中说:"莎士比亚也像任何艺术家一样,构筑自己的作品,不是利用僵死的成分,不是利用砖瓦,而是用充满沉甸甸含义的形式。其实,即使是砖瓦也具有一定的空间形式,所以,在建筑师手里也能表现某种内容。"②这一段文字至少表达了两层意思:一是形式自身充满意义;二是艺术家具有创造性地应用形式进行赋意的能力。不同的体裁类型似乎有将产生它的物质材料定型化的不同的方式,这些不同的定型化方式——观察或把现实观念化——是由它们在世界中的现实位置所决定的;但是,艺术家的创造性能力,尤其是体现在"小说"当中的对话性力量,从根本上摧毁了类型或者体裁的封闭性与固定性。巴赫金有关"类型"的上述思想,有助于民间文学的研究者从交往与讲述的角度反思学科史上有关"类

---

① BEN-AMOS D. Folklore genres [M]. Austin: University Of Texas Press, 1976: 9.
② 巴赫金. 文本 对话与人文 [M]. 白春仁, 等译. 石家庄: 河北教育出版社, 1998: 367-368.

型"的话语传统。

余 论

巴赫金的哲学人类学、超语言学理论以及类型理论对于民俗学与人类学的理论更新与经验研究具有相当重要的参考价值。此外，如前所述，在学术史上，民俗学家与人类学家直接并重点关注的是巴赫金在"狂欢节以及狂欢化的问题"上取得的研究成果，"狂欢节以及狂欢化的问题"与巴赫金的哲学人类学、超语言学理论、类型理论具有某种若即若离的关系。民俗学家与人类学家之所以会直接抛开巴赫金的其他研究成果直接关注狂欢节以及狂欢化的思想，一是因为巴赫金自身作品"颠三倒四"的出版顺序[①]，二是由他有关狂欢节以及狂欢化的思想的相对完整性决定的。

狂欢节之所以会受到巴赫金的关注，可能具有时代的原因，那就是斯大林集权高压政治严密控制的时代背景。狂欢节——作为一种特定的节日庆典——区别于其他节庆的特殊之处在于其超日常性，即日常秩序的悬置甚至是颠倒；狂欢节（作为一种具体的实践）在文艺复兴时期被取消之后，其精神在文学艺术中获得了表达的渠道，巴赫金称之为"狂欢化"。所谓"狂欢化"就是坚持这样一条原则——否定一切固定的、不变的、永恒的、不朽的和无可置疑的东西，认为没有什么东西是完成了的，万事万物都处于永恒的变化与生成当中。总之，在巴赫金看来，狂欢节上没有观众，同样，狂欢化的笑声中没有不受嘲弄的位置与主体。戏拟与嘲讽并不是为了确立一种终极真理，而是把自身也置于开放的位置。

作为一种存在性事件，巴赫金笔下的狂欢节研究不再把关注的焦点聚集在"讲述"行为上，而是集中在"身体"行动上。狂欢节上的"身体性"参与是可以直接被体验到的直观现象，其中"笑"的形象尤其接近于"物质－身体"的根源。当然，作为一种积极的否定性行为，"笑"在本质上仍然是

[①] 伦弗鲁.导读巴赫金[M].田延，译.重庆：重庆大学出版社，2017：7-25.

"对话性"的，仍然指向"我与他人"这一巴赫金的根本的学术问题。换句话说，尽管巴赫金有关狂欢节与狂欢化的研究是一个相对独立的整体，民俗学家和人类学家可以直接参考、借鉴他的研究成果，与自身的民族志经验进行比较和对照，但是，忽略或者漠视巴赫金之所以关注狂欢节这一"存在性事件"的原因，必然不利于接受与理解他的思想深度与理论潜力。

巴赫金的哲学人类学、超语言学理论以及类型理论，对近年来国内的民俗学研究领域产生了巨大影响。民俗学研究领域的专家学者在参考和借鉴的基础上，也在努力实现着理论的接地、及地和在地化。这对于我国的民俗学研究以及当代整个的民俗学研究，都具有重要的理论指导意义。未来可开掘的角度和维度，还可以进一步加强和深化。

普罗普与巴赫金*
——试论 20 世纪民间文艺学的两种范式

> 你知道,我是一个好学的人,田园草木不能让我学得什么,能让我学得一些东西的是城市里的人民。①
>
> ——苏格拉底

弗拉基米尔·雅可夫列维奇·普罗普(1895—1970)与米哈伊尔·米哈伊洛维奇·巴赫金(1895—1975)是 20 世纪苏联著名的文艺理论家与民间文艺学家②。20 世纪中期以来,普罗普和巴赫金的代表作先后被翻译介绍到世界其他国家,他们的学术思想从此深刻地影响了国际人文与社会科学领域的众多学科。

在国际民间文艺学界,阿兰·邓迪斯与理查德·鲍曼分别是普罗普与巴赫金的忠实支持者,他们分别在传播普罗普与巴赫金的基本思想与研究方法的基础上,创造性地提出了自己的民间文艺学理论。在中国民间文艺学界,民间文学的形态学研究与口头艺术的表演研究也各有追随者,他们分别继承了普罗普与巴赫金、邓迪斯与鲍曼的思想观念与研究方法。

---

* 本文原载于《文学评论》2021 年第 5 期,收入本书时有改动。
① 柏拉图.文艺对话集[M].朱光潜,译.北京:人民文学出版社,1963:96.
② 有关普罗普的生平介绍参见:VLADIMIRl P. Theory and history of folklore[M]. Minneapolis: Univsersity of Minnesota Press, 1984. 有关巴赫金的生平介绍参见:巴赫金.巴赫金全集 第二卷[M].李辉凡,张捷,张杰,等译.石家庄:河北教育出版社,2009.

本文试图分析普罗普与巴赫金在民间文艺学观念上的差异，以及这些观念得以产生的哲学基础，进而呈现他们由此形成的工作方式的区别、学术定位的分歧以至其影响所及而引发的学术争鸣。

一、关于"人文学科"的认识论定位

今天，研究者们可以比较全面系统地阅读普罗普与巴赫金的几乎全部作品，可以从总体上把握他们各自的思想观念与研究方法。

依据普罗普的全部作品及现有的研究成果来看，[①]"故事学"是他研究的重点，《故事形态学》是他的代表作，有学者认为："他的三部故事诗学专著及有关论文显示出一条清晰的脉络，那就是从《故事形态学》的结构诗学分析，到《神奇故事的历史根源》的历史诗学研究，再到《俄罗斯故事》的体裁诗学总结，是一个按既定方针有条不紊地展开的系统工程。"[②]

普罗普自己也说：

> 如果说《故事形态学》构成了一部大型研究著作的第一卷，《神奇故事的历史根源》是第二卷，那么文学批评就可以构成第三卷。[③]

然而，事实证明，无论普罗普的个人意图多么明晰，他的"形态学"研究，"即分析的'铺垫'阶段的研究成果出乎意料大大超过了'主干'阶段的

[①] 目前，《俄罗斯英雄史诗》(1955)、《俄罗斯农事节日》(1963)、《俄罗斯民间故事》(1984)三本著作尚未翻译成汉语。平心而论，由于时代与政治的原因，普罗普在第一本著作里未参考任何非俄罗斯的文献；第二本著作考察的是俄罗斯传统节日的结构与起源，作者把终极原因归结为"农民期待丰产"；第三本著作是普罗普去世以后出版的演讲文集，其中搜罗了20世纪60年代以来，他有关俄罗斯民间故事的七篇演讲稿。
[②] 贾放.普罗普的故事诗学[M].北京：中国社会科学出版社，2019：15.
[③] 普罗普.故事形态学[M].贾放，译.北京：中华书局，2006：195.

结果"的学术影响力①。这里需要关注两个问题：

第一，如何评价《故事形态学》在民间故事研究领域的历史地位。其中一种研究思路是在普罗普研究成果的整体中来定位"形态学"的地位。这也是普罗普自己明确地表达过的立场。如上所述，普罗普的目的是研究民间故事的起源，形态分析只是达成这一目的的手段。然而"手段"本身超越了"目的"的重要性，这是普罗普始料未及甚至是不愿意接受的②。

第二，普罗普"形态学"的研究思路又是从哪里来的？依据普罗普的自我陈述，他的"形态学"的研究构想与形式主义诗学③、语法学并没有直接的关联，其直接灵感来自歌德的植物学与比较骨学④，当然还有维谢洛夫斯基的历史诗学。

这两个问题引导我们暂时抛开普罗普在《故事形态学》中创造的分析方法与相关结论，转而思考其研究工作背后的哲学思想与方法论根基。众所周知，在《故事形态学》中，普多普数次引述歌德的话作为"题词"。他争辩说它们绝对不是点缀，而是表达了该书的基本思想及其方法论的线索⑤。在《故事形态学》一书中，普罗普开宗明义地说：

> "形态学"一词意味着关于形式的学说。在植物学中，形态学指的是关于植物的各个组成部分、关于这些组成部分之间的相互关系以及它们与整体的关系的学说，换句话说，指的是植物结构的学说。⑥

---

① 普罗普.故事形态学［M］.贾放，译.北京：中华书局，2006：2.普罗普自己的表述是："显然，在阐述故事是从何而来这个问题之前，必须先回答它是什么这个问题"，"没有正确的形态研究，便不会有正确的历史研究"。

② 在反驳列维-斯特劳斯的指责时，普罗普说："不应将形式研究与历史研究割裂开来并使之对立。恰恰相反：对所研究材料的形式研究和准确的系统描述是历史研究的首要条件和前提，同时也是第一步。"普罗普.故事形态学［M］.贾放，译.北京：中华书局，2006：184-185.

③ 有关普罗普与形式主义学派之间关系的复杂性，参见贾放.普罗普的故事诗学［M］.北京：中国社会科学出版社，2019：69-74.

④ 普罗普.故事形态学［M］.贾放，译.北京：中华书局，2006：179.

⑤ 普罗普.故事形态学［M］.贾放，译.北京：中华书局，2006：4.

⑥ 普罗普.故事形态学［M］.贾放，译.北京：中华书局，2006：7.

显然，他提出"故事形态学"的概念，就是要在故事研究领域创造一种像在有机物研究领域一样精确的学术，即"形态学"。在《神奇故事的衍化》一文中，他表达了类似的思想：

> 故事研究在许多方面可以与自然有机物的研究进行比较。无论是科学家还是民间文学专家，都要与同质现象的诸多种类和变体打交道。达尔文提出的"物种起源"问题，也可以在我们的领域提出来。①

那时，普罗普艳羡数理科学与生物科学严整的分类法，推崇统一的术语系统与完善的研究方法，他希望自己也能创造这样一套类似的研究范式。比如，他在批判芬兰学派的分类法时说：

> 这样说来，该分类法不能算是准确意义上的科学的分类法，它充其量是个用途有限的索引，其价值大可怀疑。类似的分类法，难道能够跟经过并非心血来潮，而是对材料进行精确和长时间研究的植物或动物分类法同日而语吗？②

他批判阿尔奈的类型分类法并不是一种科学的分类法，甚至认为它还处于前林奈分类法时期。正是不满于当时民间故事研究领域的"不科学"，普罗普直白地表达了他对于精密科学精神的赞赏，并坚定地主张要在人文科学界推广精确的研究方法。他还盛赞当时因为贯彻了这种科学精神而正在形成中的结构语言学、数学语言学与理论诗学。

非常明显，普罗普借用歌德的话作为"题词"，隐晦地表达了他的科学主义的立场，并自认为是经验论者与科学工作者，致力于对事实及其联系进行

---

① 普罗普. 故事形态学 [M]. 贾放，译. 北京：中华书局，2006：152.
② 普罗普. 故事形态学 [M]. 贾放，译. 北京：中华书局，2006：7. 事实上，尽管普罗普批判阿尔奈的工作方式，但在把民俗学科学化这一倾向上，他们却是同路人。他们都主张对大量搜集而来的民间文学材料进行分类与整理，他们的分歧只存在于分类的方式与观念上。

描述与研究，并试图最终揭示某种内在的规律。在《故事形态学》中，普罗普的发现是：俄罗斯民间神奇故事的功能项很有限，而且其组合方式永远是同样的，这种"组合方式"类似于"骨骼"。这是一种存在于千变万化的故事情节背后的稳定规律。在普罗普看来，能够发现规律的经验研究者就是一名作为哲学家的经验论者①。

但是，普罗普是一位彻头彻尾的科学主义者吗？似乎也不全是，比如，他在反驳列维－斯特劳斯的那篇著名论文《神奇故事的结构研究与历史研究》的结尾处说：

> 如果说在本篇序言的开头我指出了精密科学与人文科学所研究的规律性之间的相似性，那么我想以指出它们的原则性的特殊区别来结束本文。②

遗憾的是，尽管普罗普似乎明确地意识到并承认二者（精密科学与人文科学）之间的"原则性的特殊区别"，但他似乎又仅仅是在口头上承认这种"区别"。《故事形态学》显然是一位严谨的科学主义者的杰作。

与普罗普的主张截然相反，巴赫金始终都在明确地区分自然科学与人文科学，阿拉斯泰尔·伦弗鲁评论说：

> 在人文科学③和社会科学模仿精密科学的方法论及哲学假设——这是一项对文学研究、语言学、心理学、哲学、人类学、经济学和政治理论在其20世纪的某些发展阶段提出的具有某种合理性的指控——的地方，理论主义的有害的影响就会越发显著。由于不能根据现实而具体的主体所创造的唯一的事件性来理解行为和言语，人

---

① HONKO L. The real Propp [J]. Studia fennica: studies in oral narrative, 1989 (33): 170. 劳里·航柯幽默地评论说，普罗普远远算不上是一位"彻底的经验研究者"。
② 普罗普. 故事形态学 [M]. 贾放, 译. 北京: 中华书局, 2006: 199.
③ 原文为"人文学科"。

文科学和社会科学最终就要冒险把它们的对象客观化，因而就不能理解并解释什么是人类经验的本质。①

巴赫金把上述两种研究领域的差异，形象化地描述为"认识物与认识人"的区别：

> 科学要寻找那种在任何的变化之中（死物的变化或功能的变化）保持不变的东西。存在的形成，是一种自由的形成。这种自由是可以研究的，但无法用认识的行为（对死物的认识）去束缚它②。

在巴赫金看来，僵死而无生命的"物"只是为他人而存在的，而"人（存在）"则是不可消减的活物，只能与之对话。巴赫金把认识物的学问称为"解释"的学问，而把认识人的学问称为"理解"的学问。"解释"的工作只涉及一个主体、一个意识；而"理解"关联的是两个主体、两个意识之间的对话与沟通，因此，巴赫金说：

> 人文科学对自然科学方法的责难，我可以概括如下：自然科学不知道有"你"。这里指的是：对精神现象需要的不是解释其因果，而是理解。③

所以，在巴赫金看来，如果以谋杀"生命"的方式获得某种认识，即使它是正确的，那也没有什么好庆幸的。但是，巴赫金似乎也并没有完全抹杀形式分析的重要性，他说：

---

① 伦弗鲁.导读巴赫金［M］.田延，译.重庆：重庆大学出版社，2017：30-31.
② 巴赫金.巴赫金全集　第四卷［M］.白春仁，晓河，潘月琴，等译.石家庄：河北教育出版社，2009：3.
③ 巴赫金.巴赫金全集　第四卷［M］.白春仁，晓河，潘月琴，等译.石家庄：河北教育出版社，2009：306.

问题当然不在于不能把音乐拿来像尸体那样解剖，不能用代数来检验和谐。这种方法用得是地方，如把艺术品作为物质实体而进行精确的研究，便不仅可能，而且必须。所以也不应该反对把形式方法视作一种形态方法。①

巴赫金并非大而化之地反对形式（形态）分析，而是反对把形式分析作为目的，反对僭越性地试图取代历史诗学与理论诗学的形式主义诗学。既然普罗普拒绝承认自己是一名"形式主义者"，那么，从理论上来说，他们之间似乎并无根本性的分歧。但是，从一开始，普罗普就以获得形式主义者（比如艾亨鲍姆、日尔蒙斯基等人）的承认而自豪②，而巴赫金则坚决反对"学术上的萨里耶利主义"，即形式主义的世界观。这就说明，他们的学术思想倾向的差异确实是非常明显的，具体而言，涉及对下述两个基本问题的态度。

第一，对于形式主义诗学的理论假定的态度。

形式主义者把自足而封闭的文学作品视为科学分析的唯一事实，一方面肯定材料（语言）的首要地位，另一方面肯定作为材料组织方法的形式的首要意义。他们工作的理想与极致是上述组织手法的统计表、布局的简单罗列，研究的目的就是找到各种"手法"。普罗普的故事形态研究虽然也关注形式手法，但并不是只关注零散的形式，而是关注形式体系③；而且，他也不认为可以把形式（组合）与内容（情节）完全割裂开来予以考察④。但是，巴赫金认

---

① 梅德维杰夫.学术上的萨里耶利主义——评形式（形态）方法［M］//巴赫金.巴赫金全集第二卷.李辉凡，张捷，张杰，等译.石家庄：河北教育出版社，2009：15.
② 普罗普.故事形态学［M］.贾放，译.北京：中华书局，2006：201.
③ 有趣的是，普罗普自称是结构主义的研究，反而把芬兰学派的故事情节研究称为形式主义；参见普罗普.故事形态学［M］.贾放，译，北京：中华书局，2006：185.
④ 列维－斯特劳斯批评普罗普割裂了形式与内容，没有充分关注语境因素。他近于苛刻地评论说："形态学在口述传统方面是一片不毛之地，除非有直接的或间接的民族志观察才能让它丰饶多产。"参见列维－斯特劳斯.结构人类学2［M］.张祖建，译.北京：中国人民大学出版社，2006：620.但是，列维－斯特劳斯所谓的"语境"并不是指具体的个体行为与事件的"语境"。

为，封闭的文本中心主义并不能掌握审美的现实，因为它完全忽视了艺术事实本身的存在。在他看来，形式主义者（应该包括普罗普）把"手法（或者组织方法）"的研究抬高为研究工作的"主角"是误入歧途。因为艺术本身并不是由手法的存在和新颖决定的，而是由手法的特殊目的和独具匠心的运用决定的。

第二，对于历史诗学的态度。

形式主义者还在罗列与实录了"手法"的基础上开展他们对历史主义的研究，他们将历史事实与形式看成静态的而非动态的，从而满足于仅仅去"记录事实"。他们认为形式具有独立自主的规律和不以社会历史为转移的内在发展规律。普罗普公开否认自己是一名形式主义者，他认为他的形态研究是起源研究的前提与基础，他的神奇故事的历史根源的探索正是基于他在形态学中已经建立的情节组合的图式。这样的形式研究、起源研究与形式主义诗学并不相同①。然而，在巴赫金看来，历史并不是时间的接续性，而是生动的进化，有内在的有目的的继承性。文学事实处于复杂的进化当中，受到历史的决定，但是，历史诗学的"主角"并不是"手法"，而是手法的功能及结构意义，是在具体的特定语境中，个体的个性与手法体系的相互关系。

总之，普罗普与巴赫金在民间文艺学的认知论层面存在着根本性的分歧，尽管他们可能并不会完全否认对方的认识论立场②。普罗普基本上是一名科学主义者，尽管他自我否认"形式主义者"的学术标签，但是在实际工作中他的确是强调了形式研究的首要性，并把形式研究视为历史研究的前提与基础，因此体现了某些形式主义者的工作风格；而巴赫金则坚定地主张现象学的认

---

① 普罗普.故事形态学［M］.贾放，译.北京：中华书局，2006：1-2."我们想研究的是历史往昔的哪些现象（不是事件）与俄罗斯的故事相符合并且在何种程度上确实决定并促使了故事的产生，换言之，我们的目的在于阐明神奇故事在历史现实中的根源。"显然，普罗普不是直接把故事关联于具体的事件，而是联系到现象层面（作为历史往昔的社会制度），他的起源研究（而非历史研究）在本质上仍然无法避免猜测的成分。

② 目前尚未发现巴赫金对于普罗普的评价，但是，普罗普对于巴赫金有关拉伯雷研究的工作是十分欣赏的，参见普罗普.滑稽与笑的问题［M］.杜书瀛，等译.沈阳：辽宁教育出版社，1998：69，153-155.

识论，认为一切艺术形式都服务于社会交往的目的，因此强调艺术事实本身的复杂性、生动性与不可消减性。

二、民间文学的形态结构

基于科学主义的认识论，普罗普理所当然地关注民间故事的文本，具体而言就是《阿法纳西耶夫故事集》。他研究的基本问题是：民间故事情节的雷同现象与同一故事类型的全球化传播问题。在他看来，民间故事研究的核心任务是解决所谓"结构、组成、过程、变化与起源"的问题，而结构研究是起源研究的前提，起源研究是民间故事研究的最后目标。特别要指出的是：普罗普把他人转写、记录与固定化的书面故事文本作为研究对象，就像当时多数语言学家一样，他分析那些故事文本中的"句子"、句子间的关系以及整个句段的组织结构。

如前所述，普罗普认为"分类"是科学研究的第一步，但当时"类型"的划分却是最不能令人满意的。芬兰学派的学者常常把近似的故事情节随意地归入不同的类型；而且，他们依据故事中的突出因素来确定类型，可是，同一文本可能包含几个"突出因素"，那么它就可能被归入不同的类型当中。

普罗普试图找到所有俄罗斯神奇故事中的"不变的因素"，他认为这种"不变的因素"就是角色的"功能"，他说：

> 对于故事研究来说，重要的问题是故事中的人物做了什么，至于谁做的以及怎样做——这只不过是要附带研究的问题。①

在普罗普的分析中，"角色与功能"作为不变的因素，与作为可变的因素的"人物与行动"相对，前者决定着民间故事的"雷同性"，后者决定着其"变异性"。普罗普认为解释"雷同性"的一面更加重要，他说：

---

① 普罗普.故事形态学[M].贾放，译.北京：中华书局，2006：29.

普罗普与巴赫金

> 让我们举一个类似的情形吧。假如不了解言语的组成成分，即按照其变化规律排列的一组一组的词语，谈论语言的生命是否可能？活生生的语言是具体的东西，而语法是它的抽象基质。这些基质建立在大量活生生的现象之上，学术研究的关注点正是投向于此。没有对这些抽象基础的研究，任何一种具体的客观现实就无法被解释。①

普罗普认为，语言优先于言语，语法研究优先于语用研究。他只是在确定了故事的不变因素（即"功能"，并探讨了"功能序列"的问题）之后，才转向可变因素的研究，而他所谓"可变因素"指的是在组织结构层面上非功能的、衔接的成分与缘由，或者是角色的出场方式与标志。依据对上述不变因素与可变因素的综合考察，普罗普构拟了神奇故事的"基本形式"与"派生形式"②，"简单形式"与"复杂形式"③的概念，"基本形式、简单形式"是理想的、纯粹的、一般性的故事结构规律，而"派生形式、复杂形式"是"一些不大高明的讲述者对典范的破坏。这是经典的故事艺术结构发生了某种衰变的结果"④。然而，正是在处理这些"派生形式与复杂形式"的过程中，普罗普反倒展示出某种辩证的立场，他发现：一方面故事讲述者在某些方面（比如功能项的排列、变体的依存关系、初始情境与功能项的依存关系等）要循规蹈矩，没有自由创造的可能性；另一方面，他们在其他某些方面（选用哪些功能项、功能项的实现方式，角色名称与标志物，语言手段与风格等）又是自由的和可以进行创造的。他承认故事讲述者拥有许多的可能性，但这种可能性是受到严格限制的。他说：

> 规范有变化，但这些变化极少是个人艺术创作的结果。可以认

---

① 普罗普.故事形态学［M］.贾放，译.北京：中华书局，2006：14-15.
② 普罗普.故事形态学［M］.贾放，译.北京：中华书局，2006：83；155.
③ 普罗普.故事形态学［M］.贾放，译.北京：中华书局，2006：98.
④ 普罗普.故事形态学［M］.贾放，译.北京：中华书局，2006：101.

为：故事创作者很少虚构，他是从其他的地方或当前的现实中获取材料然后用于故事。①

这样一来，故事讲述者的个体创造性就被降到极低的水平了，普罗普仍然坚持强调故事组合与结构的强制性。此外，他还认为，故事"衍化"的原因常常来自故事之外，比如来自宗教或者日常生活。普罗普反对庸俗化、简单化地处理故事与宗教及日常生活的关系，但他还是通过枚举的方式罗列了这些变化的可能性方式。例如，简化或者扩展、损毁或者颠倒、强化或者弱化等。除了这些明显的衍化形式之外，普罗普还描述了"替代"与"同化"的种种变体。这些有关"衍化"的描述部分地弥补了他有关故事形态的僵硬逻辑。尽管这些"衍化"形式广泛地存在着，但是在普罗普的研究工作中，它们作为"情节"——对立于"结构"——都只是次要的、附带的内容。

需要补充说明的是，普罗普在继承维谢洛夫斯基的"历史诗学"的思想时，不仅在材料上局限于"民间文学"的文本，在方法论上局限于科学主义的形态与组合研究，在宗旨上追求起源的解释，还在总体上重新界定了所谓"历史诗学"的理论框架。在普罗普的观念中，"历史诗学"是关于艺术形式发展规律的学问，它是一门类型语法学的科学，是关于民间文学诗学之历史的、描写的与规范的科学。然而：

> 20世纪30至50年代，在当时的苏联民间文艺学界盛行的是一般文艺学方法和纯语文学方法，即像对待作家文学一样，运用一般文艺学的范畴来解释民间文学现象，而忽略了民间文学所特有的一些因素。②

在这一学术语境中，普罗普强调了民间文学的特殊性，专注于民间文学

---

① 普罗普.故事形态学［M］.贾放，译.北京：中华书局，2006：110.
② 贾放.普罗普的故事诗学［M］.北京：中国社会科学出版社，2019：107-108.

的起源学研究，为民间文艺学获得独立地位作出了杰出的贡献。然而，这样的研究路径具有强烈的排他性，他对于将关注的焦点转向故事讲述人的个性特征、风格、讲述方法的研究方式持否定的态度，比如，他在评价索科洛夫兄弟的工作方式时说：

> 尽管民间大师的确应该研究，索科洛夫兄弟的错误在于单个大师的创作脱离了民众整体的创作，在他们的著作中，个性问题替代偷换了民众的问题，民众的需求问题和他们的艺术是作为民众的艺术的问题。……索科洛夫兄弟之所以无法理解他们所记录的诗作的实质，可以以此来解释。[①]

自然，索科洛夫兄弟及其他关注故事讲述行为的学者的研究，还远没有发展到现代人类学意义上"深度描写"的高度，他们的搜集实践及对于故事讲述人的研究，仍然是粗线条式的、直观经验式的：

> 这些研究大致可归入两个方面，一是讲述人类型问题，二是讲述人的个性对传统的影响问题。第一个方面的研究比较充分，研究者们从不同的角度出发，划分出各自的类型体系。如明茨是按故事家的艺术风格来分类（现实主义的日常故事讲述者、专门插科打诨者、有史诗风格者、公式化者），卡尔纳乌霍娃则是根据故事家对文本的态度来分类（即兴讲述者、信守文本者、破坏者）。[②]

那个时代对故事讲述人的研究，主要是依据讲述的篇目对他们进行分类研究（还不涉及讲述风格的层面），根本没有深入具体的时空语境中去考察具体的讲述过程。然而，引发普罗普对这一研究路径进行批评的是他一贯坚持

---

① 贾放.普罗普的故事诗学［M］.北京：中国社会科学出版社，2019：141.
② 贾放.普罗普的故事诗学［M］.北京：中国社会科学出版社，2019：149.

的观念，即故事讲述人只是个体，而故事是属于"民众"这一集体的，无论多么优秀的故事讲述人都无法尽述民间故事的"集体性"。总之，在普罗普的观念里，研究共同性、规律性、集体性与普遍性，远比考察个体讲述者的独特性、创造性与语境性更重要。

三、民间文学的言语体裁

问题在于，在哲学–语言学界，"究竟什么是语言活动的真正中心：是个人言语行为表述，还是语言体系呢？哪一种是语言活动存在的形式，是不断的创造性的形成还是自身规则一致的固定不变性？"① 这些问题似乎并没有统一的答案。

与普罗普不同，巴赫金并不着眼于固定的故事集中的特定类型的文本，而是着眼于人类言语行为的整体，努力探索人类言语体裁的普遍特征。为此，他首先区分了"简单类型"与"复杂类型"（或者"基本的言语体裁"与"派生的言语体裁"）两个概念。这显然不同于普罗普的用法，在巴赫金那里，"简单类型"就是现象学意义上的简单的人际言语交流，而"复杂类型"则是混合了多种简单类型的言语体裁。需要特别强调的是，巴赫金关注的是"言语"行为，即"表述"，而不是关注死的"语法"，因为在他看来：

> 语言是通过具体的表述（表述是语言的事实）进入生活，生活则是通过具体的表述进入语言。表述正是极其重要的问题症结。②

正是在这一点上，巴赫金的"超语言学"（或者"普通语文学"）既不同于索绪尔的形式主义，也不同于福斯勒的行为主义。当然，在区别于普罗普

---

① 巴赫金.巴赫金全集 第二卷［M］.李辉凡，张捷，张杰，等译.石家庄：河北教育出版社，2009：402.
② 巴赫金.巴赫金全集 第四卷［M］.白春仁，晓河，潘月琴，等译.石家庄：河北教育出版社，2009：142.

的思想维度上,其主要的区别在前一方面。

既然人类活动的领域众多,它们又各自在漫长的历史中形成了特有的言语类型与讲述风格,那么,对于这些言语类型的分类就不能抛开主体自身的认识与实践来开展。像普罗普那样把故事讲述行为所产生的特殊性视为基本形式的"衍化",视为次要的研究对象,在巴赫金这里,就是一种简单化的、歪曲化的操作。

在现象学的意义上,讲述从来都内含着讲述者、讲述的内容与听众,也就是说,它是一个"言语交际"事件。这是一个复杂的、多面的、积极的过程,远不是如索绪尔那样只是在想象中构建的——说者是积极的,听者是消极的——粗鄙而简陋的理想模式。在这个意义上,巴赫金认为,从长远的时间来看,任何讲述行为都是一个"对话"的过程。

与传统语言学家把讲述的内容文字化,然后依据语段、句子、词汇、单词、音节、音位的划分单位来开展研究的方式不同,巴赫金认为这样的区分没有考虑真实的讲述行为,而是一种对尸体的解剖。事实上,真实生活中的"讲述"是千变万化的,它的自然边界是讲述者之间的言语行为的"交替","交替"意味着交际双方的"共在",意味着讲述的目的是交际。在某种意义上,不难看出,普罗普分析的对象是"句子",而巴赫金分析的是"表述"。

在实际的交际过程中,"表述"是交替进行的。言说的主体之所以需要交替,是因为他已经通过某种典型的表述形式(言语体裁)表达了某种意图与主题。而他的交际对象也凭借对于他的表述形式的理解,清楚地意识到并且把握住了这一主题的完整性与意图的清晰性。这个共享的"言语体裁"不仅像言语形式一样是交际双方潜移默化中习得的语言装备,而且是交际双方可以自由灵活地选择与应用的(表情与语调)文化资源。在这个意义上,巴赫金并不把民间讲述类型视为民间文学的固定类型,也不试图去探索其作为一种类型的本质特征,而是把它看作一种言语主体的交际资源。

既然是交际资源,那就意味着一切的言语行为都是有主的,一切的言语体裁与言语形式都是服务于具体的交际目的的:

而实际上，任何这样的信息总是对某人而发，由某事所引起，怀有某种目的，亦即是人类活动或生活的特定领域中语言交际链条上一个现实的环节。①

在交际的层面，言语形式不再是中立的符号体系，而是表情达意的工具，它们的含义在交际的整体中，在言语者的表情与语调中反映出来了。任何个体的言语行为都是在"应答"前人与他者的言语行为的基础上产生的。换言之，任何人的话语中都回荡着他者的声音与语调，并同时有意无意地掺杂着他个人的声调。这就是说，任何言语主体的讲述，其含义并不仅限于讲述的内容，而是在对他人的相关讲述作出应答。具体到民间故事的讲述行为中，以往的研究者往往把关注的焦点放在故事的内容上，却忽略了讲述者与他人的讲述之间的关系，忽视了他的这一讲述中回荡着的他人的泛音。意识到这一点，故事研究便不应该仅仅局限于言说者个人，而应该把这一讲述行为与更广阔的言语交际关联起来。

总之，在巴赫金看来，任何表述，除了自己的交流对象之外，总是以某种形式回答此前他人的表述，并依照预想的他人及其可能作出的应答来建构自己的表述方式。在这个意义上，仅仅探索言语体裁的本质特征就不会考虑言语交际的针对性，更不会考虑他人对此言语体裁的态度。在巴赫金的"表述"视角中，重要的是言语主体如何在具体的交际语境中，基于对交际对象的认识与理解，出于具体的交际目的，创造性地应用言语体裁以完成交际。在这里，交际的对象直接影响着言语体裁的基本特征。

四、口头传统的双重文本化

无论是普罗普还是巴赫金，他们都是"民间文学"文本的研究者，他们

---

① 巴赫金.巴赫金全集　第四卷［M］.白春仁，晓河，潘月琴，等译.石家庄：河北教育出版社，2009：166.

关注的对象都是民间文学的"文本"。二人的区别在于：普罗普试图以科学的分类方法解剖文本，以获得有关神奇故事的"骨骼学"的描述，并为其历史起源的研究提供基础；而巴赫金则把民间文学文本置于人类言语交际的诸多言语体裁之间，试图从普通语文学的角度描述各种言语体裁的特征。从整体上说，前者关注的是"语言"问题，而后者关注的是"言语"问题。当然，正像巴赫金所说的那样，"不能把语言和言语对立起来。言语是运用中的语言。无论是语言还是言语同样是社会的"①。

尽管如此，研究重心的不同仍然导致重大的理论出现差异。因为语言（句子）只有内部语境，而言语（表述）则以他人言语为语境；基于语言分析的"故事诗学"是一种静态的形态结构之组合规则的分析；而从言语体裁的表述角度开展的"普通语文学"是一种人际交往的社会语言研究，它意识到并强调"他人"的共在，强调言语表述如何关联过去、现在与未来，如何在社会语境中展开又同时建构社会语境。

普罗普和巴赫金的问题意识都源自民间文学的经典问题——"变异"。普罗普通过分析这种"变异"解释幻想故事的起源与传播；巴赫金则把这种"变异"归因于人际交流的独特性，归结到言语的社会性表述。既然巴赫金强调的是"表述"，那么，"民间文学"这个概念本身就是成问题的，因为它在习惯上被等同于书面记录的"文本"。

无论是芬兰学派还是普罗普——尽管他们在分类研究的标准与方法上很不相同，却都依据他人搜集来的"文本"进行研究——他们所考察的"变异"问题，并不是由故事讲述者生产的"有机的变异"，而是他们自己在互不相关的众多材料中发现的"机械的变异"。换句话说，他们忽视了材料本身的丰富性，却强调众多材料之间的一致性。他们人为地构建的"异文"网络十分单薄，对"变异"现象的解释漏洞百出。归根结底，这种"变异"是人为建构

---

① 巴赫金.巴赫金全集　第四卷［M］.白春仁，晓河，潘月琴，等译.石家庄：河北教育出版社，2009：240.

的，并不代表任何一种"有机的变异"①。

最晚到20世纪90年代，欧美各国的民间文艺学者已经在反思与重估有关"变异"的研究传统，以劳里·航柯、理查德·鲍曼等为代表的欧美民间文艺学者转向考察民间文学"有机的变异"的问题。他们有意无意间抛弃了有关民间文学之"起源与传播"的经典问题，转而探讨口头传统的"意义与文本性"。这一理论转向与巴赫金的思想更加接近，有意识地与普罗普的科学主义认识论拉开了距离。与此同时，他们都通过田野作业，开展实际的民族志研究，在这一点上，他们又超越了巴赫金，因为他仅在书面文本的层面上考察"表述"。

正是通过关注口头传统的"表述"与意义的"交流"，欧美民间文艺学者反思性地批判了民间文学的"文本"概念，创造性地提出了"文本化"的概念。"文本化"考察的是一个特定的言语体裁如何获得连贯性与一致性的问题。"文本化"的过程至少包含两个层次，即"初级文本化"与"次级文本化"。

"初级文本化"考察的是表演者如何获得"思维文本（mental text）"并在具体的交流语境中付诸实践。民间故事的表演者（讲述者）记忆了大量故事文本形式与内容，这种储存在表演者头脑里有待呈现的记忆被称为"思维文本"。显然，没有任何两个故事表演者的"思维文本"是完全一致的。对于同一位故事表演者而言，没有任何两次表演会完全一样；对于任何两个故事表演者而言，他们有关同一故事的"思维文本"会有相似性，而且可能会相互影响，但是从来都不会完全一致。民间文艺学家提出"初级文本化"的概念，就是要考察故事表演者如何把他们的"思维文本"、交往意图以及其他语境信息综合起来进行创作，也就是说，"初级文本化"研究的是故事表演者构造具有内在连贯性与组织性的"文本"的过程。

"次级文本化"就是关注口头传统被书面化地记录的问题，巴赫金注意到，"当词由口语语境转入书面规范语语境时，它发生了哪些变化？它在里面

---

① 王杰文.北欧民间文化研究（1972—2010）[M].北京：学苑出版社，2012：261-264，267-272.

获得了哪些新的性质又失去了什么？……口语词给书面语带来了什么？由一个交际领域向另一个交际领域的转换，问题不仅仅在于词的情态方面（修辞色彩）的变化，而且在于概括的程度和方向"①。

按照巴赫金的言语理论逻辑，既然民间故事的搜集者需要面对讲述者，既然讲述行为是一种面向搜集者的讲述，那么，这种"面对"必然会影响讲述的内容与方式。此外，搜集者习惯上通过文字来转写口头传统，却极少反思媒介转换如何改变材料本身。还有，当材料作为学者的研究成果被呈现时，材料又会发生什么变化？"次级文本化"提出的问题是：民间文艺学家能够以一种负责任的方式开展研究吗？可以以一种诚实的态度表征所研究的人们的观念与生活吗？这些问题迫使民间文艺学家反思学科的研究方法、任务与学术伦理。

如果从表演研究的立场来看，无论是初级文本化还是次级文本化，都可以被看作"表演"：初级文本化考察的是口头传统的表演者如何借助言语体裁（类型）进行社会交流；次级文本化关注的是口头传统的研究者如何通过表征他人的表演来表演自我。当然，上述两种"文本化"的过程其实是一体的、连续的，都属于口头传统的表演者与民间文艺学者之间的特定交往过程，用巴赫金的话来说，就是双方之间的一次言语交往，是一次关于"被讲述的事件"（narrated events）的"讲述的事件"（narrative events）②。本雅明说：

> 讲故事的人取材于自己亲历或道听途说的经验，然后把这种经验转化为听故事人的经验。③

---

① 巴赫金.巴赫金全集 第四卷［M］.白春仁，晓河，潘月琴，等译.石家庄：河北教育出版社，2009：240.
② BAUMAN R. Story, performance, and event: contextual studies of oral narrative［M］. Cambridge: Cambridge University Press, 1986: 2.
③ 阿伦特.启迪：本雅明文选［M］.张旭东，王斑，译.北京：生活·读书·新知三联书店，2014：99.

在讲故事（或者"故事表演"）的过程中，首先，讲故事的人得重新组织与编辑"自己亲历或道听途说的经验"，这是一个"初级文本化"的过程，他需要借助"言语体裁"把这种"经验"文本化为"故事"。当然，任何"经验"——作为事件的序列——并不直接等同于作为语言结构的故事"叙述"，所以，讲故事的人把"经验"转换为"叙述"的机制是有待探索的重要领域；其次，讲故事的人的"经验"能够转化为听故事的人的"经验"的前提，除了必须共享某种语言交流体系与"言语体裁"之外，还必须借助于具体的讲述语境与共享的意图。这种"讲述的语境"不仅会影响讲故事的人讲述的内容，还会影响他讲述的方式，反过来，被讲述的故事本身可能会转变讲述的语境与听故事的人的行为方式。

通过从整体上综合考察"被讲述的事件"与"讲述的事件"（或者"艺术行为"与"艺术事件"），口头艺术的表演理论认为：表演者的角色与身份、表演的方式与手段、口头交流中互动的规则与阐释的标准、讲述性事件的展开，甚至是人际互动的关系与结构等，无一不是在"呈现中（emergent）"形成的。在这个意义上，故事与表演，文本与语境，类型的稳定性与表演的创造性，形式、意义与功能等概念都不是相互割裂的。

总之，从现象学的角度来说，任何所谓"民间文学"的真实的存在都处于人类的日常生活当中，都扎根于社会与文化实践当中。这是巴赫金给予我们的教益。民间文学的书面文本只是这种语境化的人类言语行为的不完整的记录，换句话说，民间文艺学的研究者理论上应该关注的对象是言语交际，而不是民间文学文本。只有建立在言语交际（作为表演的口头艺术）基础上的民间文艺学，才可能区别于书面文学，才可能真正深入探索"民众的"诗学与社会学，才可能真正理解故事讲述人的创造性。

结　语

普罗普与巴赫金是同一时代的民间文艺学家，他们的学术思想塑造了20世纪中期以来国际民间文艺学研究的基本范式。从整体上说，普罗普的"故事形态学""起源学"是一种追求科学化的研究方法，而巴赫金的"普通语文学"则是一种同情式地理解的研究方法。平心而论，这两种研究范式都为国际民间文艺学提供了重要的研究工具，各自具有无可取代的学术价值。然而，当人们把"民间文学"还原为"口头艺术"时，科学主义的认识论似乎得让位于现象学的认识论了。正如思想史学家以赛亚·伯林所说的那样：

> 可见，把物理学或其他自然科学的原则和定律用于研究精神、意志和感情世界，是一种错误的自我否定，因为这样做无异于毫无道理地阻止自己获得许多我们能够知道的事情。①

伯林针对人文社会科学领域的科学主义认识论的批评，同样适用于批评普罗普。尽管普罗普的历史成就无论怎么赞扬都不过分，但是，从现象学的立场来看，既然民间文艺学家所谓"民间文学"的第一存在形态是"口头艺术"，既然"民间文学"的概念在直观上与实践中很容易被简化为"民间文学"的书面文本，而"口头艺术"的概念却总会让人联想到讲述者、口头艺术形式以及听众、语境等艺术性交流的总体"行为"与"事件"，那么尽管"民间文学"的概念曾经具有重要的历史性功绩与广泛的流通性，尽管科学主义的研究范式曾经提升了民间文艺学的研究水平，但是，它们的历史使命应该结束了。

民间文艺学家是时候用"口头艺术"的概念来取代"民间文学"的概念了。

普罗普式的故事形态学、起源学研究，既无可避免地会是某种推测性的研究方法，又严重地受限于其掌握与解读全面材料的要求②。普罗普认为他建立在故事形态学基础上的起源学研究可以有效地规避这一研究的局限性，然而，当他完成了起源学研究之后，他也发现：

---

① 伯林.反潮流：观念史论文集［M］.冯克利，译.南京：译林出版社，2011：116.
② 普罗普.故事形态学［M］.贾放，译.北京：中华书局，2006：23.

只要当我们开始不仅是熟悉文本，而且熟悉了哪怕是一个部落的社会组织，情况便全然改观，这些文本突然从一个全新的角度出现在我们面前。我们会看到，它们与这个部落的整个生活制度如此紧密地联系在一起，没有这些讲述、"传说"（博厄斯这样称呼它们），仪式也好，部落的法规也好，全都无法弄清楚。反过来说，只有基于对社会生活的分析讲述才成为可以理解的，它们不只是作为一个组成部分进入社会生活，而且在该部落看来，它们是与武器和护身符同等重要的生活条件之一，要作为极其了不起的圣物加以珍惜和保存。①

尽管普罗普在这里是针对"神话"而言的，但是作为艺术讲述的"故事"同样涉及其具体要求的语境；尽管普罗普从来没有也不可能转向故事的语境研究，但是他充分地意识到：

民间文学研究可以沿着两个方向进行，研究现象的相似的方向和研究差异的方向。②

如果说，普罗普一直都走在前一个方向上③，那么，巴赫金明显选择了后一个方向。

按照巴赫金以及欧美民间文艺学家的意见，"口头艺术"的表演研究至少可以促使民间文艺学更好地呈现民众口头讲述的诗学特征与社会学功能，更好地消除文学研究与人类学研究、人文科学与社会科学之间的缝隙，更直接地面对民众日常生活中言语交际的现实问题，更有利于避免把民间文艺学隔绝于人文社会科学的交流与对话活动之外。

---

① 普罗普.故事形态学［M］.贾放，译.北京：中华书局，2006：471.
② 普罗普.故事形态学［M］.贾放，译.北京：中华书局，2006：476.
③ HONKO L. The real Propp［J］. Studia fennica: studies in oral narrative, 1989（33）：170.

超越"文字中心主义"*
——重估顾颉刚先生的民俗学方法论

在中国民俗学领域,顾颉刚先生的学术贡献是举世公认的。他的孟姜女故事研究、吴歌研究、神道与社会研究等,至今仍然是学科史上的经典,深刻地影响着今天的民俗学者。在肯定顾先生杰出成就的前提下,重新评价他的学术观念、问题意识与研究方法,是当前中国民俗学的迫切任务之一。

一、顾颉刚的"民众文化"观念

评价顾先生的民俗学遗产,首先要考察促使他努力从事民俗研究工作的思想观念。也就是说,在20世纪20年代,他何以会去关注"民众文化"?其潜在的思想观念是什么?

1928年,顾先生在《民俗》周刊的发刊词中说:

> 我们要站在民众的立场上来认识民众!
> 我们要探检各种民众的生活,民众的欲求,来认识整个的社会!
> 我们自己就是民众,应该各各体验自己的生活!
> 我们要把几千年埋没着的民众艺术、民众信仰、民众习惯,一层一层地发掘出来!

---

* 本文原载于《文化遗产》2022年第6期,收入本书时有改动。

我们要打破以圣贤为中心的历史，建设全民众的历史！[1]

即使在今天，这一发刊词也是振聋发聩的，听起来令人热血沸腾。一百多年前，他追随新文化运动先锋的足迹，反抗封建地主阶级的文化，倡导"民众"的观念。这一观念的确是进步的、有力的，事实上也产生了重大的学术影响。然而，认真考察起来，就会发现其中的模糊性[2]：

（1）"民众"既与"圣贤"的概念相对立，却又包括了"圣贤"；

（2）"民众"既与认识它的主体相对立，又包括了认识的主体；

（3）"民众"既代表整个社会，又似乎只是社会的一部分；

（4）他既主张"局内人"的视角（体验），又坚持"局外人"的视角（认识）；

（5）在某些情况下，被认识与体验的对象是"民众"自身，而在另一些情况下，被认识与体验的对象是民众的"生活、欲求、艺术、信仰、习惯与历史"等。

在上引发刊词中，顾先生有关"民众"的观念似乎不太清晰，但它却是顾先生有关"民众"的思想观念最元气淋漓的表述。在他的学术生涯中，他似乎从未回过头，再对这一思想观念进行认真的反思与检讨。事实上，今天人们提及他的思想观念的时候，最经常称引的是他的另一段话：

---

[1] 顾颉刚.顾颉刚全集（15）[M].北京：中华书局，2011：571.
[2] 户晓辉.论顾颉刚研究孟姜女故事的科学方法[J].文化研究，2003（4）：23-25.作者认为，"顾颉刚的孟姜女故事研究所涉及的巨大的历史地理跨度，使他论述的这个故事的主体更多是一种抽象意义上的'民众'，而不是具体的实践主体。所以，顾颉刚眼中的孟姜女故事，之所以成为一个独立的学术研究对象，在很大程度上是因为他没有遵循以'民'来界定'俗'或民间文学的一贯做法，而是把'无'具体主体或有抽象主体的民间文学现象当作研究的对象。"表面上看，单就孟姜女故事研究而言，其主体为谁，似乎并不重要；然而若从顾先生总体的"民众文化"思想观念上看，孟姜女故事的"抽象主体"，恰好反映了顾先生"民众文化"思想观念的混乱与游移不定。

> 我们要喊的口号只是：研究旧文化，创造新文化。所谓旧文化，圣贤文化是一端，民众文化也是一端。以前对于圣贤文化，只许崇拜，不许批评，我们现在偏要把它当作一个研究的对象。以前对于民众文化，只取"目笑存之"的态度，我们现在偏要向它平视，把它和圣贤文化平等研究。可是，研究圣贤文化时，材料是很丰富的，中国古来的载籍差不多十之八九是属于这一方面的；说到民众文化方面的材料，那真是缺乏极了，我们要研究它，向哪个学术机关去索取材料呢？别人既不能帮助我们，所以非我们自己去下手收集不可。①

在这段话里，顾先生重申了他的"圣贤与民众"二元对立的观念，但是，关注的焦点明确地转向了他们的"文化"，即"圣贤文化与民众文化"。由于历史的原因，二者的地位并不平等，顾先生努力平等地看待它们，这反映了他的"民主"精神；与此同时，他又强调二者都是"旧文化"，都是研究的对象，这又反映了他的"科学"精神。而在"研究旧文化"与"创造新文化"两项任务中，顾先生明确地选择了前者。也就是说，顾先生有意识地选择了"科学研究"的道路。尽管如此，顾先生显然并不仅限于"研究"民众文化，而是要借"民众文化"的解放，促使民众获得自我的觉悟，他说：

> 我们的使命，就在继续呼声，在圣贤文化之外解放出民众文化；从民众文化的解放，使得民众觉悟到自身的地位，发生享受文化的要求，把以前不自觉的创造的文化更经一番自觉的修改与进展，向着新生活的目标而猛进。能够这样，将来新文化运动就由全民众自己起来运动，自然蔚成极大的势力，而有彻底成功的一天了。②

在这里，"民众文化"备受关注，不只是因为其对应于"圣贤文化"，而

---

① 顾颉刚. 顾颉刚全集（15）[M]. 北京：中华书局，2011：574-575.
② 顾颉刚. 顾颉刚全集（15）[M]. 北京：中华书局，2011：575-576.

且它似乎还具有无可取代的、独立的价值与地位。至于"民众文化"何以具有不可忽视的研究价值；如何通过发扬"民众文化"来唤醒"民众"；"民众"如何从"被启蒙者"转化为"自我启蒙者"；"民众"如何对自有的"旧文化"产生自觉地继承与改造的意识，愿意并能够建设一种"新生活"等问题，顾先生似乎并没有予以更多的说明与讨论。

总之，顾先生有关"民众（文化）"的相关表述，深刻却并不明确。它作为"口号"是鼓舞人心的，作为"思想观念"却又是不成体系的。五四时期的时代精神与思想观念，似乎只是从外面影响了他，却没有融入他的生命血液当中；也就是说，这种时代精神与思想观念，并不是来自他的灵魂深处，也不是从他生活的基础上自然地生长出来的。

上述讨论颇有"诛心"的嫌疑，毕竟顾先生亲自搜集了吴歌，偕其他学者开展了妙峰山香会的实地考察，亲自调查并研究了北京东岳庙。而且，顾先生一生以"健足"而自豪，足迹几遍中国。可以说，顾先生不仅真正地响应了"到民间去"的口号，而且亲自"到民间去"。问题是"到民间去"何为？顾先生是有明确目的的，他说：

> 我们若是真的要和民众接近，这不是说做就做得到的，一定要先相互了解。我们要了解他们，可用种种的方法去调查，去懂得他们的生活法。等到我们把他们的生活法知道得清楚了，能够顺了这个方向而与他们接近，他们才能了解我们的诚意，甘心领受我们的教化，他们才可以不至于危疑我们所给予的知识。①

这种"我们与他们"的关系，是顾先生设想中"知识分子与民众"的关系，双方是一种启蒙与被启蒙的关系。当时，顾先生秉承了解民众、启蒙民众的精神，坚定地"到民间去"。他要考察"民众生活"，目的是获得他们的信任，教化他们。换句话说，考察"民众文化"只是启蒙"民众"的手段。

---

① 顾颉刚. 顾颉刚全集（15）[M]. 北京：中华书局，2011：326.

反过来,"民众"是被动的,他们只能"领受"或"危疑"。所以,顾先生所谓"要先相互了解",实际上只是"我们"对"他们"的了解。而且,在具体开展研究工作时,顾先生与他的同志们的实践,距离上述"了解他们"的理想,还有一定的差距。比如,在妙峰山考察香会的时候,顾先生在当着他人的面抄写那些"会启"时,会觉得"羞怯"。此外,抄写"会启"固然十分重要,顾先生借助于这些"会启",也的确发现了参与妙峰山民间香会组织的许多知识,然而,我们应该追问的是:顾先生为什么会首先想到"抄写"会启?为什么没有去"访谈"会众呢?以今天田野考察的标准来说,顾先生一行人,"参与观察"算是做到了,"深入访谈"却只做了一点儿。他们的确是"到民间去"了,但他们也只是"眼光向下"放眼观察,却并没有降低身份去开展访谈与交流。因此,他们的考察成果,只是他们眼中的民众行为。事实上,在顾先生的研究成果中,这些"民众"并没有自己的声音,没有自己的行动逻辑,没有个性,他们并不是具体的活生生的个人,只是作为群体的"民众"。

尽管如此,顾先生仍然获得了相当丰富的资料,并提出了非凡的见解。他发现,各路香会齐心协力,相帮互助,他说:

> 这一路的山光水色本已使人意中畅豁,感到自然界的有情,加以到处所见的人如朋友般的招呼,杂耍场般的游艺,一切的情谊享乐都不关于金钱,更知道人类也是有情的,怎不使人得着无穷的安慰,仿佛到了另一个世界呢!①

能够得出这样的结论,怎能不让人膺服?尽管其中浸透着浪漫主义的情绪,然而顾先生毕竟没有只停留在"眼光向下"的口号阶段,而是亲自"到民间去"了。他观察并感受到"(民众)文化表演"的特质,尽管这种"观察与感受"只是顾先生自身作为"民众"之一员(一位特殊的香客)的观察与

---

① 顾颉刚. 顾颉刚全集(15)[M]. 北京:中华书局,2011:358.

感受，未必就等于"民众"的观察与感受。

总之，在妙峰山香会的考察活动中，"眼光向下且身在民间"的顾先生，看到的更多是"民众文化"，而不是"民众"自身；关注的是"民众文化"之可观察与可记录的层面，而不是"民众文化"的整体；重点研究的是有关"民众文化"之历史与地理传播的问题，而不是"民众文化"的实际意义、价值与功能。随着顾先生研究领域的专业化，这种迹象似乎越来越明显。走到极端处，其研究成果越发趋近于有关"（民众）文化"的知识，而距离"理解民众"更加遥远，更遑论"与民众相互了解"了。最终，这种有关"民众文化"的学术，成为"学者"区别于"普通同行"，尤其是区别于"普通民众"的一种"高深学问"，与顾先生自己曾经确立的有关"民众（文化）"的思想观念渐行渐远。

二、顾颉刚先生的研究方法

顾先生是中国学术现代化进程中涌现的第一代学院派教授[①]，正是他们那一代学者奠定了中国现代学术的研究规范，因此，我们今天评估他的学术成就，必须从他的现代化的"学问观"说起。顾先生说：

> 研究学问是一件极难的事，起初要搜集材料，后来要从繁难的材料里求出简单的系统，这才是真实的学问工作。没有材料的系统是假系统，就是从许多专家的研究结果撷取出来的系统也只能算常识，说不到学问。[②]

由此可见，"搜集材料"与"求出系统"是顾先生理想中真正的"学问"

[①] 余英时. 未尽的才情——从《日记》看顾颉刚的内心世界[M]. 台北：联经出版事业股份有限公司，2007：173. 余先生说："我们不能不承认顾先生是中国史学现代化的最先奠基人之一。"

[②] 顾颉刚. 顾颉刚全集（14）[M]. 北京：中华书局，2011：369.

的两个标准。让我们来看看顾先生是如何搜集材料，又是如何分析研究的。

（一）民俗材料的搜集

如前所述，顾先生立意要研究民众文化，可惜文献记载中的"民众文化"少得可怜，因此他说："我们要认识民众文艺也罢，要认识民众心理也罢，反正不能不去寻材料。从最真切的材料上加以最精细的整理，方能有最公允的批评。"① 顾先生对于民俗"材料"的重视由此可见一斑，那么，他所谓"真切的"材料指的是什么？什么样的"材料"才够得上"真切"？

在搜集编纂"吴歌"的阶段，顾先生说，在家乡的时候，他也曾亲闻人们在夏夜乘凉时唱"对山歌"，去乡下时听摇船的人唱"四句头山歌"，在上海与北京欣赏京戏，"回来后，就要把演员的唱工、说白、做工、武工以及服装、道具作几个月的咀嚼"②。顾先生又恰是因为热爱戏曲而转向故事研究，因故事研究而转向古史研究的。从顾先生的学术回顾中，人们似乎可以得出这样的结论：正是对于这些表演艺术的热爱，他才改变了自己的阶级自豪感，转而重视起"人民群众的文学创作"。

除了自身的兴趣与爱好外，顾先生最早搜集吴歌的直接原因是为了响应刘半农等为创造新体诗而借鉴民歌的倡议。正像格林兄弟当年搜集童话故事一样，顾先生除了亲自去搜集吴歌之外，还动员家人与好友来参与搜集的工作。然而，在顾先生那里，吴歌就等于吴歌的歌词；尽管他深知吴歌是唱出来的，但他还是有意无意间把吴歌的表演性信息给抛弃了，而且，把吴歌简化为吴歌歌词来搜集与记录，这么做，他似乎从来都没觉得有什么不妥。

显然，在搜集吴歌的材料时，顾先生所谓"真切"，就是指亲自动手搜集材料，如果材料是他人代为搜集的，他自己作为委托人，至少对被他人记录的材料有着"真切的"感受。因此，在记录与发表吴歌的时候，顾先生为了方便读者，为其中难解的方言加了注释，这就涉及音韵学、文字学和当地风

---

① 顾颉刚.顾颉刚全集（14）[M].北京：中华书局，2011：365.
② 顾颉刚.顾颉刚全集（14）[M].北京：中华书局，2011：387.

俗研究的问题。《吴歌甲集》也因此呈现出其作为材料的学术厚度。但无论如何，顾先生也意识到："这种歌词写在书本上看，固然觉得很单调，但在他们清夜高歌的时候，我们听着实在是非常美丽的。"①的确，我们今天阅读它，完全不知道它是谁唱的、怎么唱的、在什么语境下唱的、对谁唱的，也不知道它与哪些民间文艺类型共存于何种人的日常生活中，它们之间是什么关系，等等。

如果说在吴歌研究阶段，顾先生还可以意识到"吴歌"的现实存在形式，知道它是不限于歌词的，等到研究孟姜女故事的时候，顾先生却已经完全投入"整理国故"的总体工程中去了。他一头扎进了故纸堆里，比较研究文献记录中从杞梁妻到孟姜女演变的轨迹，这些材料自然极度缺乏语境信息。这时，他使用的材料基本上仅限于文献资料中文字所传达的"信息"维度。等到他接下来从地理的、横向的角度来考察该故事时，他跟与他对话的学者们，大都同样只注意搜集该故事的文本信息。②

尽管在某些情况下，顾先生也承认，民众文学——歌谣与故事——是口头交流的传统，但是，从整体上来看，他既不关心民众是如何讲述的，也不关心记录者是如何把这些内容记录下来的。在他搜集与使用的材料中，他只关心已经被记录好的民众文学的文本，我们权且把他的这种材料观称为"文字（文本）中心主义"。他的这种搜集与处理材料的方式与观念，既是时代局限的反映，也是其思想观念之不彻底的体现。

（二）分析方法与目标

顾先生有关歌谣与故事的比较研究，首先是对相关文本的历史传播研究。他在历史学、文献学、地理学方面的雄厚积累，奠定了早期民俗学研究工作

---

① 顾颉刚.顾颉刚全集（14）[M].北京：中华书局，2011：286.
② 顾颉刚.顾颉刚全集（15）[M].北京：中华书局，2011：168.何植三先生说，"我在七八岁时，从住理发师店中的理发师处已知道这件故事。这个理发师貌很美，他拿着这唱本，指手画脚地说给邻居的娘儿们听；我于是听到这首有趣的故事，而且记得书后有一幅'孟姜女要求秦始皇向范杞良祭奠焚帛，她由城上纵身入火而自殉'的图画"。这里，何先生简要记录了讲述人、听众、语境以及媒介等信息。

的基调。这种历史的、回溯性的工作方式，正是他最早的学术取向。当他的《吴歌甲集》出版之后，来自全国各地的热心同志，都跟他讨论当地类似歌谣的问题，顾先生个人的研究兴趣便自然地从历史起源与传播的视角，转向了空间移动与交流的视角。他综合应用了历史的与地理的材料，两种视野相辅相成，相互阐发，共同服务于他的比较研究的总体目标，最典型的体现是他的孟姜女故事研究。

在这里，顾先生自觉地区分了孟姜女故事的"历史系统"与"地域系统"，他明确地称之为"纵的系统"与"横的系统"。显然，开展历史与地理维度的比较研究，其基本的前提是大量地占有文献材料；而历史与地理维度的比较研究也不是研究的最终目标，至少在越来越追求"学问"之专业化的顾先生那里，获得某种知识体系才是他的最高目标。他说：

> 如能把各处的材料都收集到，必可借了这一个故事，帮助我们把各地交通的路径，文化迁流的系统，宗教的势力，民众的艺术……得到一个较清楚的了解。①

尽管顾先生自叹材料尚不够完备，但他仍然努力地从已经获得的材料里归纳出某些初步的"规则性"的结论。比如，他尝试着从历史发展的文化政治中心来勾勒故事的变迁与转移，从文化思潮的转变来解释故事中母题转变的前后关系，从流传地来分析故事中风俗的转移。此外，他也强调了民众的感情与想象的需求等问题。顾先生无疑在这些方面收获了重要的成果。

多年之后，顾先生说，"虽然从五四运动以来，搞了些民间文学，但因为受了当时胡适派以及清代朴学家的影响，只想从民间文学里做考据工作，因而走上了岔道"②。他还说过，"考据原即是研究学问的方法，无论研究什么学问，就是实做某种学问的考据工作"③。由此可见，尽管顾先生兴许并不喜欢别

---

① 顾颉刚. 顾颉刚全集（15）[M]. 北京：中华书局，2011：63.
② 顾颉刚. 顾颉刚全集（14）[M]. 北京：中华书局，2011：384.
③ 顾颉刚. 顾颉刚全集（15）[M]. 北京：中华书局，2011：90.

人称他为"考据家",但"考据"本身对于"学问"的重要性,他是完全推崇的。众所周知,顾先生对于自己的研究方法是有高度自觉的,他说:

> 我的工作,无论用新式的话说为分析、归纳、分类、比较、科学方法,或者用旧式的话说为考据、思辨、博贯、综覈、实事求是,我总是这一个态度。我确信这一态度是做无论何种学问都不可少的,希望在这一个态度上得和有志研究学问的人相互观摩,给专事空谈的人以一种教训。①

"这一态度"就是被众多民俗学家极力称道的"科学方法"——搜集材料与系统分析——它构成了顾先生的"学问"观。凡是认同这一态度的便是"同志",否则就是"专事空谈的人"(在顾先生眼里,鲁迅先生便在此列)②。当有关"学问"的意识被提升到某种高度时,顾先生"民众文化"的思想观念便被降格为某种有关"民众文化"的知识,研究者也就从启蒙主义知识分子转变为现代学院派学者了。

三、重估顾颉刚先生的研究成果

继承与发扬顾先生的学术遗产与思想精神,除了公允地评价他的历史贡献之外,还应该为发展学术研究计议,深究他的"未竟之志",检讨他的"不周之处",面向未来,开拓进取。

(1)从思想观念的层面来看,如前所述,在一百多年前,顾先生有关"民众(文化)"的思想观念不可谓不先进,事实上它也的确产生了革命性的影响。而且,他甚至还发表过这样更具有革命性的言论,他说,"'伪道学'何以成为一句通行的谚语?只为想做道学家的非矫揉造作便做不像。我们要

---

① 顾颉刚.顾颉刚全集(15)[M].北京:中华书局,2011:90.
② 王富仁.鲁迅与顾颉刚[M].北京:商务印书馆,2018:241.

堂堂地做个人，为什么甘愿在作伪的世界中打圈子！"①

"堂堂地做个人"这样的表述，已经上升到哲学人类学的高度。但是，顾先生并没有深究"做个人"究竟意味着什么。从这个意义上说，顾先生显然并不是一位五四运动时期的"启蒙思想家"，而只是一位认同与宣传"启蒙思想"的学者。具体来说，就是为了反抗封建专制主义的腐朽思想，质疑"圣贤文化"的虚伪与作假，进而宣扬"民众文化"的概念。如前所述，他倡导大家关注民众生活，努力理解"民众"，并试图通过阐发"民众文化"的价值与意义来启蒙"民众"。但"圣贤文化与民众文化"，作为"旧文化"，如何通过研究与分析而创造出"新文化"，则又不在他规划的研究范围之内。他说：

> 我在此郑重声明一句话：我们民俗学会同人是只管"知"而不管"行"的，所以一件事实的美丑善恶同我们没有关系，我们的职务不过说明这一件事实而已。但是政治家要发扬民族精神，教育家要改良风俗，都可以从我们这里取材料去，由他们别择了应用。②

这里权且不论"知"与"行"是否可以截然分开，也不论顾先生自己是否真的遵守他的声明，我们只从理论上来判断的话，显然，要想把"求实"与"致用"区分开来，民俗学家只有暂时（或者永远）把"民众"及"民俗"区分开来，才有可能办得到。顾先生自己正是通过把"求实"与"致用"相对地区分开来，才把圣贤文化与民间文化给对象化了。

这种对象化、客体化地处理材料的方法，是现代学院派学者追求学术独立的前提条件。这个时候我们不难发现，顾先生的具体工作距离他的"口号"中的"民众文化"越发遥远了。当然，失之东隅，收之桑榆，他通过他的"科学方法"，成功地变成了一位职业化的历史学家、一位以高深学问立身的学术大师。这个时候，他的研究工作，如他所说，一来只是为了好玩与有趣；

---

① 顾颉刚. 顾颉刚全集（15）[M]. 北京：中华书局，2011：574.
② 顾颉刚. 顾颉刚全集（14）[M]. 北京：中华书局，2011：360.

二来是为了证明"学问"的不容易①,也就是"为学术而学术"了②。

（2）从研究方法的层面来看,首先,如前所述,顾先生从来没有关注过"文本化"的问题。既然顾先生以及他那个时代的几乎所有学者,都把民间文学作为"真切的材料"本身,那就意味着,尽管他们当然知道,这些所谓的"民间文学"的真实存在形式并不是僵死的"书面文字",但他们还是在有意无意之间,用"民间文学"的概念取代了"口头（艺术）传统"。这一术语层面的置换,一方面,使他从来没有把"民间文学"（吴歌与孟姜女故事）的真实存在形式作为考察的对象,即他从来没有关注过讲述者与歌手,更没有关注过听众与语境③;另一方面,也使他不可能自我反思性地考察自身的"在场",不可能反思自己如何影响了这些"民间文学"的表演,更不可能反思自己是如何用"文字"媒介取代了"口头"媒介。

其次,顾先生在历史-地理两个维度之上开展的比较研究,基本上是一种站在局外人立场之上的、外在联系的建构与排列,我们可以把这种联系称为"机械关联",它与地方民众在讲述行为中,从内在需要出发所建立的"有机关联"相对立。在顾先生那里,同一主题之下不同材料之间,全凭文字之"信息"维度上传递的意义而被联系在一起。由于前述所谓"文字中心主义"的固有局限性,顾先生可依据的材料基本上只剩下了"信息"的维度,至于讲述者之表达性的意义、信息表达形式之诗性的意义、语境内含的意义,听众之认识的、实践的、修辞的、劝说的意义等,都基本上未被留意。总之,"眼光向下",努力要关注"民众文化"的顾先生,实际上基本没有留意"民

---

① 顾颉刚.顾颉刚全集（15）[M].北京:中华书局,2011:89-90.
② 顾潮.顾颉刚学记[M].北京:生活·读书·新知三联书店,2002:277.文中特别表彰了顾先生"为学术而学术"的思想观念,但也看到了它与"为人生、为社会而学术"的观念之间的辩证关系。
③ 顾颉刚.顾颉刚全集（15）[M].北京:中华书局,2011:68.顾先生曾说:"我们可以知道一件故事虽是微小,但一样地随顺了文化中心而迁流,承受了各时各地的时势和风俗而改变,凭借了民众的情感和想象而发展。我们又可以知道,它变成的各种不同的面目,有的是单纯地随着说者的意念的,有的是随着说者的解释的要求的。我们就这件故事的意义上回看过去,又可以明了它的各种背景和替它立出主张的各种社会的需要。"这样的表述在顾先生的研究中十分罕见。（着重号为笔者所加。）

众文化"的主体。相反,他自信满满地去代表他们,表征他们的文化,把他们的口头讲述转化为民间文学。换句话说,顾先生固然是"到民间去"了,但身在民间的他,本质上仍然是一位"学问家",是一位文字中心主义者,"眼光向下"却"目中无'人(民众)'",他只能看到、搜集到他所珍爱的、熟悉的、可以得心应手地处理的文字。他不知道,他所做的孟姜女故事之历史与地理的比较研究,并不是地方民众的知识,而是他自己建构起来的知识。在地方民众当中,在他们的讲述者那里,"孟姜女的故事"也许并不会与"杞梁妻的故事"产生什么联系,山东莒城的孟姜女故事与陕西同州的孟姜女故事也不可能有任何的混淆。

在研究孟姜女故事的时候,顾先生自以为可以区别于之前的学者,认为他的比较研究并没有胶着于故事之"固定的体"[1],其学术视野与格局也的确较"从前的学者"更为开阔,但是,在固守文字中心的立场上,他与他们并没有本质的区别。

然后,正因为顾先生站在文字中心主义的立场上,所以他有时候无法分辨一个特定文本的性质。在研究孟姜女故事的时候,郭绍虞与钟敬文都注意到,某些故事文本乃是文人遐想所造的。郭先生还列举郭沫若创作故事剧一事予以说明[2]。这就是说,某些故事文本可能全部是文人的记述,在"著作权"的问题上,它们与民众实在并不相干。钟先生也相当敏锐地注意到类似的情况,并特别指出"民俗作家"这一群体。[3] 显然,两位先生都质疑顾先生所应用材料的"民众性",实际上就是质疑孟姜女故事的"民众性",进而从根本上质疑"圣贤文化与民众文化"之间的二元对立关系。然而,顾先生却并没有严肃地面对这一质疑,今天看起来,他提出的反驳理由并不充分,他说:

---

[1] 顾颉刚.顾颉刚全集(15)[M].北京:中华书局,2011:65.顾先生说:"但现在我们搜集了许多证据,大家就可以明白了:故事是没有固定的体的,故事的体便在前后左右的种种变化上。"
[2] 顾颉刚.顾颉刚全集(15)[M].北京:中华书局,2011:165.
[3] 顾颉刚.顾颉刚全集(15)[M].北京:中华书局,2011:196.

郭绍虞先生所说的"传说的转变多由于文人虚构的作品风行以后的影响"的话,我不能完全承认。一来是中国的文人最不敢虚构事实来变更传说,因为他们对于描写事实本来不感兴味,而且信古之念甚深,也不敢随情创造。二来是纯出于文人虚构的作品,决不会造成很大的影响。一种传说的成立,全由于民众的意想的结集;它的所以风行,也全由于民众的同情的倾注。①

这里,一个"不敢",一个"不会",两个判断都太过绝对。前者忽视了民众文化从"圣贤文化"传播与接受而来的可能性;后者则否定了民众文化与圣贤文化之间相互借鉴、相互交流的复杂性。当然,顾先生在这个问题上并没有坚持己见,在另一篇文章中,他说:

我们的成绩依然是限于书本的。书本虽博涉,总是士大夫们的"孟姜女"。孟姜女的故事,本不是士大夫们造成的,乃是民众们一层一层地造成之后而给士大夫们借去使用的。幸赖诸同志的指示,使我得见各地方的民众传说的本来面目。必须多看民众传说的本来面目,才说得上研究故事。②

上引两段文字,明显反映了顾先生观点的矛盾,那么,他所谓"民众传说的本来面目"指的是什么?当年,钟先生是顾先生研究工作与学术口号最积极的响应者。为了回应顾先生博收民众传说的号召,他亲自去询问朋友此一传说,而他的朋友只是"报告"了这则传说。钟先生也没有特别关注过"报告"的方式,只是关注了报告的信息或者内容。③由此可见,那时不唯顾先生是文字中心主义者。反过来,顾先生在称赞钟先生的调查工作时说:"钟先生要到潮州去搜集歌本曲册,我们十分佩服他的精神,更十分祝颂他的成

---

① 顾颉刚. 顾颉刚全集(15)[M]. 北京:中华书局,2011:197–198.
② 顾颉刚. 顾颉刚全集(15)[M]. 北京:中华书局,2011:155–156.
③ 顾颉刚. 顾颉刚全集(15)[M]. 北京:中华书局,2011:158.

功！"① 我们注意到，钟先生并不是去访问歌手们怎么唱，而是去"搜集歌本曲册"。可是，"歌本曲册"可能同时内含"民众、士大夫以及民俗作家"的创造，全部算作"民俗文化"总是不确当的。

最后，在不拘一格地应用材料进行比较研究的过程中，顾先生不只对材料的来源不做细致的分辨，也不重视不同材料的"文体"特征。仅就孟姜女故事而言，它存在于不同的文类或介质，比如歌谣、故事、传说、春调、宝卷、戏曲、小说、诗文、图画、正史、县志、碑文、游戏、星相等当中。从理论上讲，不同的文类与介质会带有其自身独特的交流信道、符码、语境、传播者与接受者，这些因素会建构其所要交流的"信息"内容。因此，在应用这些不同的文类与介质时，人们不能不从整体上来考察它们各自交流"信息"的特殊性，而不能一概地仅仅关注其"信息"的维度。

但是，非常明显，作为一名历史学家，正如刘半农先生所评价的那样，顾先生是"用第一等史学家的眼光与手段来研究这故事"②的。尽管他区别于他的前辈学者的地方，就在于他注意到"传说（故事）与历史"的差异。为了讲清楚"传说（故事）与历史"的区别，顾先生应用了不同的材料，这些材料分属不同的文类与介质，顾先生固然是成功地区分了传说与历史，但他是以牺牲这些材料的内在的复杂性为前提的。在极端的情况下，如果我们忽略了文类与介质的差异性，就有可能把历史当作神话传说；相反，当我们把神话传说当作历史来解释时，就有可能胶柱鼓瑟③。

而且，特别值得注意的是，与当时其他歌谣搜集者与研究者不同，顾先生并不是一个本质主义者。当他们强调歌谣的"民间性"，即强调民间文学与

---

① 顾颉刚. 顾颉刚全集（15）[M]. 北京：中华书局，2011：179.
② 顾颉刚. 顾颉刚全集（15）[M]. 北京：中华书局，2011：173.
③ 顾颉刚. 顾颉刚全集（14）[M]. 北京：中华书局，2011：218-219. 当然，顾先生并不是不知道材料中文类与介质的差别。事实上，早在搜集吴歌的阶段，他就注意到这个问题。他熟知苏州本地众多民间艺术的表演类型。在《〈吴歈集录〉的序》里，他罗列了二十种苏州唱歌的种类，分别描述了它们的类型特征与表演的主体，并介绍了自己搜集其中五种类型的原因。

俗文学之间的区别时，他却看到了二者之间的交互关系[1]。当时，"北大同人"强调歌谣区别于唱本，更多是从其艺术性的层面来强调的，因为歌谣被看作妇人孺子的真性情的体现；顾先生强调歌谣与唱本、民间戏曲的类似性，则更多是从其思想性的层面来强调的，因为它们之所以能够普遍流传，正是因为它们都反映了"民众生活"，尽管它们可能出自下等文人之手，而这些人只不过是一些略识字的男子。在顾先生那里，他们亦是"民众"的一部分，与"士大夫阶级"相对。显然，顾先生太过轻视"文字"的力量了，下等文人到底是更加认同民众，还是更加认同士大夫阶级，有待进一步考证。然而正是在强调"民间文学与俗文学"中诸文类与介质之类似性时，顾先生忽略了它们存在形式上的差异性。

既然顾先生的材料来自书面记录文本，而不是他亲自从口头讲述中转写来的总体的材料，也就是说，他并没有关注"初级文本化"与"次级文本化"的过程；而且，既然最简单的文本记录也至少是粗通文字的下等文人的记录，那么这里面就不可能不染上他们的意图与思想，所以，顾先生从这一传说中分析出的孟姜女的"失礼"与"知礼"的矛盾，到底有多少是"民众"的意思，实在是很难讲的[2]。

总之，重新评估顾先生的民俗学遗产，并不是要自不量力地去贬低顾先生的学术成就，而是要在新的历史条件下，进一步明确顾先生的杰出成就与历史局限，以便更好地发展先贤的事业。

顾先生说："'世界是进步的'，将来我们的新世界当然要看做旧世界呵！"[3] 诚哉斯言！

---

[1] 顾颉刚.顾颉刚全集（14）[M].北京：中华书局，2011：289.

[2] 顾颉刚.顾颉刚全集（15）[M].北京：中华书局，2011：68.顾先生说："我们只要一看书本碑碣中的记载，便可见出两败俱伤的痕迹；倒不如通行于民众社会的唱本口说保存得一个没有分裂的人格了。"

[3] 顾颉刚.顾颉刚全集（15）[M].北京：中华书局，2011：155.

超越"口头艺术"的边界[*]
——"表演研究"与面向未来的民俗学

从 19 世纪中叶[①]到 20 世纪中叶,欧美民俗学的研究框架与理论方法并没有发生根本性的变化,科学的、实证主义的研究范式一直都是欧美民俗学的主流。与此同时,浪漫的、民族主义的思潮助推了全球民族解放运动,而德国民俗学却堕落成法西斯主义的帮凶。[②] 20 世纪中叶以后,美国民俗学家努力推动民俗学成长为一门现代意义的学科,他们融会贯通了国际民俗学的前沿成果,创造了全新的民俗学理论观念与研究方法,最终促成民俗学研究范式的更新[③],提出"表演"这个核心概念。

作为一种研究范式,口头艺术的"表演研究"蕴含着深刻的阐释力。本文试图重新界定"表演"的概念,把"口头艺术"的表演研究理念拓展到民众日常生活实践的广阔领域中去。在全球迁移与数字传播的时代语境下,"表

---

[*] 本文原载于《民族艺术》2022 年第 6 期,收入本书时有改动。

[①] 1846 年,英国学者威廉·约翰·汤姆斯(William John Thoms)创造了"民俗(Folklore)"一词,用以取代英语中所谓"大众的古物与文学"(popular antiquities and literature),标志着现代学科意义上的"民俗学"的诞生。

[②] GIUSEPPE C. The history of folklore in Europe [M]. Philadelphia: Institute of The Study of Human Issues, 1981; DORSON R. Folklore and fakelore: essays toward a discipline of folk studies [M]. Cambridge: Mass, 1976; JAMES D, LIXFELD H. The nazification of an academic discipline: folklore in the third reich [M]. Bloomington and Indianapolis: Indiana University Press, 1994.

[③] BRONNER J. American folklore studies: an intellectual history [M]. Lawrence: Kans, 1986; ZUMWALT L. American folklore scholarship [M]. Bloomington: Ind, 1988.

演研究"不仅使民俗学摆脱了面向过去的学科传统,而且超越了事象指向的研究方式。它强调立足于文化传统、面向理想未来的实践主体("民众")及其当下的"表演"。

一、行为科学与美国民俗学的范式转型

20世纪60年代前后,受乔治·赫伯特·米德、欧文·戈夫曼以及肯尼斯·伯克等人的行为主义理论的影响,美国民俗学家强调通过"艺术行为"而不是"艺术形式"的概念来理解与"口头(民间)艺术"相关的问题。"行为"显然是一个更中立的概念,带有浓厚的社会科学的味道。在哲学层面,它区别于本体论的概念"存在(being)",指向人类的生存"行动(doing)"。在最宽泛的意义上,人类一切面对自然、社会与自我而作出的反应都可以称作"行为(behavior)"。显然,向来为民俗学家所熟悉的概念,比如劳作、技艺、表现、交流、互动、表演、讲述等都属于"行为主义"的概念范畴。

在美国民俗学的行为主义思潮中,丹·本－阿默斯为"民俗"所下的定义——"小群体内的艺术性交流"——最有代表性[1]。"小群体"意味着面对面交流的可能性,"艺术性"强调了民俗行为或者文本的诗性品质,"交流"指向了人际传承与互动的过程。显然,阿默斯试图从"行为"的大范畴中分离出专属于民俗学的对象性内容来,这个特定的亚类型就是"艺术行为"。在阿默斯的界定中,"艺术行为"具有某种象征的意义,这种象征的意义与特定民俗事象的内容无关,而与其发生的方式及时空语境有关。

阿默斯界定"民俗"的努力引发了美国民俗学界新旧两代民俗学家之间的争论,以阿兰·邓迪斯、阿默斯、罗格·亚伯拉罕以及理查德·鲍曼为代表的年轻民俗家发现:前辈民俗学家普遍地要么拒斥理论,要么盲从理论[2]。

---

[1] PAREDES A, BAUMAN R. Toward new perspectives in folklore [M]. Austin: Tex, 1972: 3-15. 事实上,早在1967年,在多伦多召开的美国民俗学年会上,丹·本－阿默斯就发表了题为《民俗:再一次定义的游戏》的报告。

[2] PAREDES A. Foreword [J]. Journal of American folklore, 1971(331): 3.

对于他们来说，理论与其说是良好的方法论基础，不如说是一种情绪化的偏见。当一种新的理论出现时，他们往往会把它的倡导者视若神明，随后，当研究经验显示这些理论不能回答所有问题时，它又会被完全抛弃，然后他们会迅速地寻找另一种理论。这种恶性循环一再继续。也许正是由于这一原因，年轻的美国民俗学家认为，民俗学界少有有意义的学术对话与学术进步。

正是出于对上述研究状况的不满，理查德·鲍曼与阿莫里科·帕里戴斯结集出版了《走向民俗学的新观点》论文集。文集中的作者们并没有形成一个学派，但是他们的研究却显示了一种明显的趋势，即倾向于在一个特定的语境中界定民俗。他们并不打算提出一种普遍的理论，而是试图提出有效的方法论与分析的工具，从而界定民俗学的研究领域，提供解决问题的手段。可是，研究民俗"事象"的前辈学者却认为，民俗学家只要从事民俗研究就可以了，根本不需要玩下定义的游戏。

年轻的民俗学家对这种观点颇不以为然。他们转而支持阿默斯重新界定民俗学的尝试。阿默斯并不是在讨论民俗事象，他也没有把自己置身于"事象"指向的民俗学家的行列中。他的理论贡献在于：民俗可以按照交流性的过程与行为来考察。他或多或少是在提倡并推进一种行为研究的观念，因此打开了民俗学的行为科学的道路。

民俗学的行为科学指的是什么？"行为科学意味着投入更多的精力来搜集反映个体或者小群体的直接行为的原始材料；这与社会科学中某些更加注重群体性的、间接的与记录的材料的工作相区别"[1]。比如，它区别于历史学与文学。事实上，即使人类学派民俗学的研究工作，也极少采用行为科学的观点，大部分研究仍然是"事象"指向的。换句话说，它区别于欧美民俗学传统上主流的研究方法，是一种全新的研究策略与研究方法。[2]

在行为科学的指导之下，鲍曼进一步把"民俗"沿着二元对立的方向界

---

[1] BAUMAN R. Toward a behavioral theory of folklore，a reply to Roger Welsch [J]. Journal of American folklore，1969（82）：167.
[2] BRONNER S. J. Folklore and the behavioral sciences [J]. Anthropoes，1984（79）：251.

定为:"一种表达性的、非偶然性的、人际交流。"①(区别于其他实践性的、偶然性的与媒介化的交流)这为民俗研究提供了一种分析性的观点,为民俗学开展跨学科交流提供了理论基础。显然,鲍曼的相关界定与阿默斯的界定具有高度的相似性与共通性。

在《作为表演的口头艺术》一书中,鲍曼强调"表演研究"的对象是"口头艺术"。一方面,它是民俗学研究的重要对象与核心范畴;另一方面,它又是人类学与其他相关学术领域学者共享的概念。他与他的几位同仁都对"人类存在的审美维度"②感兴趣,致力于研究与欣赏"社会生活中的艺术行为"。他综合了来自人类学(尤其是语言人类学)、语言学(尤其是社会语言学)、文学批评、民俗学以及其他领域的观点,从而提出以"表演"为中心的方法来分析"口头艺术"。鲍曼在许多地方都明确地表示,他的"表演"的概念直接来自戴尔·海姆斯的"语言人类学"③,在海姆斯那里,"表演"是一种讲述的形式,人类正是通过作为"表演"的语言讲述,艺术性地开展社会与文化生活的。

鲍曼所谓"表演"的概念包含双重意义:一方面,它指的是艺术性的"行为(action)";另一方面,它指的是艺术性的"事件(event)"。作为一种"行为",它指的是民俗实践行为本身;作为一种"事件",它指的是民俗实践得以发生的背景情境,包括表演者、艺术形式、听众以及时空背景等。总之,口头艺术的表演被看作一种特殊的交流行为:一方面,这种口头艺术限定了讲述者的讲述方式与技巧;另一方面,讲述者依据语境与对象,创造性地表演口头艺术。正像鲍曼清晰地意识到的那样,"表演"这个概念扭转了民俗学"向后看"的学科惯性,使之不再仅仅关注"残留的文化",转而关注"呈现

---

① BAUMAN R. Toward a behavioral theory of folklore. a reply to Roger Welsch [J]. Journal of American folklore,1969(82):169.
② BAUMAN R. Verbal art as performance, prospect heights [M]. IL: Waveland Press, 1984: 7.
③ 阿默斯与鲍曼都深受海姆斯早期有关"交流的民族志"思想的影响,后来,海姆斯把"交流"的概念简化为"讲述",而鲍曼则结合讲述的民族志与民俗学的传统,把"讲述"的概念进一步聚焦于"表演"的概念。

性的（emergent）文化"。事实上，"表演"的研究框架使得口头艺术中的"传统、实践与呈现性"关联在一起。

鲍曼在《走向民俗学的新观点》序言中说，他的总体意图是把作为"事象"的民俗研究转向作为"事件"的民俗研究，尤其强调要把"表演"作为研究工作的一个组织性的原则。"表演"的概念性框架包含"艺术行为、表达形式与美学反应"的整体，应按照地方性的界定、文化的特殊性类型与语境予以理解。①"新观点"反对普遍主义，而强调地方性的千差万别，强调描述的精确性以及阐释的重要性，因为民俗学的目的并不仅仅是描述，还要把口头艺术的"形式、功能与表演"三个方面结合起来进行分析。

事实上，口头艺术的"表演研究"的学术意图还不止于此。当时，年轻的民俗学家在反思传统民俗学后发现：传统的民俗学也有自己的研究方法，在某些情况下，这意味着一种研究方法主导整个领域，比如芬兰历史-地理学派的研究方法。在另一些情况下，人们甚至可以分辨出多种理论的脉络来，比如文学的、人类学的、心理学的以及语言学的。在学术交流的时候，来自不同学科的学者还会坐在一起，但他们之所以能坐在一起，是因为他们都对某些表达性的现象（语言艺术或者民俗事象）感兴趣，尽管他们在研究方法与切入视角上各不相同。新一代民俗学家对这一混乱的状况深为不满，他们试图提供一种新的研究范式，以促使民俗学获得学科理论与研究方法的一贯性。

二、"口头艺术"之表演研究的批评与反思

自《作为表演的口头艺术》发表以来，一直到20世纪末，无论美国民俗学界客观上存在着多少种不同的理论主张与研究方法，客观上说，"表演"的概念与理论仍然是其中最重要的研究范式，它所产生的跨学科的、跨国界的

---

① PAREDES A，BAUMAN R. Toward new perspectives in folklore [M]. Austin：University of Texas Press，1971.

影响力为民俗学带来了国际性的声誉。

单从民俗学理论发展的角度来说,表演研究超越文本研究之处在于:它不再是一种宏大叙事的、推测性的、局外视角的、本质主义的研究范式,换言之,民俗学不再把民俗"作为超有机体的传统",而是"作为交流行为"①。它关注民俗的存在,或者关注民俗的表演,在经验的层面上把握民俗,按照知识在社会关系当中的真实位置——交流互动中——考察民俗的社会基础。

但是,口头艺术的"表演研究"至少受到了如下数种重要的质疑与批评:

第一,如果仅仅从语境的层面描述与分析特定口头艺术的"表演",那么,如何处理该"表演"与"非表演"之间的关系?

第二,如何处理当下的、具体的口头艺术的"表演"与该"表演"的历史传统之间的联系?

第三,特定的口头艺术"表演"如何与广泛的社会关系、社会结构联系在一起?

第四,"表演"研究如何能超越"口头艺术"的边界,成为一种广泛适用于民众日常生活实践(包括社会组织与物质民俗)的民俗学理论?

第五,口头艺术的"表演"研究是否太过于强调表演者的"创造性"而偏离了民俗传统的传承性?

第六,在一个全球散居、网络互联与快速移动的时代,"表演"的概念是否还具有适用性?

事实上,早在 20 世纪 90 年代初,鲍曼就已经创造性地回答了上面提及的前三个问题,极大地增强了口头艺术的表演研究与其他人文社会科学研究之间的联系。

如前所述,当鲍曼把表演区分为"艺术行为"与"艺术事件"的时候,这两个术语已经含有"动态性"的意味,意味着口头艺术的表演是一种整体性的、呈现性的社会行为。为了更清晰地强调"表演"的"呈现性的"特

---

① BAUMAN R. Differential identity and the social base of folklore [J]. Journal of American folklore, 1971 (331): 33.

质，鲍曼与布瑞格斯创造性地提出了"语境化（contextualization）"与"文本化（entextualization）"这两个重要的术语，细致地分析了表演之动态的、建构的特征。所谓"语境化"意味着语境并不是客观的、外在的情境，不是研究者可以从局外人的立场进行客观的描述的外在因素，而是口头艺术的参与者在表演过程中创造性地呈现出来的因素[①]。"语境化"的概念使民俗学家意识到口头艺术与语境密不可分；这就意味着，口头艺术是在不同的语境中被不断地表演着的，每一次表演都是一个连续地"去/再语境化（de/re-contextualization）"的行为。而"文本化"的概念描述了口头艺术的表演中相互关联的两个过程：一方面，它指的是表演者要把头脑中记忆的"思维文本（mental text）"创造性地展演在观众面前，即"初级文本化"；另一方面，它指的是口头艺术的研究者要把特定的口头艺术表演转写为文字文本，即"次级文本化"。"表演"意味着"语境化"，而"去语境化（de-contextualization）"也意味着"再语境化（re-contextualization）"，口头艺术的"去/再语境化"是同一个过程的两个侧面。而从另一个角度来说，"语境化"又意味着"文本化"。

"去/再语境化"与"文本化"的过程涉及口头艺术表演者的能动性问题：它从之前的语境当中继承或者扬弃了什么；在口头艺术之形式、功能与意义层面做了何种变化；在语音、语法、讲述风格、类型层面有何种改变；其显在的与潜在的功能有什么变化；所关涉的人、时间、空间标记有什么不同；不同的语言与媒介的介入又带来了何种不同，如此等等。不难发现，"去/再语境化"这个口头艺术的文本是一种控制行为，这种控制行为的不同表演产生了社会权力的问题。"去/再语境化"与"文本化"又都是文化地建构

---

① "表演的民族志"聚焦于民族志得以发生的对话性基础，它发现了民族志对话中的交流性问题，意识到民族志遭遇中表演的问题，反思了实证主义民族志的偏见。参见：PAREDES A，BAUMAN R. Folklore and culture on the texas-mexican border [M]. Austin: University of Texas Press,1993: 21. 更加清晰的表述可参见：CONQUERGOOD D，JOHNSON P. Cultural struggles: performance, ethnography, praxis.[M]. Ann Arbor: University of Michigan Press, 2013: 16.

的、社会地形成的，是通过意识形态维护的，它们相应地可能是因文化而异的，是社会或文化地给定的。

"去/再语境化"与"文本化"这两个概念，在如下三个维度上推进了表演研究的核心观念：(1)在口头艺术之表演的历史维度上，它们把特定的讲述事件嫁接到具有历史关联的体系当中，从而建构了一种表演的历史谱系；(2)在微观的社会交流与宏观的社会结构之间，它们把口头艺术的情境化表演与更大的社会结构关联在一起，尤其是与权力结构、价值体系的维护（或者抵制）联系起来了；(3)在表演与非表演的关系上，它们把口头艺术的表演与语言使用的其他模式——指涉、引述、评价、报告、回顾、再现——关联起来了。总之，这些概念使表演研究者既在讲述事件之内，又超越讲述事件本身，考察口头艺术的讲述行为与讲述事件在社会生活的生产与再生产过程当中被能动地使用的机制。①

"类型（Genre）"是民俗学的核心概念之一，也是表演研究基本的关注对象，因为所有口头艺术的讲述都与类型的形式特征及其应用有关。鲍曼与布瑞格斯从动态的视角出发，探讨"类型"与"讲述行为、讲述事件、讲述风格与框架"之间的关系。受巴赫金所谓"互文性""超语言学"理论的启发，两位作者强调"类型"与不同群体，比如性别、年龄、社会阶级、职业等的关联性，分析"类型"与讲述者之身份与权力的协商问题，即人们通过能动地应用某种特定的讲述类型，潜在地（或者公开地）建构某种权力关系。显然，任何特定的言说都与"类型"的模型存在关系，都会与"类型"建立某种"互文性（Intertextuality）"的关系。人们要么通过缩小讲述行为与"类型"之间的差距，维持讲述行为的高度保守性；要么相反，通过扩大讲述行为与"类型"之间的差距，强调个体讲述的创造性与革新性，从而达到抵制霸权的目的。类型的互文性策略的选择是由意识形态促动的，它们与社会的、文化的、政治经济的、历史的因素密切相关。民俗学者以描述特定群体的"民族

---

① BAUMAN R，BRIGGS L. Poetics and performance as critical perspectives on language and social life [J]. Annual review of anthropology，1990（19）：59-88.

类型"的情境化使用模式为使命,然而,在这一研究工作中,他们要冒着双重神秘化的危险:一是他们可能无法辨析民族群体的意识形态与权力安排,二是有意无意间掩盖自己对于类型的修辞性使用。在前一种情况下,民俗学者可能会对民众的口头艺术类型视而不见;在后一种情况下,民俗学者可能会对自身的研究工作——包括田野作业与民族志的撰写——中诗学类型的存在视若无睹。显然,民俗学有关类型的研究,反思性地关注到了学科自身的意识形态、权力话语与学术实践的总体问题。①

借助于"去/再语境化""文本化""类型的文本间性"等术语,鲍曼与布瑞格斯超越了1970年代口头艺术"表演研究"的初始目标,不再只是描述与分析特定讲述群体的独特的口头文化现象,而且深入开掘了"表演"——同时作为"艺术行为"与"艺术事件"——的内在潜力,即"表演"内含着表演者与观众基于口头艺术的连续的互动,从而建构事件并反作用于自身的过程。表演者与观众从属于特定的社会阶层,口头艺术从属于特定的文化传统类型,艺术交流事件本身从属于社会交往的洪流。总之,"表演"这一关键词可以纵横延伸,把行动者、社会关系与结构、文化传统等要素结合起来,蕴含着极强的阐释力。

三、表演的广谱与面向未来的民俗学

到20世纪末,"表演"已经成为美国新民俗学最重要的关键词,它不仅为口头艺术的研究提供了框架,还为理解人类行为与经验之总体提供了可能。然而,对于这一理论概念的批评与质疑的声音也不绝如缕,其中重要的批评如前文所述:一是质疑它的适用范围;二是质疑它忽略了民俗传统本身的持久性;三是质疑它在新媒介时代的适用性。此外,还有批评它缺乏概括性②、

---

① BRIGGS L,BAUMAN R. Genre,intertextuality and social power [J]. Journal of linguistic anthropology,1992(2):131-172.
② BRONNER J. Toward a definition of folklore in practice [J]. Cultural analysis,2016(15):11.

不够宏大、不够理论化①等意见。

那么首先，表演研究仅仅适用于"口头艺术"的领域吗？在《作为表演的口头艺术》一文中，鲍曼的确是集中围绕"口头艺术"来阐释他的"表演"概念的，在那里，鲍曼提供了一个有关"表演"的一般性的界定，即强调表演者与观众之间的责任与义务，以及表演行为与形式本身的突出性。除此而外，在鲍曼看来，一切"作为表演的口头艺术"都是因文化与社会而有差异的，都是需要民族志来记录与呈现的。一切表演行为都受到传统形式的限制，同时，一切表演行为又都是面向当下语境而生成的。鲍曼显然是通过强调"表演"的"生成性"特征，来倡导一种面向当下与未来的新的民俗学。②然而，鲍曼并不认为不可以把其他民俗现象，比如民众生活与物质文化同样当作表演来研究。

毕竟，"口头艺术"仍然是一种艺术，普通人很容易把它与其他"表演艺术"形式关联起来。因为对于普通人来说，当提到"表演"这个概念时，他一定会自然而然地联想到一切人所共知的表演艺术形式，比如戏剧、歌舞表演等。在普通人眼中，这些人类行为"是（is）"表演。但是，"表演研究"的对象远不限于上述通俗意义上的表演艺术形式。受严肃面对莎士比亚的戏剧比喻③的人类学家与社会学家的影响，越来越多的学者发现，仪式与游戏体现出极高的戏剧性与表演性，它们与戏剧之间并没有本质的区别。不仅如此，我们日常生活中具有行为效果的话语讲述、角色身份的扮演等都可以被"作为（as）"表演来理解。以此类推，我们的性别、种族、身份以至一切行为似

---

① DUNDES A. Folkloristics in the twenty-first century [J]. Journal of American folklore，2005（118）：385-408.
② 在鲍曼那里，口头艺术的传统集中体现在"类型"的形式与风格中，类型决定表演的可能性，反过来，表演呈现并转变着类型。"口头艺术"的表演，即表演者对观众承担展示自己交流能力（类型及其表演的传统）的责任，而观众对这种表演的能力作出品评。总之，表演会引起观众对它的特别关注与高度意识。鲍曼的口头艺术的表演研究关注的就是表演行为的"模式性"（传统）与"生成性"（变异）之间的关系。
③ "这世界是一座舞台，所有的男男女女，都只是些演员，一个个到时候该下场了，或者该上场了；一个人的一生扮演了好几种角色呢。"出自莎士比亚. 皆大欢喜［M］. 方平，译. 上海：上海译文出版社，2016：64-65.

乎都可以被作为表演来研究。

当我们循着人类学家维克多·特纳、理查德·谢克纳的逻辑，把人类的日常行为看作一个"广谱（broad spectrum）"的时候，我们发现"表演"的形态是多样的，需要从"连续体（continum）"的角度来观察①：它的一极是"仪式"，另一极是"游戏"。前者倾向于以一种保守的、严格按照传统规则的方式来行事；而后者则倾向于以一种自由的、随机多变的方式展演行为。其他一切行为似乎都以其"传统性－变异性"的程度不同而自然地分布在一个由"仪式－游戏"构成的广谱之间。

"作为"表演来研究的人类日常行为，首先意味着要在"行为与事件"中关注它们，而不是把它们作为静态的、固定不变的"存在（being）"来对待。相反，一切社会现实都被认为是通过"行为"建构出来的；一切社会文化生活的特征都不是永恒不变的，都是在社会与历史的环境中不断地被建构的；任何人所谓的"自然"都是一系列的"表演"，即习得、排练、改编与呈现的过程，是在永动不居的人类行为中"生成（becoming）"的。此外，作为民众日常生活中的"行为与事件"，潜在地意味着其中有开展交流与互动的"行动者"，这些行动者总是借用习得的行为模式从事人际互动与交流。这里所谓"习得的行为"，被理查德·谢克纳定义为"二次行为化的行为（twice-behaved behavior）"或者"被储存的行为（restored behavior）"。其潜在的含义是这些"行为"并非行动者的发明，而是被继承、挪用与转换的文化传统。在某种宽泛的意义上，任何"继承、挪用与转换"的行为都不可避免地是"艺术性的"。换言之，无论在地方传统中某种行为是否是"表演"，作为一个学术概念，"表演"都被解释为一种"被储存的行为"。这意味着它既是传统的，又是创新的，它处于这样一种变动生成的辩证关系当中。

民俗学家关注的核心的研究领域——除口头艺术之外的社会生活与物质文化——自然属于民众的日常生活的范畴，因此也可以被"作为"表演来研

---

① SCHECHNER R. Performance studies: an introduction [M]. London: Routledge, 2002: 38-40.

究，正像民俗学前辈博尔尼女士所说的那样：

> 简言之，民俗包括作为民众精神禀赋（the mental equipment）的组成部分的一切事物，而有别于他们的工艺技术，引起民俗学家注意的，不是耕犁的形状，而是耕田者推犁入土时所举行的仪式；不是渔网和渔叉的构造，而是渔夫入海时所遵守的禁忌；不是桥梁或房屋的建筑术，而是施工时的祭祀以及建筑物使用者的社会生活。①

民俗研究的宗旨在于理解民众的民俗行为与民俗事件，民众的"心理表现"不在静态的民俗事象中，而在民俗行为、事件与过程当中。在这一意义上，把民俗——不只是口头艺术，还包括社会生活与物质文化——"作为"表演来研究不仅是可能的，还是必要的。

其次，"表演研究"是否忽视了民俗传统的持久性影响？在学科传统上，民俗学倾向于关注地方传统中的"文化表演"行为与事件（主要是仪式与游戏），而这些行为与事件都是作为一种"元文化"行为被呈现出来的。尽管它们都呈现为一种非日常的状态，但这些文化表演的行为与事件本身是传统的，所以，传统的研究似乎倾向于把这些表演呈现为不变的、具有本质特征的活动。然而，鲍曼的"表演"概念则试图突破强调民俗之模式性的思维传统，他有意识地突出了表演的"呈现性"特征。

然而，任何"作为"表演的日常生活行为、事件与过程，如上所述，总是同时具有传统性与创造性，既受制于传统的规约，又必须根据当下的语境作出创造性的调整。换句话说，"表演"的行为与事件是一个"传统－创新"的辩证过程。"表演研究"需要观察、描述与分析民俗行为和事件展开的过程，其中预设了"文化传统、社会关系以及个体创造"的辩证逻辑。事实上，按照前述鲍曼与布瑞格斯的研究成果，"传统－创新"的行为是行动者借助文

---

① 博尔尼.民俗学手册[M].程德祺，贺哈定，邹明诚，等译.上海：上海文艺出版社，1995：1.

化传统在社会结构与关系中寻找权力话语和身体认同的动态过程。描述与分析"表演"的结构、过程、功能与体验是"表演研究"的第一要务。

"表演研究"同时还预设了研究者参与观察、深入访谈民众的民俗表演的研究方法。显然，民俗学者与地方民众的互动性行为与过程本身就是一项彻底的"表演"。而意识到田野作业的表演性，使民俗学家对自身研究工作的认识论问题、伦理问题进行了根本性的反思。人类学家德怀特·康克古德提出了"对话性表演（dialogic performance）"的概念，反思了民族志遭遇本身无可避免的政治性与建构性。在田野关系中，既然研究者与被研究者同时参与到创造意义的过程中，那么，诚实的民俗学者就不得不解释他的研究得以开展、知识得以生产、影响得以产生的前提条件与影响因素。

为了更好地澄清田野中研究者与被研究者之间复杂的、竞争性的动态性权力关系，康克古德还提出了"共同的表演性见证（co-performative witnessing）"的新理论。他认为，"当民族志研究者不再作为疏远而分离的观察者，而是亲密地参与、介入历史语境中独特个体的共同活动、共同表演时，研究情境中权力的动态关系就改变了"[1]。一旦田野研究不再是搜集客观的资料，一旦田野资料并不是现成的、前在的与固定的，而是由研究者与被研究者共同建构的，一旦基于共同建构的田野关系之上的民族志研究本身也是一种表演，那么，民俗学就不能不重新阐述其学术目标与学术伦理了。显然，民俗学的研究工作不再是描述与分析客观的民俗事象，田野关系也不再是研究者对于被研究者之假想的相对独立的日常生活的分析与研究，而是建立在相互认可、平等对话、相互包容基础之上的、真正的人际交往，是对普适性

---

[1] CONQUERGOOD D, JOHNSON P. Cultural struggles: performance, ethnography, praxis [M]. Ann Arbor: University of Michigan Press, 2013: 17.

的"责任与自由"观念的实践。① 这种学术伦理及相关实践已经走出了现代性主客二元论的藩篱，转而强调主体之间契约式人际互动的原则，知识的等级关系被主体之间的知识差异关系所取代。在这里，研究者与被研究者是同一知识建构中的参与者，知识的生产被重新定义为无穷的"对话"过程，这是一个不断地再阐释、持续地更新意义与价值的交流的过程。

既然"表演研究"研究的"表演"本身是流动不居的，既然"表演研究"本身建构了"表演"行为，也就意味着"表演研究"假设了"表演"本身的开放性与创造性。在文化表演的研究者看来，一切表演的终极目标都是"转变（transformation）"。人类令人惊叹的能力就是自我创造，即改变或者成为他们庸常中所不是的样子。通过"表演"行为，人类创造、产生、改变、庆祝或者终结某种精神状态、社会地位或者身份，暂时或者永久性地转变它，从而获得一种新的精神状态、社会地位或者身份。既然"表演"本身具有这样的"艺术性"与"创造性"，"表演研究"就不会仅仅是描述与呈现这种特质，而是在分析与批判的前提下，积极地参与并促使这种特征的生成，在遵守普遍性的责任与义务的前提下，向着创建新社会的理想迈进。当民俗学者迈出这一步的时候，学术界流行的劳动分工——理论工作与实践行为之间的人为区隔就被超越了。在这个意义上，"表演研究"指引了未来民俗学的研究方向。

四、全球化时代的表演

如上所述，民俗学的"表演研究"已经把研究的范畴从"口头艺术"扩展到包括仪式、游戏、庆典等一切"文化表演"活动，扩展到包括个体身份

---

① 康克古德的主张似乎还可以避免后现代主义"伦理"观念的"相对化"倾向。在后现代社会，人们的伦理观念渐渐地变得自动化与利己主义化，由于生活在预设的叙事模式与僵硬的行为体系中，人们的道德感降低了。人们只知道用一种纯粹技术的与实用的方式做事，却不再知道自己为什么要这样做。他们的"目标理性"与"实质理性"已经分离了。当工具性的思维与行为主导我们的日常生活时，作为真正对话者的具体的"他者"消失了。后现代主义陶醉于"唯我论"的特定主义，但那只是一种虚幻的自由。

建构的一切"社会表演"活动。在这一扩展过程中，民俗学形成了连贯的理论框架与研究方法。

非常明显，在大多数情况下，"表演研究"都预设了表演的即时性与现场性，然而，在媒介化与全球快速移动的时代，小群体内部面对面的交流与互动似乎越来越不那么重要了。人际交流的媒介化与陌生化是否会使"表演研究"的分析框架变得不相适宜呢？

事实上，无论全球化的势头如何强劲，无论跨文化交流与移动的频率多么频繁，人类总是会以某种特定的方式去行动，媒介技术与交流方式的改变，只是改变了人类行为的模式，却没有改变人类通过行为建构自我身份与社会地位的根本范式。在麦克卢汉所谓"地球村"的时代，原本阻隔人类交流的时间与空间距离，不再是妨碍人际交流的天然障碍，不同文化、社会、经济单元之间的交流——无论是被迫的还是自愿的——都在广泛地发生着，这种人际交流的方式与小群体内部的交流并没有本质的区别，它只是压缩版的小群体交流，只是交流的方式与内容变得更加多元化与异质化而已。

比如，恰恰是因为异质交往的需要，国际以及国内的旅游市场空前地活跃起来了，观光旅游成为全球化时代最重要的人员流动方式之一。为了满足旅游者的窥视欲，各种"本真的"文化与社会生活方式被创作与表演出来。媒体世界甚至创造了更加刺激的网上冲浪的机会，让人们足不出户便可以饱览世界风光与奇风异俗，还可以满足那拂之不去的思乡情结。于是，一切以假想的观众为消费对象的被观看的景观、博物馆、旅游景点、圣地、保留地、主题公园都在努力"表演"。

全球化时代最典型的表演事件莫过于奥林匹克运动会了。从一开始，它就结合了运动赛事、景观、仪式、节日、表演艺术、政治态度以及经济效益等于一身。来自不同国家、拥有不同文化传统的人表演着各自的文化、政治的共识与差异。它的表演场地在某一个城市，但是它的观众遍布全球。奥林匹克运动会是全球化时代"文化表演"的典型代表。

在表演艺术领域，许多艺术家竭力寻找全球文化传统中的不同文化元素，创造性地重构与再造新的艺术"百衲衣"。表演艺术家并不是在扮演外在的角色，而是积极主动地参与创造一种融汇古今、横贯东西的角色。他们期待在异质文化的交流与共存中，创造出融合与混杂的整体，这是一种在相互尊重、互惠互利的基础上进化出来的新的文化共存的状态——在这种跨文化的表演当中进行的是一种协商，来自同一种文化内部与外部的思想和实践被筛选、评估、阐释、重构，以适应复杂的、动态的情境。新的文化的混杂体呈现出新的意义，其协商的过程总是开放的，矛盾与冲突并不会被虚饰，权力关系则会被揭示与嘲讽，变化总是在不间断地发生着。此外，与上述全球化的趋势相反，"在地化"的表演立足于特定社区的文化传统，表演全球化时代地方社区的坚守与困难。

不夸张地说，人类行为的自然癖性是多元选择的、混杂的，这就导致人类行为永恒的创造性与常变不衰，正是通过这种不息的行为之流，人类创造着自身与世界，而"表演研究"的工作，正是探索、理解、刺激、欣赏并创造合意的人类行为。在这个意义上，"表演研究"——作为一种面向未来的民俗学理论——适逢其时。

下 编

挽歌与祭文[*]

——在"类型"的"对话"中表演权力

"挽歌"几乎是一种为世界各族人民所广泛实践的口头民俗类型，劳里·航柯在综合研究了世界各地，尤其是东欧、北欧范围内的"挽歌"传统后提出：

> 挽歌可以从总体上被界定为即兴表演的哀悼性的诗歌，但是，它们遵循着传统的语言表达方式，其主要的表演语境是那些代表人生转捩点的分离仪式。①

航柯发现，尽管世界各地的"挽歌"表演在表演者的角色身份、表演对象、表演方式以及表演语境等方面千差万别，但是，"挽歌"表演的主题与母题范围却十分有限，一般都是悲悼死者的永逝，夸奖死者的功德，抚慰死者的灵魂等。在绝大多数情况下，"挽歌"的表演者都是死者的女性直系亲属，

---

* 本文原载于《民族艺术》2010 年第 2 期，收入本书时有改动。
① LAURI H. Balto-Finnic lament poetry [J]. Studia fennica, 1974 (17): 10. 来自世界各地的民族志材料证明，"挽歌"总是在代表人生转捩点的仪式当中出现的，因此，"挽歌"是最后告别时的诗歌。"挽歌"的艺术感染力既来自表演者的强有力的情感经验，也来自表演者对于诗的敏感性。

尤其是那些年老的寡妇①。在某些地方，还出现了职业化的"挽歌"表演者②。在整个世界范围内，由男性表演"挽歌"的风俗极其罕见，除非是在悲悼亡妻的情况下③。

然而，在山西省柳林县北部的葬礼中，除了"挽歌"表演之外，还普遍地流行着由男性表演"祭文"的风俗，"祭文"包括"序文""哀诗"与"祭歌"三个部分。"祭文"的表演者也是整个葬礼的主持者，当地人称之为"礼生"。葬礼一般邀请四名"礼生"，分别扮演"统赞""引赞""唱赞"与"礼赞"的角色："统赞"负责统筹安排整个仪式活动；"引赞"负责引导死者的亲属行礼如仪；"唱赞"负责编写与演唱"哀诗"与"祭歌"；"礼赞"负责向死者的亲属发出礼节号令。在实际的仪式活动中，四名"礼生"的分工并不一定十分严格，他们往往会交错扮演不同的角色。但是，"礼生"一定是当地有学问、有声望的男性村民，他们熟悉仪式的传统程式，擅长编写与演唱"哀诗"与"祭歌"。

"挽歌"与"祭文"是两种具有明显的类型特征与丰富的情感内涵的表演性口头艺术。"挽歌"是死者的女性亲属的仪式性恸哭；"祭文"是"礼生"对死者直系亲属关于死者的回忆性叙事的一种"诗歌化"的诵唱。换言之，"祭文"引述了死者直系亲属的"叙述"，并把这些散漫的、回忆性的"叙事"转化为适合唱的"诗歌"。在这个意义上，"祭文"是一种异质性的文本，不同

---

① 劳里·航柯认为，"挽歌"最好的表演者是那些年老的妇人，尤其是年老的寡妇。他引述波卡的话说："(寡妇)经历了生命中的阴暗面。人们可以说，那些生活经验教会了她们如何哭泣；她们已经陪伴丈夫或者孩子去过了死者的世界……因此，她们根本不需要努力获得一种悲伤的意识状态，她们的心里早已满是悲伤。""没有谁的挽歌可以像寡妇的挽歌那样催人泪下。"LAURI H. Balto-Finnic lament poetry [J]. Studia fennica, 1974 (17): 26.
② 中国也有类似的现象，笔者在山西省蒲县调查时发现，当地人有雇佣职业化的哭丧者在葬礼上表演地方曲艺《福香哭父》的习俗。田野作业，2000年7月，山西蒲县。
③ 尽管在许多传统当中，男性表演挽歌被认为是奇怪的、不合时宜的，因为"男人用眼泪哭泣，女人才用语言哭泣"。但是，在中国许多地方的曲艺剧目当中，都有《光棍哭妻》的节目，这可以证明，至少在中国的部分地区，在某些特殊的场合当中，男性是被允许表演挽歌的。

的直系亲属的回忆性叙述被不同的"礼生""去语境化"并"再语境化"[①]，进而"文本化"为适合表演的文本。"礼生"创作与演唱"祭文"的过程，既是一种"文本化"与"去/再语境化"的行为，也是不同声音、不同文本"类型"之间"对话"的行为。本文的出发点是强调"挽歌"与"祭文"的表演当中个体的声音与传统的类型之间的关系，以及艺术的、情感的呈现与社会的权力运作之间的相关性。

一、"挽歌"与"祭文"表演的仪式性语境

在晋西柳林县北部的乡村里，"挽歌"与"祭文"的表演是丧礼的重要组成部分，贯穿于整个丧葬仪式的主要场合当中。按照当地葬礼仪式的传统程式，在安葬死者之前的三天里要举行"开吊"仪式，届时死者的远近亲属都会前来吊唁。"挽歌"的表演是死者的女性家属与其他亲属向死者表达哀思与悼念的主要方式；而"祭文"则是"礼生"代表死者的家属与亲属向神灵、死者传情达意的媒介。正是通过这两种艺术性的表演，家族与亲族的结构性关系被仪式化地展演出来。

当地葬礼的吊唁仪式可以分为三部分：仪式开始阶段要"敬神灵"，仪式中间阶段要"祭死者"，仪式结束时要"谢宾朋"。

"敬神灵"的时候，死者的亲属要脱掉孝服，穿上正式的礼服，行"三跪九叩首礼"，以表示对神灵的虔诚与尊敬。"统赞""引赞""唱赞""礼赞"各就其位，各司其事。吊唁开始，首先要"祭风神"，祈求风神保佑丧礼期间风和日丽；其次要"祭菩萨"，祈求菩萨引导死者升入西方极乐世界；再次要"祭土地"，祈求土地爷谅解凡人掘墓修坟带来的惊扰；接着要"祭火德星

[①] BAUMAN R，BRIGGS L. Poetics and performance as critical perspectives on language and social life [J]. Annual review of anthropology，1990（19）：59–88.

君",祈求火德星君保佑死者与生者驱逐邪恶,辟除灾星;然后要"悬塔"①,祈求仙人荐引死者去往西方净土;最后要"拜榜",即拜迎亲友同心协力帮助丧主办理丧事。在所有这些仪式当中,"礼生"都要诵唱"祭文"。"祭文"的基本的表演程式是相同的:首先宣讲"序文",说明丧礼祭祀的时间、"礼生"的姓名与祭祀的对象;然后诵读"哀诗";最后演唱"祭歌"。兹以"祭风神"的仪式性表演为例:

【序文】

维夏历××年×月×日,承祀生××等,谨以香、表、酒、礼之仪,敢昭告于风伯雨师之神位前曰:

【哀诗】

朗朗乾坤,气分阴阳,风伯雨师,我责有常。

滋润大地,澄清天堂,令行禁止,不爽毫芒。

民父发引,诸事繁忙,敢求神祇,以降吉祥。

红日青天,风尘不扬,三日为期,不炎不凉。

神恩浩荡,刻骨铭肠,文不尽意,继以俚歌。

歌曰:(《桂英写信》调)

【祭歌】

小民跪地平,诚心敬神灵,我的父亲不幸归天择吉送坟茔,今日省灵明天祭奠迁柩后早晨,大事未举斋戒沐浴先来祭风神,表虔诚。

丧礼要举行,怕的雨和风,尘土飞扬擦天滑地阴阳两不宁,风伯雨师俯察民意格外要开恩,三日以内晴天不刮一点油油风,神显灵。

谨告尚飨。

---

① 所谓"悬塔",即悬挂"告天纸塔",这是一种用各色彩纸糊制的祭祀用品,当地称为"纸活"。它是用各色彩纸剪成条状,糊在一个个竹圈上,中间不可遗断,呈连环筒状,竖着悬挂于高杆之上。死者寿享多少岁,就糊多少圈,一圈代表一岁。"告天纸塔"的底部垂穗,顶部连以仙鹤,上书"驾鹤西游"的字样。

挽歌与祭文

敬神的"祭文"极少变化，一般是被完整记忆与背诵的。"祭死者"又分为"晚奠""早奠""午奠"与"出殡"四个主要的部分。"拜榜"之后，死者的亲属要在"礼生"的引导下举行"晚奠"仪式。"晚奠"时，死者的亲属要按照与死者的亲疏远近关系，穿上不同等级的丧服，由近而远排列在死者的周围，行"四起八拜官礼"，表达对于死者的悼念与哀思。"晚奠"中"礼生"同样要表演"祭文"，内容多为回忆死者临终时的状况及对儿女们的挂念。次日早晨举行"早奠"仪式，仪式程式与"晚奠"相同，但早奠仪式中的"祭文"表演，内容大多要表达子女对死者的哀思与悲悼，并要汇报丧葬仪式的隆重情况，祈求慰藉死者的心灵。早奠仪式的结束标志着吊唁活动正式开始，这是丧礼当中最复杂的时刻。祭祀的顺序是：堂祭、家族祭、娘家祭、老外祖家祭、女亲祭、外甥祭，这一祭祀的顺序恰好反映了晋西乡村社会亲缘关系的差序格局，反映了"礼制社会"文化传统之深远影响的遗存①。祭祀时，无论是哪一类亲属致祭，凡属这一类亲属的全部成员都要参与，死者的子女要跪在灵柩前答礼。其中，"堂祭"是最受强调的祭礼，这是由死者的儿子（们）致祭的祭礼，所有出席丧礼的亲友都要参与祭奠，届时，幡幛、遗像、铭旌、金银斗库、响工、乐队、五桌供献、花圈挽幛、各色明器都将被抬出来，沿路游行，远近亲属按顺序紧随其后，这是死者家属展示死者家庭"人财两旺"的仪式性文化展演。游行队伍返回灵堂之后，所有的男性亲属都要跪在灵前，头伏地号啕大哭，他们只称呼死者，不会有任何哀悼性的说辞；女性亲属则要绕过供桌，转入灵棚，围坐在灵柩前哭唱"挽歌"。她们手里拿着手绢，孝帽上沿的一小块丝麻被拉下来，正好低垂在她们的脸旁。死者最亲近的女性亲属一般会坐在距离停放灵柩处最近的地方，这些人包括死者的姐妹、女儿、儿媳妇、侄女、孙女等。她们哭唱的内容是一种相互交

---

① 如何安排祭祀的顺序是一件非常复杂与麻烦的事情，因为祭祀的顺序显示了与死者的远近亲疏关系，一时疏忽，就可能会引发亲属之间激烈的纠纷，甚至常常出现打架斗殴的情况，从而给整个丧礼抹上一层阴影。有的亲戚平日里与丧主有矛盾，可能就故意在此时找茬闹丧。这种现象从反面说明了丧礼如何通过表演礼仪文化来不断地展示自身的存在，规约着村民的行为与身份认同。

错的"多声部的"文本。届时,"礼生"会适时地打断她们的仪式性的恸哭,努力劝阻她们节哀顺变,但这些亲属却哀痛至极,情不能自禁。于是,一方面有人劝止,一方面有人坚持,令人动容。

"午奠"在中午十二时举行,是四次祭奠仪式当中最隆重的。午奠的顺序是由配偶开奠(如果配偶在世的话),接着是主丧奠(死者的胞弟)、孝子奠、舅家奠、家族奠、女婿奠、外甥奠。每一次祭奠,"礼生"都要诵读"祭文"。午奠结束后,乞丐们走向灵柩前,念诵"喜歌",丧主的儿子(或女婿)要给乞丐赏钱。"晚奠"则在晚饭后举行,"晚奠"也称"晚祭",标志着祭祀仪式的结束。"晚奠"与"早奠"的模式基本相同,也是抬着各色祭物绕村游行,这既是再次向乡邻展示丧主"人财两旺"的盛况,也是向乡党作最后的告别。返回灵堂后,"礼生"要诵读"祭文"抚慰亡灵。

第三天一大早就要"出殡",出殡之前,"礼生"还要诵读"迁柩文":

合厝之礼,周公所存,诸事已毕,理宜出门。谨告!

死者的长子要在灵柩前摔碎烧钱化纸的瓦盆,俗称"摔丧盆",抬灵柩的亲友们一拥而上开始"起灵","礼生"同时诵读"柩行文":

灵车既驾,往即幽室,载陈遣奠,终天永诀。谨告!

棺木被送进坟墓后,阴阳先生念诵"掩墓文":

窀穸既掩,万古长眠,儿心彷徨,如狂似癫,拊膺呼号,欲见无缘,生死永诀,抱恨绵绵。谨告!

墓门合上,坟墓修整完毕,礼生要颂唱"辞墓文":

日月永照,昼夜长眠,丧事告成,入土为安。谨告!

最后,"礼生"诵唱"感谢文",答谢所有前来帮忙的亲友。孝子向亲友行"稽颡礼"。

到此为止,整个丧礼算是完全结束了。然而,上文的描述也许会留给人们这样的印象:丧礼是"挽歌"与"祭文"表演的语境。这一判断的潜在逻辑是,"文本"与"语境"可以被并置起来分别予以描述,"语境"成为理解"文本"的背景性材料。理查德·鲍曼把这种观点概括为,"似乎它们('文本'与'语境')可以被分别描述与分析,一方面是记录文本,一方面是描述产生这一文本的语境,最后的工作是把二者捏合为一个材料的整体。事实上,人类学与民俗学就这样工作了几十年"[1]。然而,鲍曼提醒我们:对于一个特定文本的"语境",我们可以穷尽化地描述它们吗?谁是这一穷尽一切语境性因素的"客观的"描述的评判者呢?显然,"这种立场模糊了文本'建构'语境、转变社会关系的图景。而且,把'语境'的概念固定化,也意味着研究者仍然认为意义来自与情境无关的文本"[2]。

本文并不认为丧礼仅仅是"挽歌"与"祭文"表演的语境,事实上,丧礼既为"挽歌"与"祭文"的表演提供了背景,也是在"挽歌"与"祭文"的表演当中被建构出来的。换言之,丧礼作为"挽歌"与"祭文"表演的交流性语境,并不是由社会的和物质的环境构成的,而是由参与仪式的所有人在社会互动的过程中协商性地呈现出来的。这就意味着,民俗学家不应该在文本之外去寻找语境,而应该在"语境化""文本化"的过程中寻找语境化的线索,探究哪些背景性的因素被仪式的参与者互动性地应用于生产阐释性的框架,也就是说,语境化表演中的诗性模式应该成为民俗学研究关注的焦点与出发点,由此可以发现仪式活动的参与者集体地建构周遭世界的方式。

---

[1] BASCOM R. Frontiers of folklore [M]. Colorado: Westview Press, 1977: 123. 事实上,至少在中国民俗学界,许多民俗学工作者仍然持这样的观念。

[2] BAUMAN R, BRIGGS L. Poetics and performance as critical perspectives on language and social life [J]. Annual review of anthropology, 1990 (19): 68.

二、挽歌：通过声音与文本建构亲属关系

正如上文所述，在"礼生"创作与表演"祭文"之外，死者的亲属（尤其是女性亲属）也会在死者的灵柩前表演仪式性的恸哭，他们的"挽歌"表演与"礼生"的"祭文"表演形成了鲜明的对照。

与"祭文"表演不同，死者亲属的恸哭并没有确定的仪式性程序，也没有相应的时间性与规律性，更没有固定的文本性特征。当死讯传播到女性亲属那里时，"嫁往外村的女性亲属一进娘家的村庄，就要放声恸哭；如果是出嫁本村的女儿，要从婆家一直哭到娘家；嫁到外村的女儿，要从娘家村口一直哭到娘家门口，在灵桌前仍要恸哭，直到有人拉劝为止"①。此外，在早祭、午祭、晚祭的任何一个时间点，女性直系亲属都有义务坐在灵柩前陪同前来祭奠的亲友恸哭。

尽管从表面来看，"挽歌"的表演无章可循，然而事实上，对于任何一名女性的"挽歌"表演，人们都可以根据她声音的节奏、调门以及音色，来判断她与死者的亲疏关系。反过来说，女性亲属与死者的亲疏关系正是通过表演"挽歌"来建构的。

为了更好地理解葬礼上女性表演"挽歌"的声音模式，我们还需要区别挽歌表演中的两种"片语"：一种是简单的称谓语，或者在这个称谓语前加上一些修饰性的词语，比如"可怜的"，本文称之为复沓性的"副歌（refrain）"；另一种则是较长的话语，其中涉及对死者临终前的疾病、一生的行状、与哭诉者及其他成员之间的关系的叙述，等等，这种话语经常以称谓语开头或者结尾，本文称之为"文本性片段（textual phrases）"②。从总体上来看，女性恸哭的时候总有几位亲友陪伴着，"副歌"的演唱一方面为她们休息与聆听同伴

---

① 田野作业，2008年5月，山西柳林。在白占全先生未出版的《吕梁生婚寿丧》书稿当中也有类似的描述。
② BRIGGS C. L. Personal sentiments and polyphonic voices in Warao women's ritual wailing: music and poetics in a critical and collective discourse [J]. American anthropologist，1993（4）：933. 本文借鉴了查尔斯教授提供的"副歌"与"文本性片段"两个术语。

的演唱并"对话性地"构思自己的挽歌提供了机会；另一方面，听众一般不会把注意力投入对"副歌"的欣赏上，而是投向"文本性片段"。"文本性片段"的感染力来自它快速的语音节奏与丰富的信息量，比较起来，"副歌"表演的节奏较慢，只是称谓语的重复性歌唱。从"副歌"向"文本性片段"的转化意味着节奏变快、音调升高，从一种音乐化的"哭唱"转向一种讲述化的"哭诉"。一般而言，女性离死者的灵柩越近，她的"挽歌"中"文本性片段"的密度就比"副歌"的密度越高[①]。

此外，女性在恸哭一段时间以后，她们的声音会自然地、集体地变得沙哑，哭泣的调门会变得越来越低沉，这就会在她们之间形成一种相互协调的声音模式，互为语境，在集体的与个体的层面上，恰当地表达她们对于死者的感情。在这个时间点上，任何更响亮的声音都会变得不合时宜，因为再没有谁可以比死者最亲密的直系亲属的声音更高，所以，那些远亲女性一般都会先聆听直系亲属的调门，然后才开始哭泣，努力把自己的声音调整得与她们一样。这种对于调门调整的努力，既是在人际层面上加入亲属群体，又是在情感层面上表达内心的悲伤。

女性哭泣时的音质也是表达情感的重要因素，她们的"挽歌"表演会吸引许多听众。听众把她们的哭泣声分为"干哭"与"湿哭"两种，前者被视为缺乏真实情感的"表演"。这些女性可能并不为死者的去世而感到悲伤，只是迫于传统礼教不得不哭，从而成为一种字面意义上的"仪式性的哭泣"。比如，儿媳妇为死去的公婆表演仪式性的恸哭，这在当地丧礼上是常常被听众取乐的对象。儿媳妇必须准确地掌握哭泣的节奏、调门与音质，否则，事后极易成为村民们取乐的话柄。"湿哭"则是死者的女儿、姐妹们的"挽歌"表演的音质特征，这是一种真正悲伤的哭泣。总之，如何恰当地控制自己恸哭的节奏、调门、音质，是当地女性用"挽歌"表征恰当的亲属关系的重要手段，也正是通过恰当的声音技巧，这些仪式当中的女性仪式化地建构着理想

---

① 在欧美国家的挽歌中，从形式的层面来看，头韵、复杳、短诗行、旋律、节奏、称呼语、昵称、隐喻、平行式等都是常见的艺术手法。此外，挽歌一般都是几位女性一起表演的，"哭诉"与"啜泣"交替呈现。

中的亲属关系结构。

恸哭的女性除了声音方面的相互配合之外，还通过哭诉的内容形成某种"文本间性"，集体地建构围绕死者而形成的亲属关系。为了考察这种文本间的关系，笔者转录了一段来自山西省柳林县王家沟乡韩家垣村村民刘武奎的葬礼上的"挽歌"。这是三位女性亲属的"多声部"文本，文本中的省略号（……）表示表演者在那一轮演唱中的沉默，右向箭头（→）表示拖音[①]：

献给刘武奎的挽歌

山西省柳林县　2008年5月5日

第一行：死者的妹妹演唱的挽歌
第二行：死者的女儿演唱的挽歌
第三行：死者的儿媳妇演唱的挽歌

1. ……
　　爹呀，爹呀，叫不答应的爹呀。→
　　　　我的公爹呀。→

2. 哥哥呀，凄惶惶的哥哥呀。→

---

① 劳里·航柯一再提醒我们："仅仅是阅读眷写的挽歌文本绝对是错误的。不熟悉挽歌词汇的读者在阅读几行文本之后，就可能会如坠五里雾中：他可能对挽歌说了什么只有一些模糊的印象。但是采取不同的方法来把握挽歌的语言的话，即如果在表演的真实情境中来聆听卡热连女性的挽歌表演的话，那么，聆听挽歌奇异的旋律、猛烈的抽喧、撕心裂肺的号叫，看到挽歌的表演者用一块白色的布遮着她的眼睛，集体性的悲悼气氛便会弥漫开来，所有这些因素都会使听众置身于挽歌强大的震撼性的氛围中。" LAURI H. Balto-Finnic lament poetry [J]. Studia fennica, 1974（17）：23；28. 航柯主张采用一种修正后的文本指向的研究方法：在社会语境及其他相关的、个体的以及或多或少是独一无二的信息因素中分析文本；在实际的生产过程中分析文本，或者至少通过比较其他学者的观察性信息来分析文本；不能牺牲在日常生活中观察文本的"起源"而去关注其假设中的原型；一个文本在广泛的时空中的变异性要关联于特定的社会群体与社会经济结构；文本不仅仅指语言的元素，还应该包括非语言的元素。LAURI H, VOIGT V. Genre, structure and reproduction in oral literature[M]. Budapest：Akademiai Kiado，Bibliotheca Uralica，1980（6）：22.

没活够的爹爹呀。→

公爹呀，再也见不到的爹爹呀。→

3. 一辈子也没啦享福的你呀，哥呀，哥哥呀。→

　　你让丢下我教谁亲呀，爹呀，叫不答应的爹爹呀。→

　　……

4. 你回来把我引上呀，哥哥呀。→

　　……

　　没吃好喝好的爹爹呀。→

5. ……

　　谁着意你就走了呀，撂下我这可怜怜呀，爹爹呀。→

　　　　　　　　受了死罪的爹爹呀。爹爹呀。→

6. 你叫孩子们受这些难为呀。→

　　凄惶爹你得上这病，神仙也没法啊，爹呀。→

　　谁再亲孩子们啊，爹爹呀→

7. 几天的数工夫呀你就没啦下。凄惶惶的哥呀。→

　　哎人家谁能晓得你受了多少罪呀，可怜我的爹呀，爹爹呀。→

　　　　　　　　　　　　　　　　爹爹呀。→

8. 阎王路上你走好呀，哥哥呀。→

　　……

　　哎，爹爹呀。→

9. ……

　　少人没亲的爹爹呀，你教我怎么活呀嘞么，爹爹呀。→

　　……

10. 哥哥呀，你享福了呀，撂下我，凄惶惶呀。→

　　再也叫不答应的爹爹呀，啊呀，爹呀。→

　　哎呀呀。→

上述片段可以清楚地说明挽歌表演当中的"文本间性"。不难发现，三位表演者都可以自由地提出一个主题,其他两位可以接续这一主题,也可以另起一个主题。然而,"文本间性"主要体现在三位表演者对于同一主题的哭诉中。在她们各自的哭诉过程中,这一主题可能会略有改动。比如当死者的女儿哭诉父亲去世后父爱的缺失时,死者的妹妹评论说,这是让孩子们(指的是死者的儿女们)难为的事,而死者的儿媳妇则评论说没有人再关爱孩子们(指的是死者的孙辈)了。显然,"文本间性"是以一种深度"对话"的方式被建构起来的。"一方面,每一位哭诉者都保持了自己的声音;另一方面,当挽歌与其他哭诉者的经验产生共鸣时,它们立即会被其他声音所重复。"[①] 在这个意义上,挽歌时而是各个哭诉者自我衷肠的倾诉,时而又是所有哭诉者共同心声的表白。

从上面的例子中我们可以明显地看到,在死者女儿的挽歌中,"文本性片段"出现的频率相对要高一些,她的两位同伴以及听众都期望她提供更多"文本性片段"与新鲜的主题,只有这样,其他两位哭诉者才可以更容易地对这些内容作出重复性的演唱。相反,如果她只是一味地重复"副歌",不能为听众提供更多关于死者的信息,不能以恰当的节奏、调门与音质提供复杂的"文本性片段"与新鲜主题的话,她的挽歌表演就是失败的。死者的儿媳妇绝对不可以僭越死者的女儿而充当挽歌表演仪式中的主角,她只能以恰当的挽歌表演方式充当其他两位表演者的"对话者"。这种声音与文本技巧不仅是表演仪式中当下的情感状态与身份角色的反映,还将影响听众对她的角色认同与判断,即该个体是否充分地参与了她所属的社会群体。通过在同一仪式场合展演恰当的声音与文本,死者的女性亲属参与了一个集体地建构情感关系与亲属关系的过程。

三、祭文:关于死者生平叙述的诗歌化表演

当女性悲切地表演着"挽歌"的时候,男人们大多数时候只是站在一旁

---

① BRIGGS L. Personal sentiments and polyphonic voices in Warao women's ritual wailing: music and poetics in a critical and collective discourse [J]. American anthropologist, 1993 (4): 945.

默默垂泪。如果说葬礼上女性的"挽歌"具有音乐的维度，那么男人的哭泣只能算是一种纯粹意义上的"哭嚎"。绝对不会有任何悲伤的男人像女性一样去演唱"挽歌"。但是，被邀请而来的"礼生"却创造并表演了另一种口头艺术——"祭文"。

正如上文介绍的那样，"祭文"的表演是与丧礼同步的。它们具有固定的格式、固定的表演时间与地点，适用于固定的对象，并且专由"礼生"负责表演。这种"固定性"与"挽歌"表演中的"即兴性"形成了鲜明的对照。此外，"挽歌"表演是女性亲属集体地面向死者的灵柩表演的，而"祭文"表演则是由"礼生"一人背向死者灵柩（面向家属）表演的。

"礼生"是一种职业化的司仪，他们不仅要主持葬礼，还负责诵唱"祭文"。在吊唁仪式正式开始之前，丧主会把"礼生"请到专设的房间里，责成专人侍候他们。"礼生"则要向死者的直系亲属询问死者的生平事迹，请他们陈述死者生前关爱他们的细节。在访谈过程中，"礼生"会详细记录死者亲属的回忆性叙述，这些记录成为他们编写"祭文"的原始材料。

这里便有一个"去/再语境化"与"文本化"[①]的过程：必须强调的是，死者亲属的回忆性的叙述"话语"并不等同于"礼生"记录下的"文本"，更不等同于那些将被公开表演的"祭文"。简单地说，这里涉及用"诗歌"的形式表演他者的"叙述"的问题，"文本"对于"话语"的控制性操纵显然涉及社会权力的问题。"礼生"用格式严整的"祭文"取代死者家属提供的散漫杂乱的回忆性"话语"，并在仪式性场合上表演它，赋予它更高的艺术价值与实

---

① 劳里·航柯强调，史诗研究中的核心问题是"文本化"，即成为"文本"和"以文字符码化"的过程。这两个过程不一定重合，因为如果诗歌或者讲述先于书面形式，一个口头的文本化已经在起作用了。另外，口头表演转译为书面形式极少不被改变。因此，我们需要关于文本被书面化前其准备过程、口头资源、记录的方法、编辑的程序以及意识形态目标的相关信息。文本化分析的一个主要问题是强调其语言内容与形式，可是，口头表演还包括非语言的、音乐的与戏剧的因素，这些在书面文本中都是不可见的。LAURI H. The Kalevala as performance, the Kalevala and the world's traditional epics [J]. Studia fennica folkloristica, 2002（12）：329. 露西·芬尼根也在自己的著作《交流》中强调了这一点。FINNEGAN R. Communicating: the multiple modes of human interconnection [M]. London and New York: Routledge, 2002.

用价值，这些都是社会权力得以建构与实践的行为①。为了说明这一点，笔者转录了村民刘武奎葬礼中早奠仪式当中的"祭文"。

【序文】唯公元 2008 年古历 5 月初 5 日，不孝男丑旦，儿媳海英，女儿六则、四汝，谨以家常便饭之仪哭告于新逝先考，故逝先妣之灵位前曰：

【哀诗】严父不幸离人世，举家伤痛垂悲泪。故逝妈妈回家门，久别重逢今团聚。匆匆忙忙路短暂，风风雨雨苦遭遇。早奠儿孙灵前跪，唤醒父母话几句。

【祭歌】(《桂姐捎书》调）

儿和女都跪下，哭一声爹爹哭一声妈，一前一后伢都管了伢，儿女身上好狠呀。

自古道好人呀老天不保佑，妈才活了四十六，阳世间可怜妈妈没活够，撂下儿女把罪受。

撂下老来撂下小，父子们过活活不了，爹爹把千斤重担一肩挑，罪过受了多多少。

既当婆姨又当汉，照了里来忙了外，起早贪黑你一人受鏖战，为亲你的活宝贝。

为儿为女把力出，儿娶女嫁大事毕，孙子外甥绕屹膝，爹爹心喜悦。

孙子又是一辈人，爹爹经常记心中，亲孙子把电话通，爹爹你喜在心。

---

① 这种社会权力得以实施的基础在于，地方传统赋予了葬礼中"祭文"表演的合法性；"礼生"跟从其师傅学习创作与表演的技巧，获得了仪式表演的资格，即身份的合法性；在个体的表演经验当中，"礼生"的表演能力不断提高，赢得了相应的社会声誉；地方民众意识到，邀请著名的"礼生"来表演"祭文"，可以为他们赢得更高的社会声望，同时，这也是他们建构自身社会身份与地位的重要手段。相关论述参见 BAUMAN R, BRIGGS L. Poetics and performance as critical perspectives on language and social life [J]. Annual review of anthropology, 1990（19）：59–88.

如今轮上享幸福，谁着意你把病得，四月十六作永别，满打满算六十七。

千说万说不顶用，起了事宴把爹送，应有尽有甚也不缺甚，花钱要把孝心尽。

八仙庆寿待亲朋，事宴约有三百人，新鲜祭品还有三牲，爹爹妈妈伢享用。

香花供献铭旌考，打道猴王开了道，八洞神仙在空中绕，保佑爹妈登天道。

请来礼生表功德，雇了响工奏哀乐，早奠把饭菜送来爹你吃，详细的情况午奠时说。

"祭文"通常都是由"序文""哀诗""祭歌"三个部分组成的。"序文"的格式相对固定，"礼生"只要套用格式就可以使用；"哀诗"一般为四言、五言或者七言诗歌，这种诗歌文白夹杂，韵脚限制比较宽松，韵尾一般是根据地方方言的读音来创作的。其主题是概括并引出下面"祭歌"将要演唱的内容。由于字数方面的严格限制以及文字的生涩，普通村民对于"哀诗"总是一知半解的。它更多地是"礼生"在"转文"了。"礼生"诵读"哀诗"的腔调表演性十足，他们通过强调韵脚展示其音乐性，往往会自我陶醉在这种节奏中。有理由推测，对于韵脚的熟练控制与表演正是"礼生"自我区别于其他男性与全体女性，从而获得仪式性地位的重要方面。

"祭歌"是听众最关注的对象，也是"礼生""文本化"直系亲属回忆性叙述的表演性呈现。在聆听与询问死者直系亲属时，"礼生"只是记录一些他们认为关键的细节信息，并把这些信息排列成一个具有时间性维度的故事。等到采访与询问工作结束之后，"礼生"一边哼着自己习惯的"祭歌"曲调[①]，一边创作"祭歌"，换言之，正是曲调决定了"祭歌"的歌词。"礼生"根据

---

① 当地祭歌常用的曲调有《三三七五调》《无事出东门》《孟姜女哭长城》《桂英写信》《拥军小唱》《桂姐捎书》《凄惶惶》《走西口》《绣金匾》等。

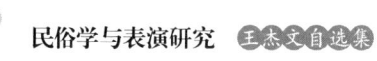

相同的"话语"材料来编唱"祭歌",如果他采用的曲调不同,他创作的"祭歌"的内容便不会完全相同。事实上,即使创作了完整的"祭歌","礼生"也不会完全按照写定的"文本"来演唱。这个文本只是提示稿,他们会按照曲调即兴地编唱。也就是说,观众在现场听到的"祭歌"只是"礼生"可以表演的"祭歌"的一种实现,如果要求他们再表演一次,"礼生"的演唱一定不会完全相同[①]。

在每一段"祭歌"中,"礼生"都运用了一条"话语"信息,他会围绕这一条信息来充分地抒情达意,这里面既有死者亲属的声音,也有对这种声音的扩充与升发。死者亲属的回忆性叙述提供的是一种"字面意义上的信息","礼生"把这种信息予以"诗歌化"地创作与表演以后,便为其附加了更多情感的信息。正如米哈伊尔·巴赫金强调的那样,文本间的关系把风格化的特点与社会的、政治经济的关系联系到一起。显然,从死者直系家属的"叙事"向"礼生"的"祭文"的转变,绝不仅仅是一种"诗歌化叙事"的形式变化,这种风格化的变化同时意味着高级的艺术品位、高度的代表性及相应的社会权力。如果"礼生"创作与演唱的"祭歌"足够动人,跪在灵柩前的孝子贤孙就会在他演唱完一段之后,集体地哀号一声,乐队也会配合他们的应和性的集体恸哭,吹奏一段哀伤的"过门曲"。在这个意义上,祭文表演是集体性

---

① 劳里·航柯说,如果认为记忆是史诗创作的关键,那就等于说优秀的歌手是记忆力差劲的人。为了理解真实的表演中文本的创作,航柯提出了"前叙事"的概念,这是歌手头脑当中呈现的相关的有意识的与无意识的材料的有组织的集合,这些材料包括:(1)文本性的元素;(2)类型性的复制。航柯把这种材料命名为"思维文本"。它并不像被记录的呈现物一样固定,但我们只能通过这些固定的呈现物来建构一个特定的思维文本的构成要素。LAURI H. Epic along the silk roads: mental text, performance, and writen codification [J]. Oral tradition, 1996(11): 4-5. 在另一篇论文中,航柯说:"思维文本并不是像书面文本一样固定的文本,但它作为一个特定的故事可以轻易地被辩认出来。它包含叙事的故事线索,事件的标准化的描述,可重复的表达、片语与程式,这在其他的歌手的表演中比较常见。然而,整体的思维文本是歌手的创造,即它是个体的,不能被转让给另一名歌手。每一名歌手都必须在聆听与学习的基础之上发展出自己对于某一故事的思维文本以及我们所谓的'思维的编辑'。" LAURI H. The Kalevala as performance, the Kalevala and the world's traditional epics [J]. Studia fennica folkloristica, 2002(12): 14. 笔者认为,在"礼生"的祭歌创作与表演过程中,也有类似于"思维文本"的前文本存在。

地被建构的，每一个吊唁者的主体性被书写进了"礼生"的"祭歌"表演当中，成功的"祭歌"表演可以取消主体与客体、自我与他人之间的界限。

结语："类型"间"对话"的政治

"挽歌"与"祭文"各自内部的"文本间性"以及二者之间"类型"的"对话性"关系，与时空的维度、表演的参与性结构一起形成了当地村民建构自我认同与社区关系的重要方式，形成了两种高度性别化与等级化的口头艺术"类型"："挽歌"表演中女性亲属之间声音、文本的配合，仪式性地展演了地方社会的亲属关系等级。葬礼上的"挽歌"表演为当地民众重构社会关系提供了重要的语境，在这里，每一名女性与死者以及整个社区的关系被重塑。此外，由于地方传统中男性亲属被排斥在"挽歌"表演之外，他们的妻子或姐妹代表了他们，在这个仪式性场合里，日常生活中的夫妻关系受到考察并悄然间被颠覆了。相反，"祭文"表演完全是男性的艺术形式，"礼生"作为职业化的艺术表演者与仪式专家，其"祭文"表演与仪式展演被紧密地结合在一起。在某种意义上，"礼生"的"语言即动作"。"祭文"表演的时间与空间背景被限定了，其文本格式与曲调都是相对固定的，这一切都使整个葬礼变得有序可循。这也许就是"礼生"之"礼"字受到强调的原因了。"祭文"作为一种"诗歌化的叙述"，是"礼生"用相对严整的"诗歌"形式"去/再语境化""文本化"死者直系亲属的相对散漫的回忆性叙述的一种规约性行为。"礼生"要努力把由死者的去世所引发的不安与混乱扭转过来，把失控的情绪平复下来，把失序的社会结构引向正常，"祭文"的创作与表演正是起着这样的作用。在这一过程中，"仪式专家"与"普通百姓"，"男性"与"女性"，"仪式程式之内"与"仪式程式之外"的等级关系通过"文本化"的行为被建构起来了，"礼生"的身份以及他代表的仪式性权力也正是在这种"祭文"的创作与表演中被塑造起来的。

直义与隐喻*
——"十八打锅牛"传说的分析

在民间文艺学领域,对于神话、传说、故事等口头叙事的研究成果非常丰富。近些年以来,新的材料不断被发现,新的理论、方法不断被更新,口头叙事研究领域又取得了一大批丰硕的研究成果,其中关于"传说与历史"的理论思考就是其中最重要的成果之一。①

一、关于"传说与历史"之关系的研究

关于"传说与历史"的理论思考是一个古老的学术问题②。在民间文艺学界,"传说"被界定为"历史的故事"③,然而,关于"历史与传说"之间的区

---

* 本文原载于《民俗研究》2008年第3期,收入本书时有改动。
① 赵世瑜.小历史与大历史:区域社会史的理念、方法与实践[M].北京:生活·读书·新知三联书店,2006;万建中.民间文学引论[M].北京:北京大学出版社,2006.
② 黄仲琴.史籍中之传说[J].民俗周刊,1928(47);张冠英.传说与史实[J].民俗周刊,1929(66);韩ма中.民间传说和历史[J].民间文学,1983(9);程蔷.关于传说学的几个理论问题[J].民间文学论坛,1987(5);柳田国男.传说论[M].连湘,译.北京:中国民间文艺出版社,1985;钟敬文.传说的历史性[M]//钟敬文.民间文艺谈薮.长沙:湖南人民出版社,1981;钟敬文.刘三姐传说试论[M]//钟敬文.钟敬文学术论著自选集.北京:首都师范大学出版社,1994.等等。
③ 钟敬文主编的《民间文学概论》对于"传说"的定义是:"劳动人民创作的与一定的历史人物、历史事件和地方古迹、社会习俗有关的故事。"钟敬文.民间文学概论[M].上海:上海文艺出版社,1980:183.刘守华对于"传说"的定义是:"人民群众口头创作、传播、与一定的历史人物、历史事件或地方古迹、自然风物、社会习俗有关的故事。"刘守华.民间文学导论[M].武汉:长江文艺出版社,1997:227.万建中对于"传说"的定义是:"民众创作的与一定的历史人物、历史事件和地方古迹、自然风物、社会习俗有关的故事。"万建中.民间文学引论[M].北京:北京大学出版社,2006:169.

别与联系，一直以来都是民间文艺学家与历史学家共同关注的问题。

其中，历史学家对于"传说与历史"之间关系的研究，赵世瑜教授曾做过简明扼要的学术史梳理[①]。他从历史学科中两个自然的问题序列出发加以介绍，这两个问题序列分别是："科学实证的视角"与"后现代主义的视角"，兹转述如下。

在现代性语境或科学主义的话语中，"传说"分别与"文献""正史"相对应，传说被视为虚假不实的故事，而历史是对于过去发生的真实事情的直笔记录。赵世瑜教授列举了顾诚、陈学霖、顾颉刚三位历史学家对于传说的研究成果，从整体上来看，他们都倾向于首先将传说与历史相比较，分析有哪些虚构的地方，历史的真实究竟在哪里，再进一步探讨传说制造与传播的真实社会背景。总之，在持科学主义历史观的历史学家看来，传说的传播本身就是一个历史的过程，是不断地层垒叠加的创造的过程。尤其值得注意的是，赵世瑜教授提醒我们，虽然陈学霖先生已经清晰地意识到知识精英在传说的制作与传播过程中，扮演了重要的角色，但从整体上讲，老一辈历史学家在研究传说的过程中，仍然没有涉及思想真实的问题。

与这种研究思路相对应，在后现代主义历史学家的话语中，"历史"的真实性受到严峻的挑战。其中，后现代历史学家海登·怀特的理论尤为激进，他说："'历史'这个术语是含混的；它'把客观的与主观的方面结合在一起，把历史中记录的事件当作了实际发生的事件'，而'对所发生事件的理解不过是对所发生事件的叙述'。"[②]

依据后现代主义历史学的理论主张并结合关于社会记忆[③]、集体记忆的相

[①] 赵世瑜. 小历史与大历史：区域社会史的理念、方法与实践[M]. 北京：生活·读书·新知三联书店，2006：73-95.

[②] 怀特. 后现代历史叙事学[M]. 陈永国，张万娟，译. 北京：中国社会科学出版社，2003：129.

[③] 历史学家约翰·托什认为，"历史学和社会记忆之间不存在差别""历史学家在执行一些社会记忆的任务，也许更重要的是，社会记忆本身是历史研究的一个重要论题""在所有这些方面，历史学和社会记忆彼此依赖"。托什. 史学导论：现代历史学的目标、方法和新方向[M]. 吴英，译. 北京：北京大学出版社，2007：19.

关理论思考①，中国的历史学家通过"历史记忆"这一概念重新关注"历史"与"传说"之间的关系。然而，与他们的前辈学者不同的是，他们更多地关注历史与传说之间的共性，"这个共性不仅在于它们都是在某种叙事逻辑和结构支配下的产物，而且在于它们都是一种历史记忆"②。于是，科学主义视角下被视为"虚构"的传说，在"思想意义"的层面上却可能是"事实"；而在科学主义视角下被视为"事实"的历史，在很大程度上可能是一种意识形态。用海登·怀特的话来说，对于一位历史学家是事实的历史，对于另一位历史学家很可能就是一个彻头彻尾的意识形态。

历史学家对于传说与历史关系的新观点在民俗学界也激起了反响。比如，万建中教授认为，"我们所有的民间传说不真实的看法，是由传统历史的真实观导致的""许多民间传说和神话故事的具体情节或者人物都有可能是虚构的，但是它们所表现出来的历史情景与创作者和传播者以及改编者的心态、观念却是真实存在的，而我们所要了解的正是这种记忆得以存在、流传的历史情境。从复原历史的目的来说，由于民众话语权的缺失，解析民间传说何以得到'传说'，正是探寻民众的历史记忆的一种较好的途径"③。

回顾一下民俗学的研究历史可以发现，在历史学派民俗学家中，长期以来存在着三种研究方式：第一种是把历史作为解释民俗的一种方式，主张民俗是历史事件、历史经验和历史情境的产物，相信只有在恰当的历史情境中考察民俗事象才可以充分理解它。美国民俗学家理查德·道森强调："美国民俗是由形成美国社会与文化的主要历史力量产生的结果，比如殖民化进程、处女地的开垦、地域性群落的发展、美洲本土文化的变迁、奴隶制的历史、移民及工业化进程等，这些历史语境在调查与研究特定的民俗文化类型或群

---

① 中国社会科学院社会科学研究所.中国社会学：第一卷［M］.上海：上海人民出版社，2002；王明珂.历史事实、历史记忆与历史心性［J］.历史研究，2001（5）：136-137.
② 赵世瑜.小历史与大历史：区域社会史的理念、方法与实践［M］.北京：生活·读书·新知三联书店，2006：86.
③ 万建中.民间文学引论［M］.北京：北京大学出版社，2006：180.

体时对民俗学家非常有用。"① 第二种是把民俗作为历史证据加以应用,为历史研究提供了一种可供参考的、来自民间的观点,以挑战流行的历史观念。第三种是把民俗与历史对等起来,认为在民俗文化中可以获得某种别样的文化态度与价值观。从整体上来看,赵世瑜教授概括的中国历史学界对于"传说与历史"之关系的研究问题序列同时覆盖了上述三种研究方式。

值得注意的是,历史学派民俗学家往往不太关注"传说"被讲述的情境,也不关注传说被记录的过程,更不关注传说对于传说的讲述者与听众起作用的方式与意义。"传说"仅仅是研究者自己的"传说"。可事实上,当民俗学家说"传说被信以为真时",首先并不意味着某个特定群体中的每个人都相信某一则传说中的任何一个细节,因为民俗学家的田野经验告诉他们,人们在对待的传说的态度上是十分复杂的、多变的。其次,传说的可信度更可能来自传说被讲述的风格,而听众对于传说的真实性的信仰,可能是因为传说的结构形式,可能是因为传说的讲述者在提供证人与证据时言之凿凿的讲述风格。对于持有这种观点的民俗学家来说,传说研究的重点是传说被讲述的技术性程式与讲述过程本身。

另一个值得注意的问题是,当历史学派民俗学家把注意力集中到文本资料上时,文本被固定化为一种"死的"资料,民众对于传说或"信以为真",或"完全不相信",或"将信将疑"的真实感受被洗涤一空。从学术研究的角度来看,这种研究方式无可厚非,但是对于承诺要研究民众的"思想意义"的研究者来说,这种处理材料的方式却似乎有简单化的嫌疑。由于采用了这样的研究方法,研究者在辨析材料的真伪时,其个体的主观随意性便会在无意识中暴露出来,这就免不了影响到其论述过程的合理性。

二、"十八打锅牛"传说研究

在实践后现代历史学理念的历史学家中,赵世瑜教授的成果最为引人注

---

① DORSON R. Hand of American folklore [M]. Bloomington: Indian University Press, 1983:46.

目。其中关于《太阳生日：东南沿海地区对崇祯之死的历史记忆》《黑山会的故事：明清宦官政治与民间社会》《识宝传说：一个关于本土与异域的华北民间历史隐喻》等数篇论文，都是围绕这一学术问题展开的个案研究，而《祖先记忆、家园象征与族群历史——山西洪洞大槐树传说解析》尤其影响广泛。原因在于：一方面，作者选择了一个流传久远的、既为人所熟悉又十分神秘的历史传说作为研究对象，引人入胜；另一方面，作者从这个传说中发现的"意义的历史"实在出人意料，而且论述精准翔实，环环相扣，又颇在情理之中，令人叹为观止。当然，这篇论文在历史学、民俗学、人类学等学科内引起广泛关注，还有一个更为重要的原因，那就是作者对于近年来所谓"历史人类学"理论的成功实践。

关于这篇论文，具体来说，作者主要是依据"山西洪洞大槐树传说"的相关材料（民间传说文本、族谱以及地方志），发现了两条族群认同的轨迹：一条与宋元以来，北方族群关系紧张有关联，另一条则与清末民初的国族意识有关联。作者认为，大槐树传说在老百姓与文人的合作下，形成了关于族群认同的话语霸权。

受这篇论文的启发，本文也拟论述一个与"大槐树"传说相互交叉，并且流传久远的民间传说——"十八打锅牛"。本文试图说明，这一传说之所以广泛流传，除了与赵世瑜教授所谓"族群认同、国族认同"大有关联外，可能更多地与迫害性政治事件的历史灾变的记忆以及追根溯源、光宗耀祖的传统文化心理直接相关[①]。而且，笔者也倾向于认为，这两个原因似乎也是"大槐树"传说得以广泛传播的另外两个重要原因。通过对"十八打锅牛"传说进行研究，本文试图探讨民间传说作为一种文体的特质，反思后现代历史学派民俗学家研究方法的局限性，从而进一步反思"传说与历史"的关系问题。

---

① 许多族谱都有这样的套语："盖闻国有史，而不代灭；朝有籍，而世不泯；家有谱，而子孙可以道其系，曾玄可以详其支派。"宋代以后家谱用于说世系、序长幼、辨亲疏、尊祖敬宗，睦族收族。无论其中存在多少弊病，上述思想仍然是中国人叙写族谱的主要目的，也因而形成了一种深层的民俗心理。

(一)"十八打锅牛"传说诸文本

在河南省修武县等地流传着一则民间歌谣,称为《锅片歌》,歌词是:"上有边,下有尖,六寸长,八寸宽,重量一斤三钱三。"① 这里描述的"锅片"便是民间传说"十八打锅牛"中的"锅片"。关于"十八打锅牛"的传说,至少已经出现了如下九种异文:

异文一:元末江山摇摇欲坠,起义队伍风起云涌。某一日,元顺帝梦见一头猛牛,牛两肋插双刀(一说牛生双尾),直冲其身,元顺帝被惊醒。第二天,他召来一名亲信圆梦。这名亲信是个大奸臣,他说,"牛"双肋插刀是个"朱"字,表示朱姓妄图夺取江山。"朱""牛"二姓因此大受牵连,元朝牛姓大臣自然也有反意。元顺帝将信将疑。当时朝中有牛洪、牛犇、牛超兄弟三人,都是朝廷大员。兄弟三人得知皇帝起了疑心的消息后,恐遭不测,当即送书信给家人,要求他们的十八个儿子马上逃亡他乡。十八兄弟结伴逃亡,走到河南汜水十里堡牛占村后,又遇到红巾军作乱,于是大战三天三夜,感觉到无法再结伴逃亡了,于是决定分头逃亡,各求去向。为了日后子孙相认,把一只大锅打作十八片,各拿一片。这支牛姓家族,当时逃至五省十八县,后来被称为"十八打锅牛"。②

异文二:相传,不知道是哪个朝代,有一位皇帝做了一个梦。他梦见自己正在殿内静养,突然发现九头猛牛从殿外向自己扑来,宦官们慌忙关殿门,九头牛便撞在了金銮宝殿的大门上。由于劲足力猛,大殿被撞得直晃。皇帝被吓得跌在座位底下,方知是梦。于是下诏派员四出寻因。一天,一位官员

---

① 流传于河南修武县,转引自牛氏文化[Z].2006(2):14.近年来,牛氏族人为了追述"十八打锅牛"的后人在全国各地的下落,以河南牛姓族人为主体,联络全国牛姓族人提供各家族族谱,希望能够明确"十八打锅牛"后代子孙的支脉分布谱系。2003年,他们成立了"牛氏文化历史研究会",并主办内部刊物《牛氏文化》,汇集了大量牛姓宗亲家谱及口述资料,这为本文研究"十八打锅牛"提供了极大的便利,甚深表感谢。只可惜材料记录、整理、编辑的方法不够科学,许多材料无法直接引述,非常遗憾。
② 河南省济源县牛思涌依据家谱整理,该传说主要流传于河南密县、温县、偃师、济源等地。牛氏文化[Z].2004(3):2.

来报，说清明时节在某地，看到一大户人家上坟祭祖，戴顶子、穿蓝衫，浩浩荡荡，好大场面。这一户有九个儿子，九个儿子又各生九子，形成百牛雄踞之势。皇帝因此生疑，以为不除必成后患，于是下令分迁。牛氏一族无奈，便在洪洞大槐树下分家，老人供锅一口，打成九块，每户分得一块，老人叮嘱：后世认亲，以锅片为证据，以"打锅牛"为血亲。①

异文三：打锅牛的始祖是牛川，世居河南尉县南门外锦被岗村。他有三个儿子，牛洪、牛禆、牛超。父子四人都是元朝大臣，三儿子牛超更是镇殿大将军，封为平西侯。朱元璋起事时，元朝皇帝派牛超征剿，牛超在阵前三次将朱元璋打落马下。但朱元璋毕竟有帝王之命，最终还是死里逃生，灭元称帝。牛家为了躲避朱元璋的报复，从河南锦被岗村迁居山西壶关沙阔村居住。没想到朱元璋下令牛家举家进京，牛家以为将有灭门之祸，便计划分散逃生，隐居各地方为长远之策。但又害怕来日后人团聚时互不相识，于是将一口锅打成十八片，故称"十八打锅牛家"。当时还有嫁与张姓的闺女住娘家，也拿了个锅片，故称"打锅张家"。不过，牛超兄弟还是进京面圣了，没承想朱元璋不但没有灭族的想法，还想让他们官复原职，牛超兄弟以年迈为借口，恳请告老还乡。第二年牛氏再聚，认为大家住在一起也没有什么好处，于是牛氏就分布全国五省十八县了。②

异文四：元末河南府教谕牛川，官居洪洞知县，有三子，十八个孙子，都是元朝官员，历史称作"牛氏元半朝"。某一年天旱，汜水的陈友谅起义，元朝皇帝命令牛超出征平乱，陈友谅的军队在十里亭礼迎牛超，牛超挥泪释兵权，解甲归田。皇帝听了这个消息，大怒，发兵洪洞县，牛氏十八兄弟率领全家老小，抵达陈友谅的住处穆家沟，正碰上红匪抢劫陈家，牛氏十八兄弟奋战强寇，然而寡不敌众，十八兄弟只得保护陈友谅家小逃离。为避免红匪的追击，牛氏将锅打成十八块，各执其一逃离。十八祖迁址地如下：

---

① 牛建紫据牛忠杰、牛忠士口述整理，该传说主要流传于山西汾西县成家庄姑射牛姓后人当中。牛氏文化 [Z]. 2004 (3): 2.
② 牛潞文根据牛茂林口述整理，该传说主要流传于河南淇县。牛氏文化 [Z]. 2004 (3): 2.

长洪祖，楷济源，炳洛阳，固始有来，杭鹿邑，捷居郑州地，铨在西华乡。

次裨祖，青祥符，健林县，郁居密县，颖居宛，秦居夏邑地，堡在盱眙安。

季超祖，鹏温邑，子鄢陵，园居上蔡，翼洪洞，栾居太康地，迁在冠县东。①

异文五：元末，牛氏祖牛川，元太定年间甲子科举人，乙丑科进士，原任河南省总教谕，升任山西省平阳府洪洞县知县，辞官后，落户于城南刘家庄大椿树胡同下，三子，洪、裨、超，皆元朝大员，三人又各有六子，称"西十八支"，后改称"破锅牛十八支"。明初洪武大迁民，吾十八祖奉命于洪武二年六月二十七日东迁，十八支同路行程，同锅分食，行至河南汜水县十里亭，不忍分离，时因匪乱，十八支祖只能将一口锅打破，每支各拿一片，余一片让李门牛氏姑姑存留，先祖至此分离，恐其后失之证明，固以打锅为纪念。②

异文六：据家谱记载，吾祖牛谦，因匿宝不献，得罪朝廷，于明初从山西辽阳迁至沙邑前马峪。我祖兄弟十七人并一女打锅而迁，女嫁李氏，故也有打锅李一说。③

异文七：吾家居林县，相传始于明初，在山西壶关沙阔村，有牛姓兄弟八人，因避乱，或云被迁，分徙相别之际，打破铁釜，兄弟各执一片，以为异日重逢契符，由是居各地者遂自称打锅牛，以别其他牛氏云耳。④

异文八：传说牛太公有七个儿子，在明初奉旨分迁时，将饭锅碎成八片，每个儿子分得一片，以待日后相认，并将另一片送给已出嫁给张氏的女儿，

---

① 河南偃师牛庄《牛氏家谱》，清同治六年（1867）；河南济源西石露头村牛氏宗祠石碑，中华民国十一年（1922）；河南新郑市和庄乡牛庄村祖坟石碑，中华民国十九年（1930）。牛氏文化［Z］.2007（2）：14-15.
② 山东鄄城县什集乡前牛楼村《牛氏宗谱》（年代不详）。牛氏文化［Z］.2004（4）：2.
③ 河北沙河市柴关乡马峪村牛继良给牛金水的信件。牛氏文化［Z］.2004（4）：14.
④ 河南林县《牛氏族谱·六修谱序》。牛氏文化［Z］.2004（4）：14.

从此张氏与牛氏攀亲也对认"破锅"。①

异文九：山西省壶关县城南三十余华里处，有一个村子叫"沙窟村"，该村西临黄山村，南依油坊河。古时黄山村曾名白草坡，油坊河叫清水河，沙窟村称牛豆槽，三村鼎立相望，均以牛之生存之本而起名。牛姓先祖（时代姓名无考）在朝官拜丞相。传说牛丞相居官清正，当时家乡大旱，百姓吃穿无着，牛丞相为了给乡亲们减轻赋役，想请皇上亲临实地视察。为了把皇帝请到穷山沟里，他编了一些离奇的事，比如"壶关有个栲栳山，举手就能摸着天，如果要是够不着，脚底垫块半头砖""瓜掌村有个小偏桥，桥上安着二十四个金驭条"，等等。皇帝听信了他的话，在大臣的陪同下起驾壶关，走到长治南垂村一带时，皇帝问："现在到了什么地方？"牛丞相回答："已经南垂。"皇帝不明白方言，有一位平日里与牛丞相不合的奸臣进谗说："皇上，他说难回，看来他要陷害您啊。"皇帝听信了这位大臣的话，摆驾回宫了，决定灭牛丞相九族，牛家人闻讯逃亡，为了日后相认，打锅一口，各带一锅片出走。据说，朝廷为了让牛丞相家万劫不复，把白草坡改名为黄山村，把清水河村改名为油坊河村，把牛豆槽村改名为沙窟村，使老牛既没有草吃，又没有清水喝，也没有槽用。②

上述九种异文可大致概括为表1：

表1 九种异文对照

诸文本	打锅缘起	打锅时间地点	对锅时间地点	持锅人数	打锅目的
异文一	政治迫害 败于匪乱	元末 河南汜水十里堡	无	18牛	日后子孙相认
异文二	政治迫害	时间不详 山西洪洞大槐树	无	9牛	认亲凭证

---

① 牛氏文化[Z].2004（4）：14.
② 田野作业，2006年，壶关县。讲述人，牛琦云。笔者在山西省榆次上安村发现了同样的传说，田野作业，2007年，太谷县。

续表

诸文本	打锅缘起	打锅时间地点	对锅时间地点	持锅人数	打锅目的
异文三	害怕朱元璋复仇	明初 山西壶关沙阔村	明初 山西壶关沙阔村	18牛+1张	相聚标记
异文四	先祖叛元败于匪乱	元末明初 河南穆家沟	无	18牛	无
异文五	奉命被迁	洪武二年 河南汜水十里亭	无	18牛+1李	打锅纪念
异文六	匿宝不献,得罪朝廷	明初 山西辽阳	无	17牛+1李	无
异文七	躲避匪乱或奉命被迁	明初 山西壶关沙阔村	无	8牛	重逢符契,区别于其他"牛"姓
异文八	奉旨分迁	明初 地点不详	无	7牛+1张	日后相认
异文九	政治迫害	年代不详 山西壶关沙窟村	无	不详	日后相认

从表1可以看出,打锅的原因主要有三种:一是政治迫害。传说中的牛姓始迁祖被描述为朝廷大员或者大富人家,异文一、二中的牛姓始迁祖的势力甚至让帝王担忧,由于势大压主,从而招致了莫须有的罪名,被迫流亡。这一特点非常明显,与"大槐树"传说强调的重点截然不同。二是败于匪乱。这里所说的匪乱,主要指元末红巾军起义的历史,很可能是指元末活动于河南汜水的刘福通、白不信率领的红巾军起义。正是因为这一点,可以肯定,"十八打锅牛"传说与"大槐树"传说并不完全重合。三是奉旨被迁。这里记录的时间点比较肯定,都是发生在明代初年,与"大槐树"传说相重合,但没有固定在"洪洞县大槐树下"。

从打锅的时间地点来看,时间主要集中在元末明初,似乎该传说与元末明初的社会大变动有关系;地点则集中在山西与河南两省的两个具体的村落,而且,这两个村落在五省十八县许多牛氏族谱中都有记载。此外,这两个村落如今都仍然存在，且有地上碑文可资考证，这一点值得特别注意。我们不得不重新认识"传说与历史"的关系了，"十八打锅牛"乃"传说"乎？"历史"乎？

从分得锅片的人数来看，有18人、19人、9人、8人等多种说法，更重要的是，这里还涉及其他姓氏，比如"打锅张""打锅李""打锅游""打锅申"等，并且与"打锅牛"攀上了姻亲。

比如，关于"游氏"与"牛氏"一家的传说是：我牛氏十八祖分锅时，锅碎十九片，有姑适游氏，谓众兄弟曰，我亦牛氏之一脉也，今后去尽星散，地限南北，恐后日之不相识也，愿得一片藏之，以附分锅之末。遂亦持其一而去，后其子孙以锅故，因遵母命而联宗焉。①

关于"申氏"与"牛氏"一家的传说是：民国三年河南涉县（今属河北）段曲村申氏墓碑记载："吾祖，考其原籍，自明朝高祖申任道，兄弟十八人，姐妹六氏，吾祖任道为末同胞，当分离之时，以铁锅粉碎为表记，呜呼哀哉！自吾祖申公任道以来，本潞城天共村人氏，明初变乱迁移洪洞县，次迁河南涉县段村。"②

河南博爱县界沟村《打锅申氏家谱》记载："申氏祖居高官，犯灭门之罪，本姓曰，乃曰国公之后，兄弟十八人因避难逃奔，更姓为申。何以知其更姓之由？现今潞城天贡村非一，有申由田三个天贡村也，俱系曰字穿改，皆系曰国公之后也，不以姓由姓田独以姓申字为始祖之姓，何也？盖由田二姓天贡村也曰国公之后，徒以口传不足为凭，唯申姓天贡村现有祠堂古迹可证。"③

《大槐树迁民》记载：山东莘县张寨乡申氏，奉旨分迁时，长者命人搬出

---

① 《牛氏与游氏联宗考》，道光二十八年岁次戊申端月，转引自牛氏文化[Z].2004（4）：21. 牛东山还提供了另外两种异文，"一说明代中叶，牛姓某人应试，京师明帝嫌其姓不雅，以声之相近，改为游氏。一说是牛氏十八祖时有姑适游氏，既嫁而寡，因以母兄之季子为嗣，季子虽嗣姑而不忘祖，因世附于牛氏而为一宗，故呼游氏亦曰牛氏。""夫迄今二氏宗族，依同姓不婚之义，严禁婚媾，虽有至愚不肖者，亦不肯为也。"

② 牛氏文化[Z].2004（4）：23.

③ 牛氏文化[Z].2004（4）：23.

大铁锅、大铜锅各一口，亲手用锤头砸成若干片，命主人各持一铁片，仆人各持一铜锅片，相约道，他年相聚，对此锅片，方认一家，铁铜之分，为主仆标记，从此有"铁锅申""铜锅申"之说。该书还记载，申姓近邻曰姓家族因不忍远离故土，犯灭门之罪，在官兵尾追之际，混入申姓迁徙队伍，遂改姓申氏，免除了灭族之灾。①

关于"游氏"与"牛氏"的关系，大体与上述"打锅张""打锅李"相类，无须赘述。而"打锅申"的传说似乎与"打锅牛"没有直接的联系，但两种故事的叙述模式却如出一辙。出现这种类似情况可能有三个原因：一是二者之间的相互影响；二是"牛"与"申"原本即一个姓氏②；三是"申"来自"曰"，"牛"来自"朱"，"曰"与"朱"疑为一姓，都与明朝皇家后裔有关。山西许多地方的"牛"姓与"朱"姓之间互不通婚，可能正是基于这一原因。

此外，并非"十八打锅牛"之"牛姓"亦多矣，比如：

河南济源西许村《牛氏族谱》记载："西许牛氏者，济邑之故家也，乃隋吏部尚书（俗称天官）牛弘之裔，夫岂后来之铁锅牛氏哉？无奈习俗多误，吾族每云亦是铁锅氏，自吾考之，而尤以知其决不然也。盖铁锅牛氏来自山西，迁于明初洪武之世，其谱甚奇，吾尚疑之。……明太祖洪武三年，始著迁民之令，而铁锅氏始传，然则我牛氏之迁西许，盖在南宋开禧、嘉定之间，其于洪武之迁民，不下百六七十余年，夫岂洪武之所迁乎？此所以不为铁锅牛氏也。"③

西许村牛氏自称是陇西"天官牛"的后裔；河南郑县东北牛家岗有"敏加牛"后裔；河南贾村牛氏自称是从山西洪洞大槐树迁出的"六丁六角牛"，此外尚有"扁担牛""八角牛""鞭杆牛"等名目，有待于将来详细考察之。

---

① 牛氏文化［Z］.2004（4）：23．笔者2007年在山西省太谷县上安村的田野调查中获知，该村牛姓可分有两支，一支称为"大牛"，一支称为"小牛"。解放以前，"小牛"本是"大牛"的佃户，本不姓牛，后获得"大牛"的允许而改姓"牛"。二者之间本无血缘关系。
② 牛建荣．申牛不分解析：天贡之申，牛翼之族［Z］//牛氏文化．2004（4）：23．
③ 牛氏文化［Z］.2006（3）：23.

除了上文罗列的传说文本外，还有许多结合地方历史的"打锅牛"传说，在基本叙述模式相对一致的框架中，尚有一些地方性的变异，所有这些异文，共同塑造了"十八打锅牛"的族源迁移史。

（二）"十八打锅牛"族谱记录种种

除了口头流传的传说故事外，关于"十八打锅牛"族源的详细记录主要来自族谱，而"十八打锅牛"之"十八人"的具体名号、迁居地等相关信息的最全面的记录是清代同治二年牛思瑄的《牛氏宗支源流考》。

"我牛氏始祖圣临公讳川，籍汴之尉氏县，元泰定元年甲子科举人，乙丑连捷进士，任河南教授，官山西洪洞县令，遂寄籍于洪，居城南二十里椿树胡同，配马氏仪封人，至二世而得三子：长碧波公讳洪，次程波公讳裨，三振波公讳超。碧波公元顺帝至正十一年辛卯举人，壬辰进士，钦点翰林院编修，历官至吏部尚书，配李氏，平阳人。程波公至正十四年甲午举人，乙未进士，钦点翰林院检讨，历官至陕西三边总督，配郭氏洪洞人。振波公至正十七年丁酉武举，戊戌进士，征南有功，封征南将军，历官至满汉大将军，配陈氏山西泽州阳城人。至三世而各得六子。碧波公子：长圣儒公楷，次灿然公炳，三秦凯公来，四楚四公杭，五会九公捷，六秦简公铨。程波公子，长奉白公青，次乾一公健，三文培公郁，四西会公秦，五奉州公颖，六路有公堡。振波公子：长程九公鹏，次蓄山公子，三百生公园，四鹏飞公翼，五百纯公栾，六百移公迁。为我牛氏之十八祖冠盖簪缨一门济美，吁其盛矣乎！自迁民著令，遂至豫省之汜水牛口峪岭上，当是时，盗贼蜂起，中原鼎沸，势不能保聚，而又恐后日之无可考据也，爰将食锅碎为十八片，兄弟各持其一，投亲依友而去，故当时号为十八锅家，又为分锅牛家，后人以为分金堂者，即为此也。迨至洪武帝定鼎金陵，世庆升平，我圣儒祖，由覃怀之济源旋归汜水，乃历行遍访约期会于城西之十里亭，始知居中州者十四家，居外省者四家，各著里居，蔚然相望，虽远在千里之外而痛痒莫不相关，迄于今数百有余岁，而世家守不替，呜呼，尚矣！圣儒公占籍汜水之牛占村①；灿然公占籍洛阳之牛家口，奏凯公占籍固始，楚四公占籍鹿邑，会九公占籍郑州之牛家岗，奏简公占籍西华县牛家口，奉白公占籍祥符，乾一公占籍彰德之林县，文培公占籍密县之下牛村②，西会公占籍夏邑之牛家桥，奉州公占籍保定之完县牛家大场，路有公占籍安徽泗州之盱眙县，程九公占籍怀庆温县之西河屯，蓄山公占籍鄢陵之牛家集，百生公占籍上蔡之牛家庄，鹏飞公占籍山西本籍，百纯公占籍太康之水寨集，百移公占籍山东济南冠县之五里河。"③

牛思瑄的父亲，清道光年间武状元牛凤山于同治二年撰写的《竹园村牛氏祠堂碑文》说：

"元季之时，遇红巾军之乱，势不能聚，而又虑后之无可相识也，爰将铁锅分作十八块，各执其一，以为后日相认之据，投亲靠友散居他方，在河南省十有四人，直隶、安徽、山东、山西各一人，惟吾族讳楷者，先去济源，后籍汜水，以为吾族近支之始祖，其后裔有移居外邑者，而在汜居多焉。迨炎明定鼎，十八兄弟寻访，约期相会于牛口峪，见时，以前所执之物为据，盖吾始祖居长，因来赴焉，会名对锅，今犹传闻，后年远人众，此会乃不举耳。是以今日凡吾族人游于外者，见同姓言及此事者，则不问即知为吾十八祖之裔也。"④

河南偃师《牛氏族谱》记载："始祖讳川，墓在尉县东狱庙东山，今楷祖十四世孙，名凤山，系状元，汜水县居住。因子名思瑄，于同治四年乙丑中

---

① 河南济源石露头牛氏祠堂碑记，"楷祖移济邑东五里堡，至广祖迁县西西石露头，到今十四世计三百余家"。清乾隆四十年（1775），宗祠中尚有木匾两块，一块是"状元及第"（清道光二十六年十六世孙凤山）；一块是"金殿传胪"（清同治五年十七世孙瑄）。还有从祖坟移来的一通碑，上书"显四世祖邑庠生牛公讳广配赵氏墓"，落款是癸巳一甲一名十六世孙凤山暨阖族立石。据碑文记载，牛氏宗祠自清乾隆二年（1737）开始修建，至乾隆四十年十月建成。转引自牛氏文化［Z］.2006（2）：29.
②《密县牛家谱序》，清嘉庆十七年（1812）："本支祖讳郁，字文培，落籍密邑，卜居于县治东北曲梁镇之西南，名曰下牛村。"
③《牛氏宗支源流考》，清同治二年（1863），钦点传胪，殿试二甲，点庶吉士，翰林院编修，国史馆提调，历任礼部侍郎录尚书事，十五世孙瑄谨录。
④ 竹园村牛氏祠堂碑文，清同治二年，转引自牛氏文化［Z］.2007（1）：16.

式贡士，殿试二甲第一名，钦点金殿传胪，奉旨归里告祖，因思追考始祖之墓，并一十八祖之宗祠，于腊月初旬，至密县祭郁祖，又赴鄢陵祭子祖，赴尉县祭超祖，复查始祖之墓，族众均无知者，再三查问，有一牛姓，据称河水未涨以前，东狱庙东山四十余步，有一墓冢，传闻系牛氏老坟，地被他人侵占，有牛进朝控告，将地争出，以河水涨，迄今不知还有墓冢否？于是遂着领路，到墓冢查看，仍有墓冢形迹，上有砖头数块，查问该庙住持，俱称牛氏老坟，复询地主孙氏，亦称系牛进朝将此坟地三亩八分，立约所当价钱三十二仟，又托身照应坟墓等处。余因着人，将冢封起，竖杆一对，复嘱族众，务于清明节以前，将碑坚立，此查真实，乃始信其为牛氏始祖之墓也。"①

河南武陟蒯村《牛氏家谱》记载："牛氏之族，居武邑蒯村，业已有年。盖自何地移之，移自河南汜水县，自何祖移之，四世祖讳春，移至武邑蒯村，何由知之，谱有明文也，查之于谱，亦惟有初有终，其中有缺略不全矣。时当兵争之日，失其绪矣，至大清同治乙丑科汜水县状元凤山，其子讳思瑄，由进士钦点传胪，念与此村为嫡派，故来报及，后思瑄又乘车来拜，朝祖立碑树旗杆于茔前。及是时，族曾祖讳宗武，我祖讳来富，二老之天年尚在，及事毕，留居十数日，谈及先世始祖之里居，功名事业，与此谱并无不同，及思瑄归而后，二老有触于心，遂力倡修谱之议，惜乎二老有志而未逮而卒也，及后族祖讳来声与我叔荫柏二位，素念二老之志，复起此意，创修一草本，至光绪十三年乃成，以经承二老之志，其中所著从七世祖以上，四祖以下，其间尚缺两世，盖有不明也。然我族祖叔父以不明者欲求其明，欲往汜水查明，以补其缺，乃不幸族祖来声有志未逮，而又去世也。及后我叔父之心不欲半途而废也，所以令我与族叔荫桥，于今岁新正初十日，以赴汜水，至汜水查之于谱，即欣于所遇矣，是千古之统绪克承，而万世之渊源又接，不于此可以继往开来乎。"②

山东东明县于屯村《牛氏族谱》记载："清同治年间，河南汜水一支有状

---

① 《牛氏族谱》，年代不详，转引自牛氏文化［Z］.2005（4）：17.
② 《牛氏家谱》，清宣统二年，转引自牛氏文化［Z］.2005（4）：14.

元及第者曾来榆园屯拜识宗亲，赠锦旗，献纱灯，再修族谱，重修祠堂，连台演戏，大会宗亲，盛况空前，尽欢而归。"①

河南获嘉县牛屯村《牛氏家谱》记载："清道光十年牛凤山中状元后，路过牛屯村，会见牛姓族长，叙说家常，认为本家，并问牛家有何困难，牛家族长说常遭水淹，于是牛状元为牛屯修了一道防水堤，群众称之为'状元堤'。"②

清同治十二年，牛思瑄到西华县祭坟，带有《牛氏同宗世族谱》分支别序。③

牛凤山于清咸丰三年在《重修族谱序》中记载："余幼时，从先君及同怀兄游于外，籍习弓马，虽谢文通，乃悉武达，爰得历往密、鄢、洛、济、陈、宛各处，搜采先世遗迹，与家传旧谱皆符。因与我仲兄苍亭，校修本支谱系，颇费周折，仅得其概，乃商之族众，倡建宗祠于穆家沟，举族长、族正、族令，岁时展祀事，率合族以礼法。"④

清同治四年明月坡建牛氏祠堂，牛凤山亲自撰写，其子牛思瑄书丹《创建祖德堂小宗祠记》《牛氏始祖至投亲占籍十八祖系图》《赴尉祭祖图》《牛氏宗谱》等刻石家庙。

牛思瑄于清同治二年在《牛氏宗支源流考》中记载："余常历游中原，遍访十八祖之里居，详考各郡县谱派，知我族所由来者伟矣。至四世而上，某公占籍某处，娶某氏，生几子，皆圣儒公会汜水时所遗，由四世以下，乃先君游各郡时所叙，余先后行数次，历访多皆符，故录数于谱端，以示后人。"清同治十年，牛思瑄去西华祭祖时带去《牛氏同宗世族谱》，同年修《汜水县牛氏宗谱》。

清同治二年以来的牛氏族谱，基本照录了牛凤山父子的说法。

河南尉氏县《牛氏合族建立宗谱碑记》记载："始祖才学高广，身列金阙，家庭要求义训。二世三世祖执笏，三世一十八祖俱各登科，当时光耀灿

---

① 《东明县牛颖后裔重续谱序》，转引自牛氏文化［Z］.2006（2）：17.
② 牛氏文化［Z］.2006（2）：14.
③ 《牛氏同宗世族谱》，清同治十二年，转引自牛氏文化［Z］.2006（2）：5.
④ 《重修族谱序》，清咸丰三年，转引自牛氏文化［Z］.2007（1）：16.

如星斗，德化门内，光被四表，欤钦盛哉。抑惜彼时，元衰道微，兵燹日炽，原同胞而惧遭困，议分爨而散之四方，所以掩祖德，失统绪，以迄于今也。是知国书、家谱大同小异，德之彰与不彰，皆由于数之奇也。"①

河南长垣《牛氏族谱》记载："本洪洞原籍，后迁居长垣，系十八祖翼祖之后。翼字鹏飞，廪膳生，妻徐氏，洪洞县徐尚书女，生十子，始祖乾其所出也。相传前明洪武年间，奉诏迁民，翼祖堂兄弟十八人共持大锅一口，迁至河南汜水县十里亭，斯时，宿同店，食同爨，相依相聚，固不忍一日离也，继而红巾军作乱，十八祖知势难保，即将大锅分开，各带一片，为异日识认之计。有迁居河南者，有迁居河北者，有迁居安徽者，惟翼祖仍回洪洞。其长子乾祖迁居垣邑，迄今传十四世。此牛氏所以有大锅之称也。乾，体元，国学生，前明洪武初年由洪洞迁居垣邑城内关帝庙前街，妻焦氏，三子余波、恩波、碧波。河南上蔡县牛园之后族谱云，始祖乾兄弟十人，门次未详。"②

台湾《重修牛氏家谱总序》记载："自山西省平阳府洪洞县，迁至河南省。殊不知祖居即在河南省开封府尉氏籍锦被岗也。始祖讳川字圣遴，大元之世，尉氏县民籍。泰定帝泰定元年（1324）甲子科举人（自1331年至1340罢科举），1325年乙丑科进士，初任河南府教谕，后升任山西平阳府洪洞县知县，官满，寄籍城南二十里椿树胡同，此所以至洪洞之始也。后生子三人：洪、神、超皆中试皇榜。递生子十八人，无一白丁。元末时，兄弟十八人友爱，甚相念切，不忍离居，众相谓曰，'现今之时，天下荒乱，难以安居'。同至河南汜水县东十里铺，宿则同店，食则同锅，依依相聚，固不忍离也。既而红巾军大乱（元末韩山童、韩林儿之乱，其军以系红巾为号，故有此称），兄弟十八人迎敌，数十回合，不争胜负，众相叹曰：'观此时势，实难久聚，无奈将大锅一口分作十八片，号为十八锅家，彼此各存其一，以为后世子孙相识之计耳。'言讫分锅，遂东西南北天各一方，黄河以北者半，黄河

---

① 河南尉氏县《牛氏合族建立宗谱碑记》，清光绪三十二年，转引自牛氏文化［Z］.2006（10）：12.
②《牛氏族谱》，清同治四年乙丑孟冬版慎德堂，转引自牛氏文化［Z］.2004（4）：3.

以南者半,此所以自洪洞,而散居四方之所以由始也。上溯十八兄弟分锅之始:洪祖生楷、丙、来、杭、捷、铨六子;裨祖生青、健、郁、秦、颖、堡六子,超祖生鹏、子、园、翼、栾、迁六子,共十八人。均属十八锅之支脉,皆为十八祖之后嗣。分支既广,繁衍于河南、山东、山西、河北、安徽等省各地域。"①

《牛氏皖北宗支考》记载:"夫我牛氏之居于皖北也,今已数百年,各地散处所在多有,除盱眙而外,要以我颖涡为盛。均为三世十八祖百移公裔。百移公讳迁,占籍山东济南之冠县,配衡氏,生六子,曰乾坤坎艮震巽离,时当明初洪武帝定鼎金陵,我皖北数郡因被元人连次屠戮,更兼迭遭匪患兵燹,人烟几绝,诚意□□议行,山左土著于皖江,当是人民初得安业,群惧播徙,有为流言者,曰朝廷将留枣林,余则俱徙也,人情汹汹相率居于枣林庄,遂皆被迁,而我来皖之始迁祖与焉。"②

《牛氏鲁西宗支考》记载:"吾支所存锅片与祖谱,失于永乐之抄。兄弟六人与其子,四散奔逃,各投他乡。谱失永乐之抄,不仅先派难记,而祖宗名讳易湮,族势虽众,亦无知支派何矣。幸矣,同治庚午年,有三门六支三支十七世孙牛重燮,承盟尊宗孝祖之诚心,南游池水半载,访得十八支谱。光绪丁丑岁,北访冠县数月,又得四世祖父子逃难之事,由是破锅牛氏族谱清楚,缺之者修,略之者补,错之者正,讹之者改。不但昭穆攸分,昆仲雁行,而更可喜者,某支传某支,湛然之清晰易见。几世系几世,昭然之丝绪难索,谱至于此,皆我牛氏之幸也。"③

河南汜水穆沟牛氏宗庙碑记载:"自元季徙迁,聚族于牛口峪岭上,不意红巾军作乱,骚动日盛,乃议析锅十八块,昆仲各执其一以逃。"④

河南密县《牛氏家谱序》记载:"吾祖堂兄弟十八人,共持大锅一具,同至河南汜水,伊住宿则同店,食则共爨,依依相聚,固不能一日离也,既

---

① 《重修牛氏家谱总序》,转引自牛氏文化[Z].2004(4):3.
② 《牛氏皖北宗支考》,清同治三年甲子蒲月,转引自牛氏文化[Z].2004(4):21.
③ 《牛氏鲁西宗支考》,年代不详,转引自牛氏文化[Z].2004(4):21.
④ 牛氏文化[Z].2004(6):10.

而红巾作乱。"①

表 2 "十八打锅牛"之部分族谱记录

族谱	族谱年代	打锅缘起	打锅时间地点	对锅时间地点	持锅人数
牛凤山《竹园村牛氏祠堂碑文》	清同治二年（1863）	元季之时，遇红巾军之乱，势不能聚	元末	明初 河南汜水牛口峪岭	言及十八祖，有大体籍贯
牛思瑄《牛氏宗支源流考》	清同治二年（1863）	盗贼蜂起，中原鼎沸，势不能保聚	元末 河南汜水牛口峪岭	明初 河南汜水城西之十里亭	言及十八祖，有具体人名及占籍地
《牛氏皖北宗支考》	清同治三年（1864）	奉诏移民	明初 山东冠县	无	言及十八祖，详及"百移公"
《牛氏鲁西宗支考》	不详	无	无	无	言及十八祖，详及"百移公"
河南长垣《牛氏族谱》	清同治四年（1865）	奉诏迁民，继而红巾军作乱	洪武年间 河南汜水县十里亭	无	言及十八祖，无具体人名，详于翼祖之后代
河南尉氏县《牛氏合族建立宗谱碑记》	清光绪三十二年（1906）	元衰道微，兵燹日炽，原同胞而惧遭困	无	无	言及十八祖，而无打锅一说，疑"打锅"为"分爨"
台湾《重修牛氏家谱总序》	1982年	红巾军大乱	元末	无	言及十八祖占籍地

由上述族谱可见，牛凤山父子在同治年间的统谱活动对于"十八打锅牛"说法的形成与传播影响深远。那么，在牛氏父子大力宣传"十八打锅牛"之前，有族谱记录有关"十八打锅牛"的族源史吗？笔者搜集资料如下：

河南林县明故始祖牛大林配张氏之墓碑记载："大明洪武间，始祖牛氏讳

---

① 牛氏文化［Z］.2004（6）：10.

大林，自上党迁而卜居于此，建茔马庵山之阳，积德累仁，耕犁为业，以故天鉴。"①

河南鹤壁牛横岭村《牛氏宗谱序》记载："粤稽先世籍贯，山西平阳府洪洞县沙谷村。自有明太祖迁民，乃卜居于林县大牛家岗。"②

河南沁阳县《牛氏谱序》记载："自川祖历洪祖至楷祖已经三世，楷祖自洪洞而迁河南，始居济源县东五里河。……吾先茔碑记毁坏，承继寥廓，相传二世未有实据，字号、生辰不可考。谨按嘉靖五年新茔继迁，七世始祖讳朝与仕先祖、海祖皆兄弟也，因追述其伯叔兄弟，盖如是，方是八九派焉。朝祖至今相继九世，纂为一谱，别其首派为三才，分其枝派为八卦，以为后世宗枝世守。而十八兄弟之说，以待后人考究。自此以后，每岁朔，迎谱于茔，有子孙者，相继命名，慎勿以螟蛉混叙，乱我宗记。"③

《牛氏祖茔碑序》记载："追思我始祖牛公讳平，原山西洪洞县人，于洪武中迁赴山东，卜居成武县之西小房村。"④

《牛氏族谱小引》记载："吾族自汾河徙济，时称牛十八，牛十九，然实陈远，无可考。"⑤

《牛集族谱序》："始祖山西潞安人也，原系壶关县永宁二里沙湖村，旧家自永乐二年奉旨迁民，合族一十八人，背井离乡，欲议分手，不禁咸然泪下。"⑥

---

① 明故始祖牛大林配张氏之墓为河南林县河顺乡村里北马安村南牛氏老坟，明嘉靖三十五年二月。
②《牛氏宗谱序》，明崇祯五年二月，转引自牛氏文化［Z］.2006（10）：28.
③《牛氏谱序》，清顺治十五年三月，转引自牛氏文化［Z］.2006（10）：28.
④《牛氏祖茔碑序》，清康熙五年十月，转引自牛氏文化［Z］.2006（10）：29.
⑤《牛氏族谱小引》，清康熙四十二年，转引自牛氏文化［Z］.2006（10）：28.
⑥《牛集族谱序》，清乾隆五十年，转引自牛氏文化［Z］.2004（5）：6.

表 3 "十八打锅牛"之部分族源史记录

族谱	族谱年代	打锅缘起	打锅时间地点	对锅时间地点	持锅人数
明故始祖牛大林配张氏之墓	明嘉靖三十五年二月（1556）	无	时间：无 地点：迁自山西上党	无	无
河南鹤壁牛横岭村《牛氏宗谱序》	明崇祯五年（1632）	无	时间：无 地点：迁自山西平阳府洪洞县沙谷村	无	无
河南沁阳县《牛氏谱序》	清顺治十五年（1658）	无	时间：无 地点：洪武年迁自山西洪洞县	无	对于"十八兄弟之说"存疑
《牛氏祖茔碑序》	清康熙五年（1666）	无	时间：无 地点：洪武年迁自山西洪洞县	无	无
《牛氏族谱小引》	清康熙四十二年（1703）	无	无	无	牛十八 牛十九
《牛集族谱序》	清乾隆五十年（1785）	奉旨迁民	无	无	合族一十八人

由此可见，在牛凤山父子推广"十八打锅牛"的谱系之前，最晚于清代顺治年间，已经有关于"牛氏十八兄弟"的说法，然而，这种说法在当时就到质疑，因为没有任何"打锅"的痕迹出现。但迁自明初洪武年间山西洪洞或上党的说法，在明末清初是得到认可的。

从上述资料中可以看出，清道光、咸丰、同治年间，正是牛凤山、牛思瑄父子创造了"十八打锅牛"的历史。牛凤山是清道光年间的武状元，其子牛思瑄是清同治年间的翰林，二人在清代末年河南牛氏家族中的地位与影响以及他们对于族谱纂辑事业的投入，引发了牛氏族人积极参与整理各自族谱以及联合统谱的热情。

推开"十八打锅牛"之族谱是否真实不谈，牛凤山对于后来"十八打锅牛"谱系的总结整理与广泛传播功莫大焉。他的儿子牛思瑄更是推波助澜，多次按图寻访故老，认祖归宗，不遗余力。

在牛凤山父子的记录中，有一点值得特别注意：他们一再强调在搜采各地遗迹时，多与已知谱牒记录相符，这一说法是否确实，已经无法证明了。但可以肯定的是，今天自以为是"十八打锅牛"后裔的牛姓人讲述的相关传说，基本上是牛凤山父子创造的版本。

三、两种历史观：传说与族谱

传说与族谱作为两种不同类型（体裁）的文本材料，其中包含的关于"十八打锅牛"的信息并不相同：传说在介绍"打锅"的缘起时，首先表现出多元化的特点。本文提供的材料当中就有三种解释：政治迫害、败于匪乱、奉旨迁民。但是，传说似乎更愿意把重心放在元末牛氏家族的势力之庞大，以及这种势力给元政府造成的压力的描述上面，这种表述具有多重的、复杂的内涵：一方面是对于祖宗的辉煌历史的荣耀感，另一方面则有一种悲剧意识。而族谱在介绍"打锅"缘起时，基本上没有反映出这个层面的意识。编纂者一般都是在比较冷静地介绍祖先的官职、籍贯以及迁移的时间与地点，传达信息的目的是主要的，即使其中包含对于祖先的自豪感，编纂者也没有把这种自豪感与迁民的缘由联系在一起的意图。此外，族谱较之传说，在迁民的时间与地点方面也更加确定。

从上文提供的材料可以大致了解，牛氏家族迁民的历史可能发生于元末明初这一民族大融合的时期，但"民族矛盾"并不是历史传说与牛氏族谱讲述的重点，它们主要强调的是官场斗争与农民战争。此其一。

传说在介绍"打锅牛"的数量方面，显得过于随意而又十分人性化，它会在十八兄弟（或者其他数目，这在传说当中并不十分重要）之外加上一个出嫁回娘家的"张门闺女"或"李门闺女"，至于这十八兄弟的姓名与分迁的地域则并不重要。而在族谱资料中，重要的是他们的名字、迁出的时间、迁出的地点、相互之间的血缘谱系。为了弄明白祖宗的宗派发展脉络，牛凤山父子不辞辛苦，访诸故老，力求做到"昭穆攸分，昆仲雁行"。从牛氏宗族自清同治二年统谱以来记录的族谱来分析,其中许多族谱应该是相当精确的。父子兄弟的谱系绝不至于紊乱。由此可见,牛凤山父子对于"十八打锅牛"传说的传播与家谱的统一工作作出了很大的贡献。他们虽然生活在清代中后期,经历了国家衰败的历史,很可能培养出强烈的"国族意识",但上文引述的文献更多地反映出一种宗族意识。此其二。

四、直义与隐喻:来自结构语言学的启示

结合上面的分析,本文似乎可以重新回到"传说与历史"的关系问题上去。后现代历史学强调"传说与历史"相同的一面,认为它们都是一种叙述。然而,在材料的层面上,"传说与历史"相异的一面仍然需要被强调。从语言学的观点来看,历史材料,譬如族谱之记载,高、曾、祖、父、子、孙一脉相承,紊乱的可能性极小,保存完好的族谱必然是"事实信息"的记录,属于"直义性"的叙述;但是如果族谱年久失修,或遗失不传几代以上,后代便不得不通过各种方式访诸故老,辗转传说,这样的族谱中就多有想象的成分。这种关于祖先的记录的主要目的便不再是传达"事实信息",而是在表达讲述者的某种心理真实,属于"隐喻性"的叙述。这种"隐喻性"叙述与民间传说相互支持、相互借用,共同构成另一种"体裁(文类)",传达着不同的文化信息。

结合民俗学家对于历史传说的研究活动来看,如果对所研究材料的性质把握不准确,很可能会影响分析的准确性。本文试图站在民俗学的立场上,从如下两个方面简要检讨民间传说的本质特征以及关于民间传说的历史学研究,希望能对历史传说的研究有所助益。

(一)传说研究中的文本中心主义倾向

从目前民间传说的研究史来看,几乎所有的研究者依据的材料都是口头传说的"书面文本"。比如,赵世瑜教授曾对传说下过定义:"从广义来说,传说即指传述者自己并未亲历,而仅为耳闻的故事,以此与口述史相区别,同

时它又与口述史资料有其共性，即同为口头叙事。"① 在这个意义上，"传说"与"文献"相对应。但是，也有许多传说见于文献，这些文献大都是笔记小说、稗官野史，在这个意义上，"传说"又与"正史"相对应。然而，既然早在顾颉刚先生那个年代的学者们就已经认识到"传说"和"历史"总是纠缠不清的，既然像《史记》这样的"正史"中也充斥着"传说"，这就意味着，对于"传说与历史"的关系问题，"是否出诸文献"或者"是否出诸官方"，这两个角度都不是根本性的判断标准。

事实上，赵世瑜教授在论文写作的过程中，由于历史学研究视角、目的定位以及历史学家注重历史文献的学术传统，无意中把"文献记录中的传说"等同于"口头传说"来处理了。在民俗学家看来，这个无意中的置换的后果却是致命的。这里还需要掉一下书袋，从结构语言学家罗曼·雅各布森的教导说起。

1958 年，雅各布森在美国印第安纳大学一次语言学学术会议上发表了题为《结束语：语言学与诗学》的演讲②。他认为，语言交流应该包括六个组成因素，任何交流都是由说话者所引起的信息构成的，它的终点是受话者。信息需要说话者和受话者之间的接触（口头的、视觉的、电子的等），接触必须以代码（言语、数字、声音、姿态等）作为形式，信息又必须涉及说话者和受话者都能理解的语境，因为语境，使信息具有意义。

雅各布森对交流活动所做的阐述的核心观点是："信息"不提供也不可能提供交流活动的全部"意义"，交流的所得，有相当一部分来自语境、代码和接触手段。按照这一理解，意义并不是一个自由自在地从发送者传递到接收者的稳定不变的实体，在任何一个特定的交流活动中，言语六要素永远不可

---

① 赵世瑜.小历史与大历史：区域社会史的理念、方法与实践［M］.北京：生活·读书·新知三联书店，2006:74. 首重号为本文所加。由于赵世瑜一再强调，他的研究是一种历史学研究，因此，本文的反思角度无意于批评他的研究，而仅仅是一种研究视角的差异，事实上，本文第三部分就是在赵世瑜对民间传说的历史学研究的启发下的一点尝试。

② 雅各布森.语言学与诗学［M］//赵毅衡.符号学：文学论文集.天津：百花文艺出版社，2004：169-184.

能处于绝对的平衡状态。如果交流倾向于"语境",那么"指称的功能"占支配地位;如果交流倾向于"说话者",那么"情感的功能"占支配地位;如果交流倾向于"受话者",那么"意动的功能"占支配地位;如果交流倾向于"接触",那么"交际的功能"占支配地位;如果交流倾向于"代码",那么"元语言的功能"占支配地位;如果交流倾向于"信息本身",那么"美学的功能"或者"诗的功能"占支配地位。

当口头传说脱离活生生的交流情境而被文本化以后,文本化传说的"美学功能"会凸显出超强的"自我意识"。它首先会把读者的注意力吸引到自己的本质、音响格式、措辞句法等问题上,而不是先指出外在的某种"现实",从而成为让·鲍德里亚所说的"漂浮的能指"。霍克斯提醒我们,"语言的'美学功能'是增强'符号的可触知性'。结果,它系统地破坏能指和所指、符号和对象之间的任何'自然的'或'明显的'联系。正如雅各布森所说的,它'加剧了符号和对象之间的基本对垒'"①。

民间传说的研究者恰恰忽视了雅各布森的忠告,把全部意义都交付给了传说文本的"信息",对于"说话者""受话者""语境""接触""代码"等因素一概忽略不计、置之不理②。在国际民俗学界,这种"以文本为核心指向的静态研究法"正在被"以表演为核心指向的动态研究法"所取代③。这种研究方式受到整个民俗学界的反省与质疑绝非偶然。笔者在研究"十八打锅牛"时,已经清楚地意识到"以文本为中心"的研究策略的局限性,把这一传说的全部意义寄托在文本的"信息"层面,不仅过于简单化,也有悖于后现代主义的学术精神。

---

① 霍克斯.结构主义和符号学[M].瞿铁鹏,译.上海:上海译文出版社,1997:83.
② 对每种类型的证据而言,历史学家都要问它是如何形成的、为什么形成的以及它的真正意义何在。有歧义的资料必须相互对照,必须对资料的作伪和空白作出解释。任何档案不管是多么权威都必须接受质疑,用汤普森的话来描述就是,证据必须"接受一个在质疑的学科中受过训练的头脑的质询"。托什.史学导论:现代历史学的目标、方法和新方向[M].吴英,译.北京:北京大学出版社,2007:93.在历史传说的研究方面,历史学家约翰·托什的忠告颇值得我们重视。
③ 王杰文.文化政治学:民俗学的新走向?[J].西北民族研究,2005(4):180-188.

举其荦荦大者而言：首先，从说话者的角度来看，关于"十八打锅牛"的讲述者大多是各地方的知识分子，这一身份特征对于口头传说的讲述与传播影响重大，可这一方面的研究却十分匮乏。民俗学界对于将口头传说文本化的实际操作者的具体操作过程所知甚少，往往会不假思索地把"文本化的传说"作为"口头原始材料"来使用。其次，从受话者的角度来看，目前很少有研究关注实际的讲述活动中听众的反映。笔者在山西省壶关县的一次田野经验形象地说明，在口头传说的讲述过程中，听众的反应是十分重要的。壶关县沙峪村是全国许多牛姓后人心目中的圣地，因为这是传说中他们祖先"打锅"的地方。但是，当地一些村民对这一讲述内容颇不以为然，认为他们牛姓家族根本就不姓"牛"，而是姓"朱"，原因是明代末年，朱姓后裔为了躲避满清的杀戮才改姓"牛"的。联系到前文述及的"异文一"以及山西牛姓"乐户"的起源[①]，笔者怀疑，山西牛姓家族中的某一部分人，很可能是明代分封山西的皇族及其家仆的后裔。这一发现既说明了牛姓族人中对于"打锅牛"话语霸权的反抗，也反映了他们对于"牛姓"渊源的多元历史记忆。

以"文本中心主义"为指导的传说研究，其论述的过程很难避免"宏大叙事"，虽然这是后现代历史学家最忌讳的表述方式。正如上文所述，当作者把口头传说简化为书面传说加以处理时，一个特定的言语活动的六个因素，只剩下"信息"了。为了在不同时间、不同地点搜集而来的不同传说之间建立联系，作者无可避免地会把所有文本中的"信息"作同一化处理，从而无意间扩大特定传说文本"信息"的指涉范围。"A""B""C""D"等一时一地流传的传说，被扩大到更大的地域范围。比如，"A""B""C""D"四种类型的传说涉及一个共同的事件"Z"，但是，"A"传说流传于"E"地，"B"传说流传于"F"地，"C"传说流传于"G"地，"D"传说流传于"H"地。传说的研究者仅仅因为它们都涉及"Z"，就有意无意地把"A""B""C""D"四类传说关联起来，表述成流传于"E""F""G""H"

---

① 山西长治乃明太祖朱元璋第二十一子朱简王的封地，清初对明皇室后裔大开杀戒，一部分朱氏后裔遂改姓牛，转引自牛氏文化[Z].2004（4）：10.

各个地区的共同传说，殊不知"Z"这一共同因素背后隐藏着多元文化背景。这种宏大叙事策略不能不以牺牲地方之间、个体之间、文本之间的差异性为代价。

（二）历史事实与心理事实：直义与隐喻

如果传说的研究者把"文本"作为研究对象，那也就意味着"文本"的意义只能在文本自身内部与文本之间产生，文本与现实之间的关系被搁置不论了。

从理论上讲，文本中心主义就意味着文本的意义是多重的，不同的解析者可以理解出不同的含义。但是，文本自身话语的模式以及"文本间性"的存在又为理解的多元化施加了某种限制。在这样的理论背景下，后现代历史学家认为，"历史学是伪装成事实集合的能指的展示"[①]。后现代历史学家的目标已经不再是重构过去，他们研究的是文本间的论证关系而不是事件间的因果关系。

虽然后现代历史学家在理论上振振有词，坚持人类语言都是自我参照的，而不是表现性的；是指向符号自身的，而不是指向外在事物的；是隐喻的，而不是直指的。但是，在日常生活中，意义却能够被明确地传达，也能够被正确地理解。如果六百年前的语言主要是在发挥传达信息的功能，我们就没有理由不把它作为"信息"来理解。在这种情况下，语言与实在之间的关系仍然非常明显。

仅就"打锅牛"的族谱资料来说，其文字记录与牛氏家史是否相符？也就是语言是否反映了家族繁衍的历史事实呢？"过去的事实"能够等同于"历史学的事实"吗？

许多人对此持怀疑态度：理由如下：

第一，任何记录者所能获得的原始资料都不可能穷尽。这不仅是因为资

---

① 托什.史学导论：现代历史学的目标、方法和新方向[M].吴英，译.北京：北京大学出版社，2007：166.

料太多，或者被偶然破坏，还因为许多重要的事件根本就没有留下记录。

第二，资料可能被记录者有意无意地加以扭曲。

第三，资料也可能过于丰富，远远超出了记录者能够掌控的范围。

第四，许多被视为历史的"事实"实际上是依据推理得出的。

尽管上述理由可以轻易地把"过去的事实"与"历史学的事实"区别开来，但是，我们不能排除二者之间相互交叉的可能性。仅就族谱资料而言，"历史学的事实"基本上是对"过去的事实"的反映。正史当中帝王家史就是一个典型的例子。在研究与家族移民相关的历史传说时，民间传说与族谱、碑文当中的记录往往相互符合，"十八打锅牛"传说即属此例。在这种情况下，"真实的"与"信以为真"，历史与传说之间的关系就变得更加微妙了。

总而言之，无论"十八打锅牛"的传说是否与元末明初的政治斗争有关，关键的问题是相当一部分牛氏后人以及其他非牛氏族人"信以为真"。即使将来材料更加全面丰富，历史学家可以考证出哪些牛姓族人是"打锅牛"的后裔，哪些不是，或者有关"打锅牛"的历史根本就是一个虚构，也无法夺去"十八打锅牛"在许多人的文化心理结构中的"原型地位"。从这个意义上说，目前流行的"十八打锅牛"传说就是真实的存在，就是牛氏后人心目中真正的祖先源流史，这就是无可奈何的"历史事实"。也正因为如此，研究者在解释传说的过程中，需要注意不同类型的材料，使关于"十八打锅牛"的传说"原型"基于口头传说，却又不停留在口头传说的层面。

这个目标的实现，需要历史学与民俗学的合作。

"表演理论"视角下的非遗*

2003年10月17日,联合国教育、科学及文化组织(UNESCO,以下简称联合国教科文组织)第32届大会在巴黎通过了《保护非物质文化遗产公约》(以下简称《公约》)。20多年过去了,《公约》已经彻底改变了人类对于"文化遗产"概念的理解,进而从根本上改变了人类对于文化遗产的管理方式。[1] 在《公约》通过之前,有关"文化遗产"的主流话语,常常是与文物、建筑以及遗址的完美性、纪念性有关,与重大文明起源地的稳定性与物质性有关。而这样的观念客观上会把人类文化遗产之非物质的、民俗性的维度边缘化、贬低化。因此,从一开始,《公约》就被看作批判"文化遗产"话语体系之精英主义与纪念碑主义的矫正性方案。

当然,从历史发展的角度来看,《公约》最终被世界各国广泛接受与推行,是建立在联合国教科文组织在《公约》通过之前推出的一系列文件的基础之上的,[2] 这些文件让几个重要概念变得流行起来。第一,"文化"的概念获得了极大的拓展,即"文化"被看作一个社会或社会群体特有的精神、物质、智力和情感特征的综合体。它不仅包括艺术和文学,还包括生活方式、人的

---

* 本文原载于《遗产》2024年第10期,收入本书时有改动。
[1] BLAKE J. Development of UNESCO's 2003 convention: creating a new heritage protection paradigm?[M].London: Routledge, 2017: 11.
[2] 比如在国际政策背景下有《保护世界文化与自然遗产公约》《世界文化多样性宣言》《伊斯坦布尔宣言》《保护和促进文化表现形式多样性公约》《世界人权宣言》《经济、社会及文化权利国际公约》《公民权利和政治权利国际公约》等;在国际法律背景下有《武装冲突情况下保护文化财产公约》《关于禁止和防止非法进出口文化财产和非法转让其所有权的方法的公约》《保护水下文化遗产公约》等。

基本权利、价值体系、传统和信仰等。第二,"可持续发展"的理念(包括经济的、社会文化的与环境的三个维度)被普遍接受。经济的可持续发展与文化的繁荣被证明是相互依赖的关系,因此,制定相应的文化政策成为各国可持续发展战略的关键性内容。第三,"社会文化权利"被予以更多强调和关注,逐渐成为"人权"的基本内容之一。

在上述国际政策与法律观念变迁的背景下,民俗学曾对《公约》的制定工作作出了奠基性的贡献。北欧民俗学家,尤其是芬兰民俗学家劳里·航柯((Lauri Olavi Honko)积极参与了《保护传统文化和民俗的建议》(1989)[①]的草拟工作。尽管"传统文化"与"民俗"两个概念最终被"非物质文化遗产"的概念取代了,《保护传统文化和民俗的建议》最终被《公约》取代了[②],但20世纪70代北欧民俗学的工作思路与操作方法,仍然是联合国教科文组织开展非物质文化遗产保护工作的基本参考和手段,是《公约》"操作指南"依据的底本。

有批评者指出,《保护传统文化和民俗的建议》是一部"研究者驱动的文本(a researcher-driven text)"[③],并不符合《公约》以社区、群体或者个人为中心的遗产保护精神。然而,20世纪80年代末,也就是在劳里·航柯草拟上述文件的时候,国际民俗学界已经普遍地接受了"表演"的概念,整个学科已经彻底地实现了研究范式的转型(从"文本"转向"表演")。劳里·航柯作为北欧乃至国际民俗学界的领袖人物之一,自然谙熟当时国际民俗学的最新发展趋势,但是,他似乎并没有把"表演"的观念纳入民俗保护的草案当中。

较之30多年前,如今"表演研究"的理论框架更加完备,国际民俗学者参与《公约》之执行与批评工作的经验也更加丰富。在此前提下,本文试

---

① 王杰文.北欧民间文化研究(1972—2010)[M].北京:学苑出版社,2012:138-140,152-157.
② BLAKE J. From traditional culture and folklore to intangible cultural heritage: evolution of a treaty [J]. Santander art culture law review2, 2017(3):41.
③ BLAKE J. Developing a new standard-setting instrument for safeguarding intangible cultural heritage: elements for consideration [M]. Paris: UNESCO, 2001:2.

图从"表演研究"的视角出发,重新思考《公约》的制定目标,反思其工作思路,评估其实际成效,具体分为三个方面:第一,许多"非物质文化遗产"被其所属社区、群体或者个人看作"表演",而缔约国相关保护单位把这些"表演"与原本并非表演的日常生活实践,命名为"非物质文化遗产"并加以保护,这种保护行为本身也可以被视为表演进行研究。第二,联合国教科文组织广泛采纳众多人文社会科学的研究成果,摒弃了20世纪80年代之前国际民俗学以局外人视角为中心的保护策略,转而强调地方社区、群体或者个人的局内人视角,强调非物质文化遗产保护工作与人类可持续发展战略、人权保障原则的相互协调。"表演研究"立足于具体的经验性材料——而不是从抽象的原理与观念出发——试图反思《公约》在观念与实践层面可能存在的矛盾与问题。比如,保护非物质文化遗产会不会违背人权?有关非物质文化遗产的知识产权观念是否成立?保护非物质文化遗产会不会与可持续发展战略相矛盾?《公约》强调社区、群体或者个人的参与,然而在具体的情况中,上述主体如何参与?如果无法参与该怎么办?对于多语言共存的地区,保护语言是否会造成分裂?《公约》及其相关工作如何改变了非物质文化遗产?如何评估非物质文化遗产保护工作的成败?应该采用量化还是质化的标准进行评估?等等。第三,在解读《公约》的基础上,表演研究乃至整个民俗学,如何保持自身作为一门现代学科的独立性?民俗学的"表演研究"如何思考上述问题,如何再次为联合国教科文组织的非物质文化遗产保护工作提供理论批评,是当前国际民俗学界的重要任务之一。

一、作为"表演"的非物质文化遗产

按照《公约》的定义,所谓"非物质文化遗产"(以下简称非遗)指的是:

> 被各社区、群体,有时是个人,视为其文化遗产组成部分的各种社会实践、观念表述、表现形式、知识、技能以及相关的工具、

实物、手工艺品和文化场所。这种非物质文化遗产世代相传，在各社区和群体适应周围环境以及与自然和历史的互动中，被不断地再创造，为这些社区和群体提供认同感和持续感，从而增强对文化多样性和人类创造力的尊重。

非常明显，非遗的概念涉及对象因素、主体因素和空间因素三个方面。所谓"非物质"并不意味着仅限于思维与意识的层面，还体现在实践、表演或者社会展演的其他层面。也就是说，"非物质的"因素常常需要依附于"物质的"的因素，人们需要借助于工具与器材来表演非遗，非遗的表演往往发生于特定的场所，有时也会创造出物质产品。当然，工具与场所只是因为它们与非遗的表演相关才被提及，并不一定具有独立的物质文化遗产价值。因此非遗重要的是实践、表达、表征、知识与技能的传承，而不是这些传承与表演所借助的工具、场所及产品。此外，《公约》强调非遗的核心主体是社区、群体与个人，正是因为他们把相关文化实践活动视为非遗。

按照《公约》总则部分第二条有关非遗的定义，非遗被进一步划分为五种亚类型：

1. 口头传统和表现形式，包括作为非物质文化遗产媒介的语言；
2. 表演艺术；
3. 社会实践、仪式、节庆活动；
4. 有关自然界和宇宙的知识和实践；
5. 传统手工艺。

第一种亚类型中，"口头传统"是指通过口头的方式传承与记忆过去的信息；"表现形式"是指用口语或者歌谣表达非遗的各个层面。显然，"口头"传承的方式是非遗传承的主要形式，这也是《公约》特别强调"语言"媒介的原因所在。需要特别说明的是，语言本身并不是《公约》关注的焦点，它作

为非遗传承之媒介的重要角色才是问题的关键。换句话说,《公约》关注的是口头传统与表达本身以及其公开的表演,事实上,正是这些公开的表演——较之词典、语法书与数据库——更好地保护了地方语言。①

第二种亚类型是"表演艺术",它包括音乐、舞蹈、戏剧、故事讲述、诗歌演唱、哑剧等具有社群创造性的特定实践。有的学者把"表演艺术"称为"被标定的表演"(marked performance)②,意味着它们是地方民众明确地承认的"表演"。然而,一方面,这些"表演艺术"常常附属于第三种亚类型,即仪式、节庆活动;另一方面,"表演艺术"又包含着大量的文化表达,它们本身属于"口头传统与表现形式"。在这个意义上,前三个亚类型之间的界限常常是模糊的。尽管如此,在相对可以区分的意义上,第二种亚类型"表演艺术"是整个非遗领域中最受人瞩目的,也最容易被滥用与侵权,自然也最应当受到关注与保护。③

第三种亚类型中,"社会实践"体现了不断变化的概念、知识、技术,以及相关的社会关系、集体的渴望、决策的方式、解决冲突的机制等;"仪式、节庆活动"是集体性的聚会、特定文化群体的重大庆典,通常是载歌载舞,充斥着各种形式的表演。一般来说,社会实践是日常性的,而仪式与节庆活动是非日常性的,二者都是对社群的世界观,对其自身历史与记忆的认知的反映。社会实践、仪式与节庆活动包罗万象,囊括了众多表达与身体元素,比如特定的姿势与词汇、朗诵、唱歌、跳舞、盛装展演、游行、祭祀以及节

---

① 在国际民俗学界,以理查德·鲍曼为代表的新民俗学家提出了"作为表演的口头艺术"的概念,他们关注口头艺术在现实社会生活中的存在状态,更早也更加深入地强调把"口头艺术与表现形式"作为表演来考察的重要意义。参见 BAUMAN R. Verbal art as performance [M]. Rowley,MA:Newbury House,1977.
② RICHARD B. Performance [M] // BARNOUW E. International encyclopedia of communication. Oxford:Oxford University Press,1989:262.
③ 克里斯托弗·巴尔姆以及艾利卡·费舍尔·李希特等人从新的视角出发,考察了通俗意义上的"表演艺术",提出了理解表演艺术的新观念与新思路。参见李希特.行为表演美学——关于演出的理论 [M].余匡复,译.上海:华东师范大学出版社,2012;巴尔姆.剑桥剧场学导论 [M].李竞爽,孙晓雪,译.北京:中国文联出版社,2022.

日食物的烹制与享用等①。正是这些社会实践、仪式与节庆活动的综合要素共同定义了特定社区或者群体的身份认同；保护这些社会实践、仪式与节庆活动，也就意味着保护该社区个体成员的社会、经济与文化的权利。此外，既然仪式是宗教或者精神信仰的一部分，把仪式纳入《公约》保护的范畴，就意味着要保护个体的信仰自由，这也是保护人权的重要内容之一。②

第四个亚类型"有关自然界和宇宙的知识和实践"，指的是特定的社会群体在与自然环境的互动中所发展出来的知识、专有技术、技艺、实践与表征。这些知识与实践一般是通过语言表达出来的，属于口头传统，其中蕴藏着特定社会群体的地方归属感、历史记忆、精神世界与生活观念。比如传统的生态智慧、地方性传统知识、传统的治疗体系、仪式与信仰、宇宙观、社会组织、视觉艺术等。总体来说，它们是地方民众在长期社会生活中积累下来的，传承并沿用至今的一切生产与生活知识的总和，有利于地方群体持续地管理与使用自然资源。

第五个亚类型"传统手工艺"似乎不是"非物质的"，而是"物质的"，不过《公约》主要关注的是手工艺中的技术与知识，不是其工具与产品。因为有形的遗产形式是通过无形的实践、使用与阐释而获得其意义的，所以非遗保护的重点是创造有形产品的过程。

上述五种亚类型中的前三种，从民俗学与人类学的角度来说，都明显"是"（is）表演，或者至少已经被"作为"（as）表演来看待。而且，既然非遗内在地要求展示给外在世界与他人观看，而不能"秘不示人"，那么上述第四与第五种亚类型也因为《公约》制定者假想有观众在场，可以被"作为"

---

① 有关大型宗教与民间宗教、职业体育运动与传统游艺竞技的边界，以及后者被纳入非遗保护的对象，而前者被排除在外的争论，需另文讨论。但是，总体而言，非遗强调的是非职业的社会实践，是存在于日常生活、仪式与节日语境中的活动，它们有利于提升群体成员的参与感、归属感，有利于加强社会团结与跨文化之间的对话。

② 弥尔顿·辛格、欧文·戈夫曼、克利福德·格尔兹、维克多·特纳以及理查德·谢克纳等人提出了"文化表演""社会戏剧"等概念，倡导对仪式与游戏等人类文化行为进行阐释性的理解，他们挪用了戏剧学的概念，从隐喻与象征的角度出发，理解人类群体性的社会文化事件。

参见 CARLSON M. Performance: a critical introduction [M]. New York: Routledge, 2017.

表演来对待。况且，在现实生活中，上述五种亚类型之间的边界并不是完全清晰的，它们之间相互渗透，这使得非遗之表演的特征更加浓厚了。

美国民俗学家芭芭拉·科森布莱特·吉姆布莱特（Barbara Kirshenblatt-Gimblett）将非遗保护工作分为两个方面：一方面是实践本身（doing the practice），另一方面则是为实践而开展的工作（doing something about the practice）①。比如非遗对传统民俗文化进行的改造性努力。前一种"实践"是后一种"实践"的内容；后一种"实践"则是前一种"实践"的"元实践"，即对前一种"实践"再创造。理查德·谢克纳（Richard Schechner）则区分了"做"（doing）与"做秀"（show doing）②两种层次的行为与事件。从表面上看来，二者截然不同，但在表演研究的框架里，两种"行为"都是"二次行为化的行为"，都是按照类似的行为原则被组织起来的，因此它们可以被置于一个整体的"表演"框架中予以理解。

在表演研究中，所谓"表演"，意味着表演者与观众的共同在场，意味着二者——表演与观看（或者聆听）进行的交流具有即时性与语境性，也意味着每一次表演都是不可复制、转瞬即逝的。既然大部分非遗相对于自然遗产与（物质）文化遗产都是表演，既然《公约》的宗旨是保护非遗，那么，作为表演的非遗，如何才能被保护呢？在具体工作中，真正保护的内容到底是什么？它与其他想要保护的对象到底有什么差别？

二、"活态保护"的悖论

《公约》第二条第三款指出，"保护"是指"确保非物质文化遗产生命力的各种措施，包括这种遗产各个方面的确认、立档、研究、保存、保护、宣

---

① GIMBLETT. Destination culture：tourism，museums and heritage [M]. Berkeley：University of California Press，1998：139.
② SCHECHNER R. Performance studies：an introduction（4th edition）[M]. London：Routledge，2020：4.

传、弘扬、传承（特别是通过正规和非正规教育）和振兴"。

这里所谓"确认"就是通过人类学与民俗学的田野作业，细致地记录与辨析相关的地方文化材料；"立档"是借助于多种记录媒介（文字、图表、图片、录音、录像等）对田野材料进行造册登记；"研究"是对前述两项工作的进一步深化，以期获得更多理解；"保存"是指通过物化非遗的元素，对调查成果确定的物理特征的连续性加以保存；"保护"侧重于对调查成果采取法律手段进行保护，或对物理空间开展修复工作，"保存"和"保护"都需要依据法律制度、行政法规和技术程序进行；"宣传"意在强化非遗的价值，使其可以被更多的人所认知；"弘扬"则要求促进非遗的使用，推进其可持续发展；"传承"指的是遗产的连续性，使非遗从现有的传承者向年轻一代传承与延续，或者是通过公共展示、教育，传播给更大范围的公众；"振兴"意味着采取一切手段来激发非遗的生命力，促使其焕发生机。

从理论上来讲，非遗的保护离不开其所属社区、群体或者个人的积极参与[①]，相关的保护措施应当确保非遗的连续性，也就是说，《公约》强调的是文化的传承过程，而不孤立保护非遗本身；强调的是地方社区、群体或者个人的主动性与能动性，而不是由外在的机构、群体或者个人的"越俎代庖"。

《公约》赋予"社区、群体或者个人"以核心的角色，基本的意图是强调非遗保护工作中人的维度与社会的构成。"社区、群体或者个人"是非遗之创造、表演与传承的主体。《公约》以及其他相关文件也明确强调了要保障"社区、群体或者个人"积极参与向联合国教科文组织提名他们的非遗项目，同样，任何有关他们非遗项目的申报与保护工作，都应该征得他们的同意[②]。"参

---

① UNESCO.Convention Concerning the Protection of the World Cultural and Natural Heritage（1972）.《保护非物质文化遗产的伦理原则》第一条更是强调了这一点。

② 《公约》第三章"在国家一级保护非物质文化遗产"第十一条明确指出：各缔约国应该在第二条第（三）项提及的保护措施内，由各社区、群体和有关非政府组织参与，确认和确定其领土上的各种非物质文化遗产。这也就是说，在确认与定义非遗清单的过程中，社区、群体或者个人扮演着重要的角色，他们由此提升非遗文化的意识，增加个体或者群体身份的认同，不断地强化群体的认同感与自豪感（既然清单可以不断地补益），以此可以提升社区、群体或者个人的自尊心与创造力。

与"这一概念是非遗保护工作的重要概念,也是非遗保护可持续发展的关键。事实上,只有"社区、群体或者个人"积极参与非遗的保护工作,非遗才有可能被有效地传承。

而且,"当非物质文化遗产是活态遗产时,还必须允许每一代人重新创造、重新诠释和改编"①。问题的关键在于,这种"重新创造、重新诠释和改编"的界限在哪里?多大程度上的改编可以被视为非遗和非遗自然的转变,而不是人为的转变?举例来说,技术的革新可能会使非遗的技艺明显过时,但它也可能激活那些已经退出历史舞台的非遗。《公约》强调要恢复遗产,以确保其活力,但它并不鼓励复兴那些在当代社会中缺乏社会功能的历史性实践,它的主要目的是保护活态的非遗。现代化与复兴(Modernisation and revitalisation)正好展示了非遗的社会性与活态性,非遗传承中的现代化与复兴意识②,既满足了当代人的需要,又不至于损害未来人的福祉。

总之,"社区、群体或者个人"是非遗的最终评定者,只有得到他们的认可与传承,非遗才有可能获得可持续的发展。因此,专家的评估、本真性的要求、突出的普遍价值或者等级评定等不再适用于非遗。相反,本真性与"社区、群体或者个人"的再创造、现代化与复兴的行为并不兼容,一旦某个社区的代际传承的条件满足了,某种实践或者表达是不是由这个社区创造的、是否采纳或改编自其他社区就不重要了。因此,保护非遗,并不是要复兴某种本真的传统,或者恢复传统的行为方式与传承方式。简单来说,任何固化的行为都有悖于保护非遗的精神,因为它不能满足非遗连续地被创造的要求。

显然,《公约》更强调"社区、群体或者个人"对其自身非遗价值的主观

---

① UBERTAZZI B. Intangible cultural heritage, sustainable development and intellectual property international and european perspectives[J]. Springer nature switzerland AG, 2022(4): 50.
② 艺术节是一种典型的复兴非遗的行为。艺术节呈现的是世界文化的丰富性与复杂性,它把来自不同文化的久负盛名的传统与现代的创造并置一起,以歌舞、戏剧、电影、摄影、手工艺以及其他方式展示出来。艺术节使"社区、群体或者个人"有机会复兴并保存其文化实践,强化社会整合,刺激跨文化的对话,加深对共享经验的理解,培养社会的可持续发展。

判断，而不是外来机构或者个人的判断①。它重视一切非遗项目的可见性与代表性，普遍地承认其各自的意义与价值，并拒绝作出等级区分，因为任何等级区分都有悖于在相互尊重的前提之下的文化对话，有碍于人类的亲密接触与相互沟通。因此，《公约》特别强调"社区、群体或者个人"对于非遗的评估权与仲裁权。

总之，"社区、群体或者个人"②有权参与、传承、再创造、现代化、复兴、赋值、评估他们的非遗项目，并全权决定他们的非遗如何发展。保护非遗，就是保护他们的上述权利。

然而，《公约》却是向着多个主体讲话的，非遗保护工作也是多主体参与的，其中，联合国教科文组织提供了保护非遗的指导性意见，各缔约国组织领导了非遗项目的申报与管理工作，"社区、群体或者个人"有差别地参与了这项活动，学术团体或者个人、民间组织或者文化公司也介入了这一文化政治活动。可见，相关"社区、群体或者个人"到底在多大程度上自由地参与了非遗保护工作，需通过个别的调查与研究才可以了解。

此外，在实际的非遗保护工作中，"社区、群体或者个人"为保护非遗而使用的工具与原材料、创造的产品以及表演的场所等，因为具有明显的物质性，从而更加便于保护，也最容易被优先保护起来。既然文化遗产的非物质层面常常不可避免地需要依赖于物质层面来体现，那么可以说，这些物质层面也是非遗文化的构成要素，绝对地抛开物质层面来思考非物质层面，有时候是不可思议的。在同一项非遗项目当中，其物质的层面与非物质的层面往

---

① 相反，1972年《世界遗产公约》（WHC）强调的是"突出的普遍价值"，即某种超越民族国家边界的具有突出的文化或者自然的意义，对于现在与未来的一切人类具有普遍重要性。而且，《世界遗产公约》并不保护一切世界遗产，而是保护它认为具有突出价值的世界遗产，也就是说，它对世界遗产作出了某种价值等级的区分。
② 原住民是"社区、群体或者个人"的特殊例子，他们当然有权维持、控制、保护与发展他们的文化遗产、传统知识与传统的文化表达，以及他们的科学、技术与文化的展示，包括人类与物种资源、种子、医药，动植物特性的知识、口头传统、文学、设计、运动与传统游戏、视觉艺术与表演艺术。他们同样有权维持、控制、保护与发展对自身文化遗产、传统知识与传统文化表达的知识产权。

往往同等重要。正如布莱克所言："只有通过非物质，物质才能得以阐释。"[①] 于是，在保护非遗的实践中，尽管它保护的焦点是非物质的层面，但其物质层面常常冲到前面。在很多情况下，物质层面的视觉冲击性甚至由于过于强烈，反而遮蔽了其着意要表现的非物质的层面。

《公约》的悖论恰好在于：一方面，它成功地推广了保护非遗之重要性的观念；另一方面，它的保护措施又倾向于把非遗固定化，倾向于保护非遗的物质层面，客观上无法有效地传承活态的非遗。甚至在某些情况下，有的保护措施可能适得其反，扼杀社区、群体或者个人的能动性。既然保护非遗的重心是保护其"非物质性"，而不是保护传承人的身体以及遗产的物质性，那么显然，"保障社区、群体或者个人"在其创造意义的体系中的充分自由是最为重要的。只有当他们认为那些保护非遗的实践有意义时，那些非遗才能真正地发展，否则，没有任何办法可以使它们持续地存在下去。

三、通过表演来传承表演

既然很多非遗（比如口头传统与表达、舞蹈与音乐、仪式与社会实践等）都是表演，都是通过身体行为进行传承与交流的，具有即时出现的（emergent）特质，那么保护非遗的工作就不像看起来那么简单了。联合国教科文组织倡导的保护措施，仍然带有明显的档案工作作风，侧重于收藏与非遗相关的文档、地图、文献、书信、考古资料、化石、录音录像、硬盘等，所有这些物质性资料都被假定是固定不变的。但表演却是一种只能通过身体才可以传承的行为与知识体系。表演艺术就是通过不断重复的行为，实现传统信息、文化记忆与集体身份代代相传的。在这里，知识是通过个体的肉体实践来创造、储存与交流的；然而，这种知识又超出了个体身体的局限。比如师徒之间传承技艺，也许没有任何两个姿势是完全相同的，但这并不意味着他们不能一次次地表演相同的节目。事实上，他们恰好可以在观众那里制

---

① BLAKE J. International cultural heritage law [M]. Oxford: Oxford University Press, 2015: 7.

造出传承相同内容、传递相同意义的表象。某些社群声称他们跟他们的祖先一样唱歌、跳舞、举行仪式,恰好说明了这一点。

表演行为的这种"活态"与"非物质性"如何保护?如何让表演艺术在师徒授受的过程中完整传承下来?目前的做法是录音与录像、复制与传播,即把非物质遗产转化为物质材料储存起来,或者通过"去语境化"的方式,商业化、政治化地利用它。这样的保护传承措施显然是把表演行为转化为某种非其所是的东西了。虽然身体是物质的,但是按照定义,要被保护的表演艺术却是非物质的。《公约》声称要采取措施确保非遗的活态传承能力,但相关的保护措施却可能往往适得其反,把问题给复杂化了。

到底什么才是"活态传承"呢?简单地说,就是师傅表演其非遗技艺,训练、培养徒弟像他一样可以进行公开表演。从理论上来说,表演是可以与表演者相分离的,人们可以在代际之间传承技艺,其行为也可以被储存、传承、操纵与改变,但这并不是说传承行为就可以被物质化的记录材料所取代。相反,活态传承是通过反复上演而保持其生命力的。虽然这些身体行为可以被其他从业者重复、引用、借用和转化,但这些行为都是在连贯的表演语境中发生的。然而,相关机构在将表演艺术转化为非遗时,经常把它变成"物",从而抹杀了其"实践"的核心,活生生的世界最终变成了如木乃伊一般了无生气的世界。如此一来,非遗的典范价值也许会受到推崇,但它也因此不再是活态传承,最多只能反映某些文化价值的仲裁者的品位。

按照表演研究的观点,所谓"表演",包含表演者、观众(或者听众)、表演的语境、表演的内容与形式等要素;表演意味着身体的共同在场,意味着表演者与观众之间能量(知识的、情感的与意志的)的流动,因此表演的过程也是双方相互影响与建构的、不断生成(becoming)的过程;也就是说,表演是高度语境化的,不同的语境生成不同的表演,反过来,不同的表演也会建构出不同的语境。非遗保护的方法("物化")导致了一系列的时空错位,表演的"此在性"、表演者的身体记忆、表演者与观众互动的意义都被改变了,在《公约》的"保护"话语中,表演行为与事件变成了一种脱离肉体的、抽象的、普遍的文化产品。

客观地说，《公约》原本也强调要保护非遗的"过程"而非"产品"，指出非遗是代代相传的，是社区与群体在面对环境变迁时不断地"再创造"的过程①。但是非常明显，它并没有强调社区与群体的"能动性"②。在《公约》的表述中，社区、群体或者个人似乎只是消极地传承着非遗，非遗可以自动具有延续性。也就是说，非遗好像是半自动地在起作用，具体的社区、群体或者个人似乎可有可无。

表演研究从具体的表演行为与事件出发，而不是从联合国教科文组织自上而下的社会动员模式出发，观察的是"社区、群体或者个人"基于自身传统的表演框架开展自我表演的方式。事实上，无论是个体的还是群体的记忆，在很大程度上，都依赖于共享的回忆，比如年度庆典、生日宴会、新年仪式等才能得以传承。这些仪式是特定社会群体通过身体的共同在场，来记忆其历史的经典方式。"身体的共同在场"及其传承的知识、体验与情感，只有通过身体本身来实现，换句话说，传承只能通过表演者的实践来进行。

皮埃尔·诺拉（Pierre Nora）等学者将非遗中"手势和习惯、不可言传的传统传承的技能、身体固有的自我认知、未经研究的反应和根深蒂固的记忆"与"记忆的环境"联系在一起，称之为"记忆的真实环境"。与之相对应的是"记忆的地点"，即档案馆的记忆③。既然直接的、原始的身体记忆行之不远，记之不久，那么"档案热"就是现代社会必然的趋势。尽管档案记忆的作用是无可代替的，但身体的记忆有时候更加持久，作用也更加隐秘而深远。"社会行动者通过表演的实践重新生产与发明他们自己，这些表演的实践方便他们利用学得的技能、仪式化的与历史性的实践，去适应变迁中的环境。"④身体

---

① 文化部对外文化联络局.联合国教科文组织《保护非物质文化遗产公约》基础文件汇编[M].北京：外文出版社，2012：9-10.

② TAYLOR D. Performance and intangible cultural heritage[M]. Cambridge：Cambridge University Press，2008：95.

③ NORA P. Between memory and history: les lieux de memoire[M]// FABRE G., O'MEALLY R.History and memory in African-American culture.Oxford: Oxford University Press, 1994：284–289.

④ TAYLOR D. Performance and intangible cultural heritage[M]. Cambridge：Cambridge University Press，2008：100.

的实践（embody）囊括大量的行为（从自我呈现到日常生活的表演，再到高度符码化的、被标定的表演），理解与传承只能通过表演来进行，而不是把它转化为物质性的对象，或者是操作手册。

总之，非遗表演的行为与事件提供了另一种历史，它基于记忆、事件、地点而不仅仅是档案记录，其价值在档案发达的社会依然不可低估，这是特定社区或者群体自我认知与表达的重要方式，它传达的意义往往超越了档案文献记录的范围。人们借文化表演事件获得个体或者群体的身份认同，表达一种社区归属感；局外人通过直接参与或者旁观，理解该社区的世界观与社会结构；学者通过比较多种媒介中记录的信息，探讨其在当前表演文化中的连续性与历史位移，以及它如何抹杀或者修正了过去的传统；国际社会可以欣赏这种表达性文化如何帮助特定社区或者群体理解自我、表达自我，如何借用他者的语言与习俗，来标定其与他者交往的方式，以及该群体为保持自我身份之同一性所作出的努力。

四、"遗产化"的表演

如前所述，无论是自然遗产，还是（非）物质文化遗产，都内在地包含一个把某种之前并不被视作"遗产"的东西（实物、景观、纪念碑和建筑以及口头传统、表演艺术、仪式与节日庆典等）命名为"遗产"的过程，我们把这个命名的过程称为"遗产化"（heritagisation）。遗产化不仅涉及一套遴选机制，而且配备一套话语策略。这套话语策略声称"遗产"代表一种共享的价值与集体记忆，它可以激发群体的乡愁。正像吉姆布莱特所说的那样，"遗产化"是一种"元文化的操作"（metacultural operations）[①]，它要求主体悬置日常生活实践，从日常生活中超脱出来，理性地反观、凝视它，挑选、重构它，赋予它全新的价值。

也许再没有哪个学科比民俗学对"遗产化"的历史与实践方式更加熟悉

---

① GIMBLETT. Intangible heritage as metacultural production [J]. Museum. 2004（56）：52-65.

了。从民俗学作为一个学科被草创开始,世界各地的民俗文化就被各种各样的"社区、群体或者个人"加以传统化,有的被用来表达怀旧与思乡之情,有的被用于激发同仇敌忾的情绪,还有的被用于刺激现代化消费的欲望。二战以后,随着有关"伪民俗"与"民俗主义"讨论的退潮,国际民俗学界抛弃了对民俗之"本真性"的执念。① 反思的民俗学早已意识到:一切传统都是被发明出来的,过去如此,未来也不会例外。然而,非常明显,联合国教科文组织似乎没有彻底摆脱20世纪初国际人类学与民俗学之"抢救民族志"(salvage ethnography)的观念与逻辑,没有摆脱过去比现在更"真实"的怀旧情结。《公约》断言,非遗是脆弱的、短命的、属于过去的,只有保护起来,放在档案馆里才最安全。从整体上来看,《公约》仍然坚持"最后时刻的民族志"(eleventh hour ethnography)的话语逻辑,仍然开着救护车,一路按着令人揪心又刺耳的喇叭,疾驰在"抢救"非遗的道路上。问题是,口头传统与表达,乃至其他非遗项目,如果没有外来的干预,就一定会消失吗?那些抢救与保护的措施真的挽救了非遗的"生命"吗?真的维护了相关社区、群体与个人的权益了吗?

作为一个动词,"遗产化"意味着它有"行动者",有利益驱动,有战略与战术的应用,有话语的建构与权力的争夺等复杂的机制在整体上运作,它就是皮埃尔·布迪厄所谓的"文化实践"。世界上本没有"遗产",正是因为有人给予其"遗产"的称谓,"遗产"才开始出现。仅就非遗而言,它曾被称为"传统文化与民俗",本是特定地域民众的日常生活习惯与生活实践。某些机构或者个人(《公约》中至少涉及联合国教科文组织、各缔约国、社区、相关群体以及个人等)从中挑选了部分内容或者形式,赋予其特殊的地位与价值,试图以此向他人进行"自我呈现"。表演研究同样关注"遗产化"的过程,即它建构了怎样的一套话语策略,把原有的日常生活实践转换成了非遗;多元主体在这一复杂的交流过程中,基于各自对文化权利——至少在社会、

---

① BENDIX R. In search of authenticity: the formation of folklore studies [M]. Madison: University of Wisconsin Press, 1997.

政治与经济三个维度上——之权重的不同,在历史与社会的不同结构体系中进行博弈。最后,非常明显,"非遗化"的过程必然会反过来影响民众的日常生活。①

具体来说,缔约国可能试图通过非遗项目来提升国家的知名度,开发旅游项目,创造经济收益;而地方社区或者群体却可能希望在一个相对封闭的环境中维持其传统,强化自身群体的身份认同。不同主体在面对同一非遗项目时,尽管不应该否认他们之间利益一致的可能性,但同样不可否认的是,他们在政治、经济与社会层面上存在着难以调和的诉求。在现实情境中,哪一方面的主张最终会胜出?谁的利益会最大化?谁的利益会被牺牲?如果不得不作出选择,那么,哪一种价值会被更优先地考虑呢?假使旅游项目把一项非遗成功地转化为高创收的文化产业项目,或者转化为一种具有高度包装效果的表演艺术,那么这是一种保护还是摧毁?

《公约》的确强调社区、群体或者个人的核心地位,但是,如何来定义"社区的权利"?它是由社区内部成员界定的,还是由社区外部的权力机构界定的?谁会为那些弱势群体或者个人代言?遗产化的动力来自哪里?它的公开口号与意图是什么?事实上,"社区"是什么?这一概念不正是由界定它的"话语"建构出来的吗?而又是谁有权界定"话语"呢?互相冲突的"话语"会生产不同的"社区"观,从而造成不同的"社区",也就可能维护一部分人的权利,而以侵犯另一部分人的权利为代价。

我们仅以节日庆典为例就可以看到"遗产化"的一般模式。节庆向来都是现代国家通过遗产化的操作,激发民族主义情绪、塑造民族精神、刺激商业消费的重要方式。现在,节日庆典正在变得越来越国际化,来自世界各地的文化元素与商业资本被汇集起来,把民族特有的节日改造为一种新型的大杂烩,民族传统的、宗教的、商业的、艺术的、竞赛的,各种因素融汇在一起,为平庸的日常生活世界平添了一层神秘的色彩。在这里,民间文化被转

---

① BENDIX R. Heritage between economy and politics: an assessment from the perspective of cultural anthropology. in intangible heritage [M]. New York: Routledge, 2009: 260.

化为旅游产品，原始的仪式活动被规训为模式化的行为套路，民众的日常行为与生活规范都被重设计了，有关节日庆典的传统话语被重新讲述，新的节日庆典甚至被赋予代表地方或者国家的形象的使命。于是，仪式变成了景观，非遗成为文化政策的工具，伦理与情感被包装成消费品，社区的文化权利被部分地废除或者至少是被侵蚀，那些原本通过身体来表演的知识不是彻底地消失了，就是永久地改变了。因为表演者面对的观众不同了，表演者不再是重复仪式传统，而是表演仪式传统。遗产化为传统节庆重新赋值，它们便不再是旧有的传统节庆，而是对传统节庆的仿拟，是对传统表演艺术的重新表演。在这一"重新赋值"的过程中，部分群体或者个人的权利得到强化，而其他群体或者个人的权利却受到侵蚀。

联合国教科文组织的本意是要消除世界范围内践踏人权的行为，但在某些情况下，它又通过宣言、公约创造了侵犯人权的机会。民俗学家通过调查不同的"遗产化事件"，发现它们创造出新的社会、政治与艺术的实体，也因此制造出之前并不存在的等级关系，或者以新的面貌复制了旧有的不平等关系。当然，所有这些事件都是独一无二地发生的，都是在特定的时空语境下，以特定的方式展开的，都是联合国教科文组织、缔约国、相关社区、群体或者个人创造性地参与社会变迁的一部分。关注遗产化事件，就是考察遗产如何进入公众的视野与意识，如何对过去的语境作出反应，并积极参与创造未来的可能性。在改造公众潜意识的层面上，所有遗产都是非物质性的，即它们都是通过不同程度地推广霸权性的公共话语生产出来的，霸权性的遗产话语总是与抵制性的遗产话语相对抗，这就是"遗产化"生产的表演性的层面。

"遗产化"的内在矛盾在于，它会创造出不期然而然的后果，也会被迫接受某些前所未有的理念。比如许多缔约国对于"文化财产"的观念都是陌生的，且不说这一观念对于非遗而言是否合理，当缔约国按照《公约》的要求来宣传与保护非遗时，这种源于西方主体自由独立、个体自由支配私人财产的观念就被夹带在一起，行销世界了。又如，民间传统一旦被遗产化，民众就有可能被排除在自身文化传统之外。而在国家机构控制的表演中，对于表演者身体的规训也会永久地改变他们的身份认同感，转变他们的自我感受与价值观。一句话，"遗产化"通过新的分类与管理模式，正在悄然成为一种新的社会控制方式。

具体来说，正如前文已经讨论过的那样，任何文化传统的重要内容都是文化的体现（embody）以及个体的感知，日常生活实践与"被标定的表演"（marked performance）都是通过身体行为来呈现的，它们又都直接成为"遗产化"的材料。当民俗表演与日常生活实践被转化为非遗时，它们既改变了这些表演者及其表演行为本身，也改变了人们对于这些表演与实践的感知方式与态度。这种改变有可能造成对社区、群体或者个人文化权利的剥夺，即感受的权利、想象的权利、认同的权利等的剥夺。①

首先，感受的权利是文化权利中更加"非物质化"的权利，更加隐蔽，也更容易被人们忽视。非遗的表演是通过模仿与重复来灌输身份意识，从而唤起、创造与遗产相关的记忆，因此，遗产事件创造了传承人的身体感知，在这个过程中，形成了特定的社会感觉。遗产表演不只是"做"，不只是看得见的经验事件，而且是"存在"，是对某种情感的体验。感受是"存在"得以产生的无可争辩的前提，它们存在于遗产的表演中，并被改编进遗产化的新产品中，但它们又往往会抵制这种被收编的过程。被标记的表演与一切潜在的可以公开表演的行为，都是"遗产化"的素材，都会被改编与创新，竭力被要求创造出差异化的效果，而民众及其文化传统则被改造为景观，以吸引游客的注意力。这种被改造后的新身体，甚至要成为社区或者国家形象的象征。当遗产化的改造工程自外向内地起作用时，也就是说，当身体与感知从内部发生变化并起作用时，"非遗化"作为一种控制手段，就是最有效且隐秘的。

其次，从表面上看，想象的权利是无法被限制的，甚至可能会借助新媒介技术而变得更自由，但非遗的实践却提供了相反的证据。比如，民众在节日的广场上狂欢，也许那是他们想象力最自由、最不受限制的时刻。口头艺

---

① KAPCHAN D. Intangible rights: cultural heritage in transit: intangible rights as human rights [M]. Philadelphia: University of Pennsylvania Press, 2014: 18-21.

术家则常常会自由地讲述或者演唱各种血腥暴力与淫秽不堪的内容，只要地方风俗允许。但是，一旦这些传统被非遗化，被所属社区视为非遗与共享的文化财产，并以此要求获得社会的普遍承认与保护，那么这些节日庆典与表演艺术的传统就会被改变，人们会在其表演的空间、时间、内容、形式、参与资格、表演场地等各个方面作出调整，来限制表演者的想象力的表达，人们也会在这一变化与调整的过程中感受到想象力的锐减。事实上，无论是控制想象力的自由发挥，还是创造性地想象与发明新的遗产，都涉及提升与夸大某些文化实践，而掩盖与抹煞另一些文化实践的再创造的问题，其影响都是潜在而深远的。

最后，认同的权利涉及社区、群体或者个人以不同的方式想象自我与群体的身份，想象他们的文化与过去的关系。共享一种文化遗产的人们，一定与某一种共同的"过去"建立了某种联系。而这种有关过去的叙述总是与利益有关的，总是有倾向性的。换句话说，一个群体想象自身文化身份的方式，总是会与另一个群体想象的方式相龃龉。问题的关键在于，谁在声称某种身份？谁选择了这种身份？谁有权利选择某种身份？谁有认同某种身份的自由？显然，生产、争夺与推广某种有关非遗的话语，就是在争夺重新书写历史、创造现实与规划未来的权利。

事实上，深究起来，有关保护非遗作为保护社区、群体或者个人之文化权利的表述本身也是可疑的。比如，谁有权利占有非遗呢？如果说非遗总是依赖于其物质性的载体，那么，其非物质性的特质如何能够被占有呢？口头传统、特定的舞蹈动作到底应该属于谁？这些非遗的所有权明显是模糊的、非物质的，它们虽然由特定的表演者体现出来，但它们同时也需要基于社区成员共享的文化视野、主体间的想象以及文本传统的引述，才可以被创造出来。知识产权法是建立在理性的、自主的主体概念的前提之下的，因此非遗的知识产权保护问题，使有关"主体"与"财产"的观念变得复杂了。

按照联合国教科文组织的规则，人权由众多具体权利构成，可非常明显，某些权利优先于其他权利，比如生存权利看起来是优先于文化权利的，但问题在于，一项权利到底是生存权利还是文化权利，恰恰因文化不同而有不同解释。事实上，某些文化行为可能是违反人权的行为。比如儿童的死亡率问题，有人把它解释为疾病所致，有人解释为营养不良所致，可"疾病"的概念本身就不是一个纯粹的医学问题。总之，文化实践及其背后的"文化相对论"可能以保护文化权利之名而转移文化批评的焦点，而这恰恰会侵犯基本的人权。

五、一个案例：中国皮影戏

中国皮影戏流派众多，分布极广，全国除西藏等少数几个省区迄今尚未发现皮影艺术的踪迹之外，其他大部分地区都有皮影艺术的历史记载，有的地方至今仍然有艺人在进行相关表演。2011 年，"中国皮影戏"被联合国教科文组织宣布进入"人类非物质文化遗产代表作名录"。

作为非遗的皮影戏包括两个层面：物质载体与非物质的表演技艺。皮影、剧本、伴奏乐器、影窗及其他道具都是物质的；而即兴创编唱词的能力、演唱方式、伴奏技艺、演出仪轨、行业信仰、禁忌习俗、行话等大多是非物质的。保护皮影戏就是提升全社会对皮影艺术的认识，增强人们对皮影艺术及艺人的尊重，提高皮影艺人的自尊心与自信心，保护皮影艺人的传统表演技艺，以实现活态传承。

甘肃环县、山西孝义、湖北仙桃的皮影戏，都是国家级非遗的代表性传承项目，当地的保护与传承活动都比较积极，从整体上来看，这些地区的非遗记录、非遗传承人记录工作都已经全面展开，并且取得了丰硕的成果。这三个地方都建有皮影艺术博物馆，在建档、记录、保存、出版、宣传方面成绩斐然。可走进上述三个地区的皮影艺术博物馆，人们看到的都只是皮影或者其他表演道具的展示，一些有关当地皮影艺术起源、分布、流传、雕刻与表演情况的介绍性文字，有的可能会陈列相关历史或者考古资料，只有少数配备有专门的皮影表演剧场。

如前所述，皮影戏是表演艺术。在现实生活中，无论南北，它们主要在社区充当娱乐活动，或者在婚礼、葬礼、庙会及其他仪式性场合进行表演。

换句话说，皮影戏的活态传承只能在长期的、连续的表演过程中进行，而不可能被一劳永逸地记录与保存起来。皮影表演的场合决定着表演的内容与形式。在这个意义上，地方民众生活方式的变化，直接影响着皮影戏的存亡。依据田野经验来看，由于全社会教育水平的普遍提高、移动通信和电子信息的普及，加上大规模的人口流动与就业环境的变化，皮影艺术的受众越来越少，越来越老龄化。许多皮影艺人都明确地表示，在他们年轻学艺的时候——20世纪80年代前后——皮影表演在乡村里十分活跃。那时，电视尚未普及，人们的娱乐活动极度匮乏，乡村人口密集且集中在农业领域，皮影艺人利用农闲时节进行表演，极受地方民众的欢迎。也就是说，早在"非遗化"之前，皮影艺术的式微之势已经开始了。

问题在于，非遗保护可以力挽皮影艺术的颓势，让皮影艺术起死回生吗？非遗传承人与保护工作者都非常明了一点，张贴在墙上的皮影雕刻流程图，并不能代替皮影雕刻的实践过程；按某种分类模式摆放在一起的皮影与印刷精良的剧本集，并不能让观众体会到真实表演中皮影艺术的魅力；三三两两、忽聚忽散、心不在焉的观众也无法令皮影表演者全身心地投入表演。换句话说，保护作为非遗的皮影戏之"魂"，就是保护其"非物质性"的表演，如果它仅仅存在于表演的语境当中，任何把它固定化的做法都只能是"得其形，而遗其神"，都无法真正做到活态传承。在皮影戏的表演现场，所有皮影艺人都是一专多能，五六个艺人相互配合默契，演出一部部为观众喜闻乐见的皮影戏。这种表演艺术的真核就在于其"生成性"，任何实物化的保存、任何描述性的文字、任何数字化的记录，都无法取代皮影艺人的现场表演。那是他们长期以来耳濡目染、身体力行获得的本领，这种本领是有赖身体记忆的，也只有通过身体才可以传承下去。事实上，皮影艺人习惯用"熏染"与"默契"来描述他们的学习与表演皮影的过程，当观众惊叹于他们即兴表演的技巧时，他们总是会轻描淡写地说，"不难不难，摸得多了，自然就会了"。这种通过身体记忆的经验，绝不是通过外在描述与记录他们的表演过程，展示他们的工具与底本，就可以领会与把握的。

把皮影艺术转化为非遗，把皮影艺人转化为非遗传承人，把这些皮影传承人分成不同等级，到底是有效地保护了皮影艺术，还是伤害了艺人们仅有的传承热情，有待于进一步观察。然而，可以肯定的是，皮影艺术的"非遗化"已经从根本上对其旧有的表演模式产生了不可逆的影响。首先，《公约》的保护措施与理念——至少是其操作性的部分——直接指导着各地皮影艺术的保护工作。上述三个地区的非遗保护中心，都在国家相关部门的指导下进行工作，确保至少让皮影艺术提升为一种受到重视与保护的遗产。其次，社区、群体或者个人在与政府相关责任部门的合作中，重组了相互之间的关系。有的艺人能够积极了解与把握国家和地方政策，成为新的皮影戏传承人；有的艺人没有这方面的能力与资源，就在整个非遗化工作中被边缘化了。最后，皮影戏传承人的新身份，意味着新的表演机会、要求与任务，这就迫使皮影艺人改革皮影表演的内容与形式。比如，他们开始创造并表演现代题材的皮影戏，却保留着旧有的腔调、皮影与音乐伴奏。又如，他们不必面对挑剔的观众进行高强度的、创造性的即兴表演，只需要迎合一拨又一拨寻奇猎异的游客就可以了。这种表演语境的变化，自然对皮影艺术的表演产生了重大的影响。

有谁要是曾坐在皮影艺人身边，认真地观看并聆听他们的表演，一定会被他们如痴如醉的表演所打动，会为民众投身于艺术表演时的倾情付出而感慨不已。他们当然有权享有自己祖辈流传下来的艺术，他们也在这种艺术的表演与享受的过程中成为他们自己，找到了自己的身份认同与归属感。无论坐在他们身边的观众是谁，都不能不为他们的艺术表演而肃然起敬，因为艺术表演中，艺人的专注与投入，可以让人直观地理解人作为"人"理应存在于世界的状态。

可是，几乎所有的皮影艺人都会抱怨说，"这玩意儿它养不活人，年轻人不愿意学了"这句令人扫兴的话，直接提出了一个非遗保护不得不解决的问题：保护非遗与保护经济、社会、文化权利，以及保护基本人权是不可分割的。在上述所有权利当中，某些权利似乎又比另一些更加紧迫一些，需要优先考虑。

一个理想的皮影戏的活态传承状态也许是这样的：表演者不会为基本的人

生权利得不到保障而四顾彷徨，也不会仅仅为了谋生而选择表演皮影；观众有更多的闲暇与自由来选择自己的艺术消费内容与方式。总之，表演者与观众都能像《公约》中所描述的那样，自觉自愿地、能动地，在相互尊重与协商的前提下，自由地决定非遗的存在方式，也就是决定他们自己的存在方式。

结 论

"表演研究"既是一种方法论，又是一种世界观；既提供了一套行之有效的分析性概念，又奉行着一种参与并创造社会生活的理念。通过"表演研究"来重新思考非遗保护的原则，评估其具体的实践活动，既可以进一步推进《公约》倡导的保护性工作，又可以反过来促进"表演研究"的自反性批评。

作为一种方法论，"表演研究"重新阐释了《公约》对非遗的定义，把非遗的五种亚类型重新纳入"表演"的框架之下进行理解，强调了所有非遗都内在地包含着"表演与观看"的特质。显然，"表演"的概念更能恰当地体现《公约》"活态保护"的精神，也能更好地达成"活态保护"的目的。此外，"表演研究"不仅关注与特定非遗相关的社区、群体或者个人的表演，还把围绕非遗表演的其他一切机构或者个人的"非遗化"实践纳入"表演"的范围，从而把"表演研究"的分析框架贯穿于整个非遗保护研究的始终。

作为一种世界观，"表演研究"认为，人类文化与社会生活实践并不是消极被动的事件序列，而是传承历史、创造未来的群体活动；同理，联合国教科文组织、政府各级部门、社区、群体或者个人等参与非遗保护的工作，其根本的价值就是在创造历史。换句话说，无论是非遗实践本身，还是"非遗化"的实践工作，作为"表演"，都内在地具有"能动性"，相关主体需要承担相应的责任与义务。

在上述两个维度上，本文认为，民俗学的"表演研究"深度阐释了《公约》的非遗保护理念，反过来，中国的非遗（比如"中国皮影戏"）保护实践也为"表演研究"提供了生动的案例，为深化民俗学的理论话语建设提供了契机。

评书、评话表演中演员的身体[*]

评书是中国传统曲艺中的一种类型,"主要是指北方评书,是以北方语音为基础,以北京语音为标准音调的普通话表演,中国华北和东北的大部分地区均见流行。评书在南方多称为评话"[①]。张次溪在《天桥丛谈》里说:"评者,论也。以古事而今说,再加以评论,谓之评书。"[②] 按照这个说法,评书表演既讲故事又兼带评论。表演者既要讲述故事,又要模拟故事人物,还要恰当地发表评论。运用狭义的表演理论研究评书艺术家的表演,就是考察他们的讲述、模仿与评论的艺术。但是,站在舞台上的评书表演者并不仅仅是讲述者、模仿者与评论者,他们同时是具有感知能力的个体,也是区别于他人的物质性的身体,还是特定社会群体中具有明确身份认同的社会存在与文化存在。在评书表演过程中,这些"非艺术的"身体维度不可避免地呈现在观众面前,与作为表演者的演员的身体交叠在一起。在这一意义上,评书演员的身体存在,显然不是单一的、固定不变的;同一演员的不同身体维度,具有区别于其他维度的内涵与外延,都是相对独立的身体存在,具有自身的意义与价值。舞台上评书演员的身体呈现经常是多元化的、重叠的,这就需要用广义的表演理论来予以考察。

所谓"广义的表演理论",是指人类学家与社会学家在类比与隐喻的层面上借用"表演"的概念,通过分析特定社会与文化语境中的象征性行为与事

---

[*] 本文原载于《青海社会科学》2012年第4期,收入本书时有改动。
[①] 张啸涛. 评书 [M]. 北京:中国文联出版社,2008:1.
[②] 张次溪. 天桥丛谈 [M]. 北京:中国人民大学出版社,2006:112.

件，以期获得文化理解的相关理论。广义的表演理论——文化表演与社会表演——不仅关注艺术表演本身，而且要求在文化与社会语境中理解表演艺术，把艺术表演视为所属文化与社会的"元评论"，视为特定社会群体对自身文化传统的理解与表征。

然而，传统的评书、评话表演艺术家与理论家，往往只是强调评书、评话表演艺术本身，把表演艺术与现实生活截然分开，把表演艺术家"表演的身体"与"自然的身体"区分开。这几乎是所有表演艺术的通例，比如在戏剧表演艺术中，重视戏剧人物而轻视表演者似乎是惯例，表演者只是被当作塑造戏剧人物的"媒介"——正如语言之于小说一样——成功的戏剧表演艺术家就是把自身完全隐藏在戏剧人物形象之下的人。他们努力追求的目标就是让观众在欣赏戏剧的时候，只看到戏剧人物却看不到他们。但评书、评话艺术与戏剧艺术毕竟不同，本文拟从"广义的表演理论"出发，借鉴大卫·格拉弗（David Graver）对演员七种身体形象——故事人物、表演者、评论者、明星、特定社会群体的成员、肉体存在、知觉的主体[①]——的分析模式，对舞台上评书、评话表演者身体存在的复杂性进行描述。这些身体形象的意义依赖于语境与话语的建构。

这七种身体形象又可以归纳为三种类型：一是为评书、评话表演者所意识到并被他们详细分析、排练、校正的身体，它们是故事人物的身体、表演者的身体以及故事评论者的身体；二是为评书、评话表演者所意识到却不被他们分析的身体，它们是作为艺术界明星的身体以及作为特定社会群体成员的身体；三是评书、评话表演者意识到却又试图忽略的身体，它们是表演者自身的肉体存在与作为知觉主体的存在。

---

① AUSLANDER P. Performance：critical concepts in literary and cultural studies［M］. London and NewYork：Routledge，2003（2）：157-174.

一

许多评书、评话表演艺术家与评论家都描述过评书、评话表演中的身体，比如连阔如先生在《江湖丛谈》中说："说评书的艺术和唱戏的艺术都是一样的。唱戏的角色分为生、旦、净、末、丑，表情分为喜、乐、悲、欢。文讲做派，武讲刀枪架儿。评书的艺人每逢上台，亦是按书中的人物形容生、旦、净、末、丑，喜、乐、悲、欢，讲做派，讲刀枪架儿。"①

连先生把评书与戏曲做了类比，显然是在强调评书表演中对故事人物的模拟，评书、评话表演艺术家要能够以一人之身模仿五种类型的人物情态，因此，正如张次溪以赞叹而又略带嘲讽的口吻所描述的那样，评书、评话表演艺术家远不只是模拟人物情态，举凡自然界与社会生活中的声音，似乎都在他们模仿的范围之内：

> 惟思个中难处甚多，非有数年苦功夫，不敢从事。举凡古人交锋对垒，以及关于发音者，尤须以口代之。所以此项评书家，各省皆有，口音虽多不同，而表演时一举一动，大致全都差不多。学风时必说"呜呜呜，狂风大作"。学雨时必说"哗哗哗，大雨犹如瓢泼一般"。发炮时必说"咣咣咣，三声炮响"。学雷时必说"咕噜噜，沉雷震动天曹"。呛啷啷一声锣响，必是鸣金收兵；咔嚓嚓一刀，势必劈于马下；叭的一声，非探路石即暗器。说到一声梆子响，便唰唰，必是箭似飞蝗。就怕赶上说下雪，干张着大嘴没法儿办，即形容于此势者，只好就是一说。②

评书、评话演员需要细致观察世间万物百态，才能够生动细腻地将其描摹出来。就拿扬州评话大师王少堂先生的表演经验来说，他在学习表演家传

---

① 连阔如. 江湖丛谈[M]. 北京：当代中国出版社，2005：261.
② 张次溪. 天桥丛谈[M]. 北京：中国人民大学出版社，2006：112.

评话《武十回》时，为了把书中人物表演得惟妙惟肖，曾仔细观察扬州市井民众的生活百态。他说："古的看不到，照眼下所见去描。"可是当时他才十八岁，不谙人世间的风流韵事，怎样才能说好《武十回》中的"金莲戏叔""叉竿调情""王婆说风情"等段子呢？他从扬州天宁门外码头画舫"阔少玩叠花"的赌博游戏中获得灵感，在"玩叠花"的阔少与西门庆之间建立了联系，"我只要借用那个淫意，用在西门庆的眼神话语上，保险有神"[①]。

总之，评书、评话演员要通过自己的姿势塑造故事中虚构人物的身体、性格、动作与经验，这是一个虚构世界中"符号的身体"，表演者用于塑造人物的身体符号与被塑造的人物是一体的两面。表演者的动作、神态、声音、容貌即故事人物的动作、神态、声音、容貌，"身体即人物"，评书、评话演员毕生的艺术追求正是如何使自己的身体透明化，使观众透过"玻璃"（表演者的身体）直接看到故事人物的身体、音容笑貌及性格，观众越是忘记"玻璃"的存在，表演者的艺术成就越高。因此，评书、评话表演艺术家特别注意分析故事人物的社会身份与性格特征，一方面竭力摹仿其外表（姿势、行为、社会身份），另一方面深入体验这一故事人物的内在心理（思维、情感、记忆、动机），追其形，摹其神。长期以来，评书、评话观众被训练得习惯于凝视、欣赏、评论这种"神形兼备"的艺术，内外两个方面的同时呈现使表演者透明化的身体，即"故事人物"成为观众沉思、娱乐的目标对象。所以周容的《杂忆七传·柳敬亭》记载莫后光指导柳敬亭时，有如下的话，"生之言曰：口技虽小道，在坐忘。忘己事，忘己貌，忘座有贵要，忘身在今日，忘己何姓名，于是我即成古，笑啼皆一"。

"一个说书艺人要达到艺术上的高度成就，必须使书中人物和自己打成一片，在献艺时忘记自己是个代言者，而竟是书中的生、旦、净、丑。只有这样，他在摹拟人物动作、语言和神态时，听众才觉得他是真能形容书中人物，才能引人进入书中所展示的境界。"[②]正如陈汝衡先生所说的那样，评书、评话

---

① 李真，徐德明.王少堂传［M］.南京：江苏文艺出版社，1996：81.
② 陈汝衡.陈汝衡曲艺文选［M］.北京：中国曲艺出版社，1985：419.

表演艺术的最高境界不仅是说书人忘记自己，而且还要使听众忘记自己，大家都与故事中的人物打成一片，如见其人，如闻其声，如临其境，"这就叫抓神，有本领的先生，能抓住你的神，不让你喘息，胀尿都不肯离场子""那挥拳的王少堂便成了武松，那猥亵淫笑的王少堂成了西门庆，那挤眉弄眼拍巴掌谈风情的王少堂成了王婆"[①]。总之，作为表达媒介的表演者的"身体"直接被等同于故事人物的"身体"。

二

但问题是，在评书、评话艺术的表演过程中，表演者展现的是一个表达性的身体、一个介入交流性活动的身体，他摹仿的故事人物的一颦一笑、一举一动都是情节中设计好的，他们表演中的身体是这一故事情节的媒介，它（表演者的身体）本身并非所指，而是参与故事情节所指的创造性的身体。这也正是作为"故事人物（Character）"与作为"表演者（Performer）"的区别。评书、评话表演者首先要获得表演者的身份，要通过表演场地、广告、门票等手段使自己的"身体"成为"景观"。作为表演者的"身体"有两个不同的层面：一是获得外在的权威性，一是集中精力投入表演，获得内在的权威性。

晚清末年，评书、评话艺人获得表演者的身份需要投师学艺，只有"师出有门"方可获得评书、评话表演者的合法性。比如，王少堂先生虽然出身于评话世家，但他要靠说评话来谋生立业，也得经过他的父亲、师父在扬州评话界广而告之，使大家了解、承认他的师承谱系，才可以在书场中作艺。这种传承谱系不仅决定了他可以学习的评话内容，还决定着他表演的时空选择范围与交际范围。而没有师承谱系私自作艺者会受到评书、评话艺术界的非难与阻拦。连阔如先生说："凡是江湖人，不论是干哪行儿，都得有师傅，没有师傅是没有家门的，到哪里亦是吃不开的。就以说评书的艺术说吧，他要是没有家门，没拜过师傅，若是说书挣了钱，必有同行的艺人携他的家

---

① 李真，徐德明.王少堂传[M].南京：江苏文艺出版社，1996：99-100.

伙。"① 事实上，评书、评话艺人要想进书茶馆说书作艺，没有同行或者前辈的举荐与推崇，没有说书界广泛的认可，没有评书、评话观众的口碑与舆论支持，那是完全没有可能的。因此得到"评书、评话界"——作为"艺术界"②的一个门类——的认可，是评书、评话艺人获得从艺资格的必要条件。

评书、评话表演者的身体获得了外在的准入行业的"合格证"之后，还需要集中精力投入表演活动，娴熟地展示自己的身体。他们需要浸淫在评书、评话艺术的话语中，熟练地掌握控制观众注意力的技巧，使自己成为观众关注的焦点，以获得评书、评话表演的资格，展演能够引起观众欣赏、沉思的评书、评话技术。评话大师王少堂的表演最具有典型性，为了获得"书客"的认可，为了继承、弘扬、发展扬州评话艺术，王少堂一生都在不懈地锤炼评话艺术。他不仅对家传评话《水浒》的表演技巧烂熟于胸，而且努力创造自己的表演风格与特色。他"入书"时的投入、对表演艺术的高度自觉性与反思性，都是成就其艺术人生的重要因素。这种"入书"时的思维考验是使王少堂成为一名评话艺术家的内在条件。他说："我们道中把角色说的话叫官白，最为讲究，要求字字清楚，咬字、发音、切韵、归韵、落音，字与字之间的尺寸，一点不能讹错。"③ 同样，连阔如先生也对评书艺术有高度的自觉性，他总结出评书艺术的"十二字真经"，认为"懂多大的人情，就说多大的书"④，要让书动人，先要人动情，说书家必须是情感专家才行。事实上，评书、评话艺人对表演技巧的锤炼是获得表演者身份的另一个必要条件。显然，"表演者"的身体与"故事人物"的身体是两种不同的身体维度。

---

① 连阔如.江湖丛谈[M].北京：当代中国出版社，2005：243.
② 陈汝衡.陈汝衡曲艺文选[M].北京：中国曲艺出版社，1985：34.
③ 李真，徐德明.王少堂传[M].南京：江苏文艺出版社，1996：228.
④ MAANEN V. How to study art worlds: on the societal functioning of aesthetic values [M]. Amsterdam: Amsterdam University Press, 2009: 190.

三

如上所述，评书、评话表演者同时要建构一个"表征"的身体与一个"表演"的身体，这两个层面都是在特定的文化史中被"语境化"的。评书、评话表演的历史给予评书、评话表演者的表演活动以意义，同时，表演者的活动反过来推进评书、评话表演、研究的历史。这时，评书、评话表演者又是表演惯例的阐释者、建构者、批评者，他们评论、阐释、发展了表征与表演的惯例及历史。评书、评话表演者评论与阐释的行为处于特定文化传统对艺术的言说当中，构成了表演者的"身体"，受到评书、评话研究者的关注。

比如，王少堂先生继承了父亲的说书事业，但刚刚步入评话界的他就发现了自己的问题——"我说的只是父亲的书"。之所以会出现这样的问题，原因在于他太过拘泥于父亲立下的规矩——"照我的样子说，千遍不许变，万遍不许改"[①]。父亲兼师父的规矩制约了他的艺术表演，他只顾揣摩父亲的音容笑貌、眼神手势，但父亲的阅历与气势他无法学到。他意识到，自己就是把父亲的表演艺术学个全像，也超不过自己的父亲。因为"样子像，缺神韵"。后来，王少堂先生从评话界前辈康国华那里获得启示，知道要成为一名真正的评话艺术家，就要"说自己的书"。他又从评话界同辈程月秋、康又华、朱德春等人那里学习他们各自的表演心得，最后总结出自己的表演经验——"神出我心，情托己意""寓形于神、传神会意"。当王少堂先生在《我的学艺经过和表演经验》一文中总结自己的表演经验时，作为评论者的王少堂的"身体"呈现出来了。

能"说自己的书"，本身就意味着一个表演者的身体的存在。同样是表演王派《水浒》，王玉堂、王少堂、王少卿、袁锦堂四人的表演各不相同，虽然他们表演的故事人物与情节都是相同的，他们学习继承的"书瓤子""书骨"也几乎完全相同。但是，他们给这相同的"书瓤子""书骨"增加了不同

---

① 李真，徐德明. 王少堂传［M］. 南京：江苏文艺出版社，1996：73.

的"佩饰",他们根据自己对评话文本的理解,自觉或不自觉地把自己的思想、见解、情感注入书中,由此显示出他们个人的韵味和风格。王少堂把自己几十年的表演经验总结为:"抓总起来就只有两句话。一是我说自己的书,老祖宗有句道经,叫'神出我心,情托己意',我把自己一生的酸甜苦辣往里一装,书就有了我自己的味儿。再有一个是古事今说,书上那些人,古时有,现时也有,古的哪个也未见过,眼前的天天见面,书客要听的,是他们看得见的摸得到的,书客对这种书喜爱。"①

作为"评论者"的评书、评话表演者对特定故事人物角色有多种阐释方式,他们继承并创造了已经建立的、可能的表演模式,发展了关于什么是"评书、评话"的理念,但他们的人生阅历、个人情感、思想是独特的,他们最终选择的表演模式也是独一无二的,他们评论的身体与艺术的表达,在评书、评话艺术发展的历史以及评书、评话艺术表演的可能性中,都是独一无二的。正是在这一意义上,我们明显地感受到,评书、评话表演者作为"评论者"的"身体"的存在。

四

当评书、评话表演者获得一定的名望之后,关于他的艺术水平及生活隐私的传闻会广泛地传播开来,这些传闻影响着观众对表演者个人人格及其艺术表演的理解。在评书、评话表演现场,呈现在观众面前的评书、评话演员并非只是物质的"身体"(肉体),而且是传闻的光环笼罩下的艺术明星的"身体"。观众经常能够意识到并轻易地接受"明星"背后的幻觉——无论这种幻觉多么具有误导性——观众在舞台人物身上投射了他们所了解的(或认为自己了解的)演员的私人生活与艺术成就的先入之见。舞台上表演者的可见性相当复杂,在这一身体里,观众可能看到某种姿势从他们所了解的表演者的一种角色转移到另一种角色,或者看到更早更具有代表性的姿势在角色间若隐若现,看到年龄、疾病、放荡的生活烙在演员表演技巧上的印迹,看

---

① 李真,徐德明.王少堂传[M].南京:江苏文艺出版社,1996:329-330.

到演员在舞台上与日常生活中的形象差异。观众可能在明星私人生活的偶然事件与故事描述的偶然事件间寻找和谐与不和谐的关联。

仍以评话大师王少堂先生为例,王少堂的私人生活曾经是扬州评话界的热门话题,他与他的弟媳妇(三公主)之间的私情是当时人们茶余饭后的谈资。关于这一点,王少堂个人十分清楚,他知道大家都在背后议论这件事,只是谁也不曾捅破这层纸。当然,他也知道自己之所以会成为观众议论的对象,是因为自己在扬州评话界的赫赫名声。王少堂本人显然十分在乎这件事,因为当评话同道中人仲松岩讹诈他时——仲松岩说:"今儿这场书我不准备说了,我陪你进书场。你上台说书,我在台下替你扬名,就谈你与弟媳妇苟且那件事!"①——他屈服了。我们可以设想,当王少堂在台上绘声绘色地评讲"金莲戏叔""叉竿调情""王婆说风情"等内容时,观众会从这位评话明星的个人私生活联想到什么。虽然他与弟媳妇之间的事远没有人们想象得那么庸俗。可问题是,明星效应本身并非完全基于固有的事实,而是在一个特定领域中表征身份的一种方式。关于他的故事构成了观众对他的想象与理解,这些故事给予他与众不同的个人色彩,故事本身不必为真,只要它一直在传播之中,就会被过度的热情与迷信环绕着。正是这些流言蜚语塑造着表演者作为明星的"身体"。关于评书、评话表演者的逸闻轶事,熟悉他的人可以分辨其真伪,不熟悉他的人则只能通过这些星星点点的信息建构这个"明星"。他们可以从舞台上的表演者那里析取出不同的"身体"维度来,作为"明星"的身体显然是其中最重要的一种。反过来,作为"明星"的身体维度也影响了表演者自我认同的建构,成为他们有意无意间表演的内容。

五

除此之外,评书、评话表演者社会地、历史地从属于一个特殊的社会群体,其背后有一个特殊的压抑与特权形成的历史过程。评书、评话表演者社会历史的身体是叙事性地建构的,由此,他们在社会生活中占据一种位置,

---

① 李真,徐德明. 王少堂传[M]. 南京:江苏文艺出版社,1996:214.

这种位置形构了他们的另一种身体认同,即社会历史的"身体"。这一"身体"不可避免地会呈现在舞台表演之中,并且影响到其他"身体"的维度。比如,扬州说书业向来受人尊敬,在其二百多年的发展历史中,扬州评话界涌现了不少名人。明清时期,扬州知识界名流对评话艺术推崇有加,比如乾隆时期的扬州府学金兆燕说:"贤者好读书,不好读书而好听书,耳治与目治一也。"[①]因此,笼统地说,传统中国评书、评话艺人的社会与历史地位并不低,人们甚至尊称他们为"先生"。因为传统社会的知识分子承认,说书与读书都是贤者所为,写书与说书都是高台教化的大业。"说书是艺,但我们这一行还育人。我们是匡扶正气、评忠辨奸的,我们说的好人,要别人学,说的坏人坏事,要别人切莫效尤。"[②]正是这种严格的社会历史定位,使得评书、评话艺人给自己提出了很高的艺术追求,他们瞧不起那些拿邪科恶噱荤笑话当法宝的没出息的艺人,这种社会历史定位使一代又一代评书艺人精艺求道,锤炼了评书艺术的表演风格。

但是,作为艺人,评书、评话表演者又区别于读书人。首先,他们需要一个评书、评话表演艺人的行业共同体;其次,他们需要更广泛地接触社会各个阶层的听众;最后,他们需要与书茶馆的商人们保持密切的沟通。这些特点决定了他们的社会流动性。在传统中国,社会流动意味着更多难以预料的风险,所以很多评书、评话艺人为减少风险,主动或者被动地投入帮会组织寻找庇护。比如,南北评书、评话大师王少堂与连阔如都是晚清民国年间中国最大的帮会(青帮)组织的成员。这种社会历史身份不仅给予评书、评话艺人必要的人身安全,也带给他们非同寻常的人生经验。单以王少堂先生来说,他的艺术人生与青帮人士过从甚密,青帮中的某些重要人物,比如张干卿、冯守义、顾竹轩等人不仅影响了他的艺术道路,甚至影响了他一生的命运。

在理想的状况下,评书、评话表演中社会历史的"身体"是隐而不显的,但是在评书表演史上,社会历史的身体有时会取代表演者,一方面可能会强

---

① 李真,徐德明.王少堂传[M].南京:江苏文艺出版社,1996:2.
② 李真,徐德明.王少堂传[M].南京:江苏文艺出版社,1996:12.

化、突出其群体归属感,另一方面又可能弱化、抵制其群体归属感,转而扮演其他群体身份。这时,评书、评话表演者社会历史身份的"人为性"就会暴露无遗。新中国成立以后,王少堂曾被推选为中国曲艺工作者协会副主席,被当作国家级艺术家对待,而在"文化大革命"期间,他又被当作"反动艺术权威"遭到批斗。人生浮沉的时代悲剧,充分说明了社会历史身份的"人为性"。同样的故事也发生在连阔如先生身上。

六

评书、评话表演者皮肤的光泽把他这一身体区别于物质世界的剩余部分,肉体是鲜活生命的一部分。在一个人沉思的时候,目光凝聚而无所见,它超出了观看的简单快乐,客体在被看到之外再无任何其他目的与计划。表演者有时会停止动作,只是静静地沐浴在观众的观看当中。表演者的年龄及所展示的身体类型不同,不确定的姿势让他们的肉体呈现出个体性的魅力,闪耀着独特的光芒,在这一时刻,演员的其他身体维度隐退了,肉体的温度与骨感主导着舞台。

关于评书、评话表演者作为肉体的"身体"存在,评书、评话界人士是有所意识的。比如,连阔如说:"评书界的人常说,我们说评书的艺人,不出一怪,得出一率,才能响万儿,火灾大转""说评书的艺人,相貌端正,身上衣服干净,口齿伶俐,语言流畅,是为一率""说评书夹杂当场抓哏,即艺人中之怪也"。显然,评书、评话表演者的身体素质是十分重要的,肉体本身可以走向前台成为被欣赏的对象。评书、评话表演者首先要"夯头好(有好嗓子)",喷口字正,还要"讲做派,讲刀枪架儿……抬手动脚,比几手儿刀枪架儿,特别精彩。有些个夜叉行的人,不在乎听书,为看他的把式的,颇为不少"②。这里,作为肉体的"身体"不再是艺术媒介的工具,而是艺术欣赏的

---

① 连阔如.江湖丛谈[M].北京:当代中国出版社,2005:273.
② 连阔如.江湖丛谈[M].北京:当代中国出版社,2005:261.

客体本身。

相反，没有身体优势的评书、评话艺人的表演就受到很大的限制。比如连阔如说，"他（曹卓如）是念单招（江湖人管一只眼的人调侃叫念单招），一条夯（江湖人管一种嗓子，似哑不哑，不能变嗓音说话，调侃叫一条夯），没有发托卖像（即没有生旦净末丑喜乐悲欢的形容），坐在凳儿上不动地方，坐谈古今，凭嘴一张，要享大名，实在不易"①。王少堂有一位师兄叫袁锦堂，是盲艺人。王少堂对他说："其实，师傅早跟我说过，说书一靠情理，二靠传神会意，你没有双眼睛，就吃大亏了。"②

这两则材料都可以证明，作为"肉体"的身体本身如何影响评书、评话的表演艺术。此外，评书、评话艺术界流传着"做艺的道儿，不养老也不养小"的说法，也说明了表演者"肉体"的重要性。

七

除了上述可见可感的"身体"之外，表演者作为感知主体的"身体"也是客观存在的，尽管它并不那么明显。那么，表演者作为感知主体的"身体"是以何种方式参与表演呢？事实上，这种"身体"极少被公开地展演出来，只是在很偶然的情况下才会出现。评书、评话表演似乎倾向于展现内在感受的外在表征（疼痛、高兴、悲伤），而不是展现不可见的内在感受，即感知主体的"身体"。

然而，作为感知主体的表演者的"身体"并不鲜见。比如，传统中国的庙会中有一种受难性的仪式表演"挂香炉"，表演者为了表示对神灵的虔诚信仰，用铁钩穿透肘部，下面悬挂两个香炉。这种"仪式中的受难者"展演的主要是"不可见的感受"的身体，他通过受难来提升个体的精神体验，他没有给观众提供任何东西，只是吸引他们的注意力。他把自己的身体做成一种景观，这种展演更多是自身体验的一部分，而不是观众体验的一部分。

---

① 连阔如.江湖丛谈［M］.北京：当代中国出版社，2005：264.
② 李真，徐德明.王少堂传［M］.南京：江苏文艺出版社，1996：102.

类似的"身体"也存在于评书、评话表演艺术中。比如，王少堂给儿子王筱堂传艺时说，"以前说到武松在孟州府大堂上喊冤，我也跟你现在一样，就是不出情。但是两次冤枉官司出来，不是我替武松喊冤，直接是我自己喊冤，喊声里有我的满腹冤气，眼神里有冤气，周身都有冤气，这就是真感情。……我的冤情朝里一放，那种声腔，那种神情，逼真无讹"。①

王少堂一生曾两次被冤入狱，这两次人生经历给予一向胆小怕事的王少堂沉痛的记忆。每每忆及这些经历，他的内心深处都会不寒而栗，观众可以从他痛彻心扉的喊冤声中，看到他作为感知主体的"身体"。这时，表演者身受的苦难防止观众把它仅仅视为一种无足轻重的形象，表演者与观众之间的关注与尊重的氛围被渲染起来了，因为这里有许多不入眼的东西，它们封闭在表演者的身体中，表演者站在两个世界中——观众眼中的世界与表演者自己身体内部的世界之间——这种阈限的平衡性行为比其可见的展演更加重要。

在真实的评书、评话表演现场，演员的七种身体形象——故事人物、表演者、评论者、明星、特定社会群体的成员、肉体存在、知觉的主体——并不是同时出现的，它们各自受到的强调也不一致，其中某些身体形象甚至被有意忽视了。但是，意识到评书、评话表演中多种身体形象的存在，可以深化对艺术表演的理解，因为在许多情况下，评书、评话表演中的"身体"远不只是一种艺术表征的媒介——虽然评书、评话表演艺术家与批评家们一直只强调这些方面——而且是社会历史的身体、内在的身体，甚至是"身体"自身；"身体"除了与语境及社会文化环境有联系之外，也具有自身的明确边界与自主性。

---

① 李真，徐德明. 王少堂传 [M]. 南京：江苏文艺出版社，1996：248.

"数码一代"的口头传统实践*
——从"关于兔子的一些笑话"说起

"口头传统（oral tradition）"是民俗学研究的核心领域。在国际民俗学界，许多国家的民俗学曾经或者仍然等同于"口头传统"研究。"口头传统"的别称还有"口头文学""口头叙事""口头艺术""口头诗学"等，指的是那些"非书面的"的口头讲述行为及事件①，它包括讲述行为中的文本内容、语音语调、面部表情、肢体动作等一切交流性的符号手段以及整个交流事件。

在经典的民俗学理论中，"口头传统"——作为一种"传统"——意味着它一是足够"古老的"；二是被特定社会中的每个人所共享的；三是约定俗成的实践、思想观念与价值体系的总体；四是为特定群体（经常是指未接受过文字教育传统的人）所珍视的、代代传承的。然而，尽管"口头性"与"传统性"曾经是定义民俗学学科对象、研究方法的核心概念，但这些概念自身又是极其模糊而又备受争议的。英国人类学家露西·芬尼根曾质疑：如果说"口头传统"是古老的，那么，要传承多长时间才算"古老"？它是为特定文化中所有成员共同分享的，还是仅仅为一部分人所享有的？它是被集体地赋予特定的价值与意义的，抑或只是某些特权人员才有权力这样做？它是指一种成品还是指一个过程？它的传承与传播是如何实现的？它是如何最终在人们的思想行为中落地生根的？在不同的传播媒介——口头的、文字的、图像

---

* 本文原载于《杭州师范大学学报（社会科学版）》2019年第2期，收入本书时有改动。
① FINNEGAN R. Where is language? an anthropologist's questions on language, literature and performance [M]. London And New Delhi: Bloomsbury Academic, 2015: 8.

的、数码的等——共生共存的时代，它的传承与传播又呈现出何种差异？①

"口头传统"曾经是民俗学研究的专有领域，也是人类参与社会生活的重要交流方式，然而，随着时代的发展与技术的进步，纯粹的"口头传统"已经难觅踪迹，媒介融合与互渗的时代已在悄然间降临，人类已经生活在一个由计算机媒介技术构建好的"数码时代（the digital age）"，（新）新媒介环境②塑造了"数码一代（Digital native）"③。他们是在多媒介生态环境中成长起来的一代，媒介融合的传播模式使"数码一代"在感知、认识世界的方式和结果上，展现出与他们的前辈全然不同的样态。

目前，传播媒介技术的更新换代更加频繁与多变，日新月异的新媒介技术深刻地影响着"数码一代"的表达形式与交往模式，也影响了他们的"口头传统"的传播方式与实践模式。当然，数字化媒介技术的普遍存在并没有使"口头传统"消失，相反，"数码一代"总是在有意无意之间努力借助"口头传统"来调适新媒介技术造就的新媒介环境，创造性地迎接并介入新媒介造就的社会生活。

"数码一代"的口头传统实践的存在方式及其传承变异的形式应该成为当代中国民俗学严肃思考的新问题。

一、从一则"关于兔子的笑话"说起

2004年秋天，我给某专业二年级的研究生开设了一门选修课，其中一节课程介绍了研究生毕业论文选题的一些基本原则。课间休息的时候，几名学生围坐在我周围，交流与分享自己参加往届毕业生开题会的经验与感受。其中一名同学带着玩世不恭的语气说，他并不认为人文学科门类的学术论文有什么客观的标准或者基本的原则可以被用来判定特定研究工作的高低好坏。

---

① FINNEGAN R. Oral traditions and the verbal arts：a guide to research practices［M］. London and New York：Routledge，1992：8.
② 莱文森. 新新媒介：第2版［M］. 何道宽，译. 上海：复旦大学出版社，2014：4-14.
③ 王杰文. 新媒介环境下的日常生活：兼论数码时代的民俗学［J］. 现代传播（中国传媒大学学报），2017（8）：18.

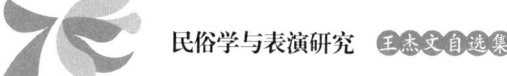

当时,多名同学都对他的观点深表赞同。其中一位同学为了表示支持他的观点,讲了下面这则"段子",他说:

不是有一个段子,也说了这个事么?

说有一天,有一只兔子在一个山洞前写东西,一匹狼走了过来,问:"兔子!你在写什么呐?"

兔子回答:"我在写毕业论文呢。"

狼又问:"你的论文题目是什么?"

兔子说:"我的论文题目是《论兔子比狼更优秀》。"

狼听了以后哈哈大笑,认为这个题目根本不成立。

兔子说:"那你跟我来。"然后它把狼带进了身后的山洞里。

兔子转身出来,又继续在山洞前埋头写东西。

这时又来了一只狐狸,狐狸问:"兔子兔子,你在写什么啊?"

兔子回答:"我在写毕业论文。"

狐狸又问:"你的毕业论文写的是什么题目?"

兔子说:"《论兔子比狐狸更优秀》。"

狐狸听完后心想,这算是什么烂题目啊,这个论文题目根本就是胡扯。

兔子说:"没关系,你跟我来。"

说着它把狐狸也带进了身后的山洞里。

过了一会儿,兔子又独自走出了山洞,继续坐下来写它的毕业论文。

这时,在山洞里面,一头狮子正坐在一堆白骨上剔着牙,打着饱嗝。

这个故事充分说明:一篇毕业论文的题目成不成立,不是要看它本身是不是具有合理性,而是要看论文作者的导师是谁!

他的讲述引来齐刷刷的一片笑声。不得不承认，这位同学十分擅长讲"笑话"。出于对"笑话"这一重要的口头传统"类型（genre）"的兴趣与敏感，我急切地想知道这位同学从哪里习得了这一笑话的文本内容与讲述技巧。他的回答是"网上"。不唯如此，他还介绍说，他刚才讲述的这则笑话只是网站上标题为"关于兔子的一些笑话"①中的一个。

显然，应用新媒介手段来获取知识已经是年轻一代新的学习方式了。网络媒介已经取代面对面的交流方式，成为"数码一代"了解口头传统的重要渠道②。那么，网络媒介会取代口头交流成为传播口头传统的核心载体吗？抑或多媒介共存共生会取代口头传统之口头传播的主导地位吗？网络媒介技术对于口头传统研究的挑战是什么？

二、网络媒介与口头传统

对于"口头传统"之研究来说，上文引述的笑话讲述个案显然具有某种颠覆性的示范意义，因为数码时代的网络传播技术直接挑战了"口头传统"研究的学术传统中某些不言自明的假设。按照美国民俗学家丹·本–阿默斯给"口头艺术"设定的经典定义，"小群体内的艺术性交流"③，"口头传统"首先意味着"面对面的交流模式"，但上文中的笑话讲述者却并不是通过聆听他人的讲述而习得这则笑话文本的，他是通过浏览网页"阅读"并"记忆"了它，而它已经不再是来自纯粹的"口头传统"。网上浏览笑话显然不是"面对面式"的艺术交流，浏览网页的人并不知道（也不关心）是谁会"传播"或者"传承"这则笑话。其次，"口头传统"这个概念还意味着观众对表演者之表演技巧的欣赏与评价。但上文中的笑话讲述者只是独自通过"阅读"的方

---

① 参见 https://www.douban.com/note/92512463/.
② TREVOR J. B. The last laugh: folk humor, celebrity culture and mass-mediated disasters in the digital age [M]. Wisconsin: The University Of Wisconsin Press, 2013: 12–13.
③ BEN-AMOS D. Toward a definition of folklore in context [J]. Journal of American folklore, 1971（331）: 13.

式而不是通过"聆听"的方式掌握了这则笑话。当然,即便如此,他对这则笑话的记忆与表演仍然显示出他对这一笑话文本的深度认同。他不仅记住了它,还创造性地表演了它,事实上还获得了大家的高度认同(齐刷刷的一片笑声就是最好的证明)。这就说明,听众习得文本内容与习得对这一文本的创造性表演,可以相互分离。最后,"口头传统"还意味着有一个真实的"小群体"存在。可是,在上述个案中,那位同学在学习这则笑话的时候,他究竟属于哪个"小群体"呢?如果说他属于那些关心"关于兔子的一些笑话"的"小群体",该群体也只是虚拟的、不可知的小型"社群(community)"。

显然,数码世界的传播技术使"口头传统"研究的基本问题变得复杂化了。面对这一现象,民俗学界至少有两种学术态度:一种是竭力把现代化传播技术的影响忽略掉,专注于考察严格界定的"口头传统"本身;另一种是考察现代社会人们借助于口头传统资源与数字化传播技术,不断调适,以面对当下社会现实生活的创造性实践过程。20世纪70年代以来,上述两种立场之间的矛盾与斗争,直接导致国际民俗学界对"口头传统"研究的自反性学术批评[①]。

按照第一种学术观念,"口头传统"仅仅是指以幻想故事、传说、神话等经典的口头叙述类型为代表的内容。这些内容当然是口头传统研究中重要的组成部分,但是,许多研究者却胶柱鼓瑟,打着"本真性""伪民俗""民俗主义"的旗号,排斥一切非纯粹口头传统的内容,忘记了民俗学("口头传统研究")的本旨恰恰是要关注个体或者群体从口头的、印刷的或者数字化的媒体中所习得的全部知识及其相关的实践行为。事实上,早在20世纪60年代末,国际民俗学界已经悄然重新界定了"传统"与"民俗"等概念,在"新民俗学"的理论话语中,"传统"已经不再是时间或者起源意义上的概念,而是指一种连续性与持久性,一种被特定个体或者群体视为传统的、起源于地方的或者由社区所生产的文化表达行为;"民俗"——作为"民众的知识"——

---

① TREVOR B. Folklore and the internet:vernacular expression in a digital world[M]. Logan:Utah State University Press,2009:1-20.

之"民"可以指任何个体或者群体,"民俗"之"俗"可以指相关个体或者群体继承而来的或者视为传统的知识。美国民俗学家理查德·道森①、阿兰·邓迪斯②、林达·戴格③等人撰写了许多有关"印刷世界的都市民俗"的著作,努力反对民俗学传统上基于"口头传承"或者"非现代媒介传播(书面的、图像的、数码的)"来界定"口头传统"的保守的做法。

按照第二种学术观念,民俗学("口头传统研究")并不一定专指对"过去"(文化遗留物)的研究,更多地是指传统的信仰与实践、惯例化的知识以及固有的表达模式在当代社会中被应用的"实践研究"。它关注的是这些"传统"如何被接受,随后又如何被改变或者仍然保持原样。"口头传统"被理解为一个实践(或者表演)的"民间过程(folk process)"。从传承的角度来说,"口头传统"正是在不断地重复与变异过程中呈现着自身,也正是在跨越时空的多元化的存在中使自身得以延续。

基于这一认识,网络媒介中的口头传统类型才能理所当然地成为民俗学关注的问题。

三、"数码一代"与黄金时代

尽管某些民俗学家可能勉强承认网络媒介中的口头传统可以作为民俗学关注的对象,但他们仍然坚持认为,在纯粹的"口头传统"背后,"小群体范围内""面对面地""口头交流"仍然蕴含着某种无可替代的价值,那就是人与人之间亲密接触、其乐融融的社群关系。因为在网络世界里,人们甚至不知道网络的那一端,坐在屏幕前面的是一个人还是一只狗。因此,虽然网络媒介取代口头交流的历史步伐是无可逆转的,但这是需要哀悼的技术变革。

---

① DORSON R. Is there a folk in the city? [J]. Journal of American folklore,1970(328):185-216.
② DUNDES A. The study of folklore [M]. Englewood Cliffs:Prentice-Hall,1965:1-3;DUNDES A. Analytic essays in folklore [M]. Berlin and Boston:De Gruyter Mouton,1979:3-16.
③ DEGH L. American folklore and the mass media [M]. Bloomington:Indiana University Press,1994:1-37.

总之,在他们看来,"数码一代"在收获快速便捷的生活方式的同时,丧失的却是整个无可挽回的"黄金时代"。

在这种流行的观念中,隐藏着两个有待论证的问题:第一,在数字化时代,数字媒介与口头、文字、图像等其他传播媒介之间的关系是什么?"媒介融合"是不是意味着新兴媒介对传统媒介的取代?抑或一种更新的、复杂化的共生关系?第二,"媒介融合"最终会促进"黄金时代"的降临还是会埋葬它?

显然,与面对面的交流方式不同,以数字化媒介技术为中介的交流方式具有即时性、同时性、异质性等特征,它可以使介入其中的个体缺席式地参与①。各种在线的社交圈虽然只是虚拟地共同在场,但它们既可以模仿面对面交往的社会机制,又可以避免真实生活中由于社会区隔而产生的消极后果。这就是网络时代"虚拟社群"的特质,其中的每个参与者都"独立地在一起(alone together)",也就是说,在身体层面上,大家是独立的;可是在心理与认知层面上,大家都能意识到他人的存在,并自然地会对他人的存在作出反应。

"虚拟社群"中的交往关系同样是对日常生活中人际交往关系的延续与补充。参与者通过积极分享来自网络空间的信息进行日常互动,而分享信息的方式与手段,在很多情况下,恰恰是来自网络空间的符号化语言,比如网络消息、视频以及其他表达性的修辞。这些语言既是构建日常生活社群的手段与工具,又是其前提与基础。因此,"虚拟社群"与真实的日常生活是并行不悖而又相互培育的。在这个意义上,"数码一代"仍然归属于某些"社群"。从理论上讲,他们甚至可以创建并认同无限数量的"社群"。"虚拟社群"与"口头传统"时代的真实社群的模式不同,虚拟世界的群体关系更多是横向的、平等的关系,其中的文化传播方式大多是水平层面的流动;而真实的社会生活中的社群关系(单就口头传统的传承模式而言)更多是纵向的、等级

---

① TREVOR B. The last laugh: folk humor, celebrity culture and mass-mediated disasters in the digital age [M]. Wisconsin: The University Of Wisconsin Press, 2013: 101.

化的关系,其中的文化传播方式大多是垂直层面的流动。所以,在某种意义上甚至可以说,"数码一代"的"社群关系"恰恰可能是更理想的人际交往模式。

而且,即使在高度数字化的世界里,数字化的表达渠道与日常生活中的表达渠道也是共存互融的,这种口头的、文字的、图像的与数字的多元传播方式的深度融合被称为"媒介融合",这是数码时代信息传播的普遍特征。这里不存在某些民俗学家所担忧的数字化传播取代口头传播的问题,而是多种媒介相互融合与作为整体的"人的延伸"的问题。正像马歇尔·麦克卢汉所说的那样,这种媒介融合的文化传播模式不仅意味着技术层面的革命,更是一种文化转型与社会转型的标志,它意味着"数码一代"从事多元化选择与创造的可能性条件已经具备了。

新媒介技术为"数码一代"表达思想情感、建构身份认同提供了必要的基础条件。在"媒介融合"的语境下,(口头)传统的"起源"问题变得不再重要,"(口头)传统"本身如何被挑选、改编、挪用、组织、编辑与认同的"实践"变得更加重要。当"数码一代"已经在网络世界里接受与应用"传统",当"登录、浏览、查找、冲浪、下载、保存、转载"已经成为"数码一代"的"传统",当他们把这些不同媒介来源的"传统"作为处理个体生活世界的文化资源时,人们再去讨论网络媒介中的"口头传统"是否是"本真的传统"就显得有些迂腐了。口头传统在网络媒介上传播,一定是因为它们具有某种实际的功能;口头传统被给予各种各样的创造性改编,一定是因为它们对于不同的个体或者群体具有不同的意义。口头传统研究应该关注网络媒介中口头传统的多样化的意义与功能。

四、"数码一代"的口头表演

对于"数码一代"来说,通过浏览网页了解的某一则故事或者笑话,最终很可能会重新回到面对面的口头交流中来。反之亦然,那些通过面对面的交流而习得的故事或者笑话，也经常会被他们以数字化的形式在网络上传播。网络媒介与口头媒介是交叉互渗、难分彼此的。仅以上文中提到的例子来说，该笑话的讲述者在网络上习得的"关于兔子的一些笑话"，与他在真实生活中表演的其中一则"笑话"，在叙事形式与传播模式上到底有什么差异呢？

首先，网站上把有关"兔子"的材料称为"笑话"，事实上，从传统民间文学类型的角度来看，它们更接近于"寓言"，准确地说，非常接近于《伊索寓言》中的《狮子、驴和狐狸》：

> 狮子、驴和狐狸互相约定，合伙去打猎。他们猎得了很多野兽，狮子叫驴给他们分配猎物。驴把猎物分成三份，请狮子首先为自己挑选，狮子大怒，便扑过去，把驴吃了。他再叫狐狸分配。狐狸把所有的猎物堆成一堆，只给自己留下很少的一些东西，请狮子去拿。狮子问狐狸，是谁教他这么分的，狐狸说："驴的遭遇。"
>
> 这则故事是说，应该从邻人的不幸遭遇中吸取教训。①

与本文同学讲述的"笑话"相比较，伊索寓言显然已经被"笑话化"了。在这个意义上，人们称它们为"笑话"亦无不可。网络上"关于兔子的一些笑话"汇集了大约20则有关"兔子"的叙事，这些叙事之间并不存在任何内容的、形式的、主题的、母题的甚至是类型的关联，只是在关于"兔子"这个主题形象的标题之下被汇集在一起。其共同之处也许是：所有这些有关"兔子"的叙事都在某种象征或者隐喻的意义上，影射着数码时代社会生活中真实存在的社会焦虑与风险意识；在某种意义上，它们是现代人用以获得生活经验、发泄情绪、表达怜悯的一种符号性手段，也是人们对抗周围环境中的不确定性因素，以获得安全感的有效方式。正是通过借用笑话这种口头叙事传统，人们有效地介入了数码世界，反过来，正是通过从网络上获取"笑话"这种口头叙事传统，作为个体的行动者极大地充实了其待选备用的"文

---

① 伊索.伊索寓言[M].王焕生，译.上海：上海人民出版社，2014：163.

化武库"。

把源自网络世界的笑话应用于日常生活中的交流活动时,表演者必然得创造性地抓住表演的时机,判断表演的恰当语境,预料表演的可能效果,准确表达预设的文化逻辑。网络上传播的"关于兔子的一些笑话"是相对固定的文本,表演者在挪用它的时候,总是会依据其中表达的主题之相关性与当下语境的具体性,对将要表演的文本作出相应的调整。粗略地比较一下上述笑话表演者表演的笑话与网络版的兔子笑话后不难发现,我们的笑话表演者的成功表演,是建立在其准确把握该笑话文本的重要特征的基础上的,它们分别是:

第一,兔子、狮子与狼(以及狐狸)的角色之间的隐喻关系;

第二,兔子、狮子与狼(以及狐狸)的权力之间的对比关系;

第三,论文质量之"自律标准"与"他律标准"之间的对比关系;

第四,笑话本身设定的重复式叙事模式。

当然,这一网络版的兔子笑话显然不是现代人的发明。在传统的民间故事中,与此类似的笑话极其丰富,这里只列举一则笔者亲闻的阿拉伯民间故事来说明问题:

有一天,老虎、狼与狐狸一起去打猎,它们捕获了一头野牛、一只羚羊和一只野兔。

老虎对狼、狐狸说:"你们发表一下意见,看看怎么分配这些猎物才算合理?"

狼自作聪明地回答:"我认为,老虎的个头最大,食量最大,功劳最大,把野牛分给老虎最合理;我个头居中,食量居中,功劳也居中,羚羊应该归我;至于狐狸嘛,野兔归你最合适不过啦。"

狼话音未落,老虎猛扑上来,一口就把它咬死了。

老虎舔了舔嘴唇,转头又问狐狸:"你来说说,咱们俩怎么分配猎物最公平?"

狐狸大声回答:"我完全不能同意狼的意见!我认为猎物都应该

归您，野牛给您当早餐最适合啦，羚羊最好做您的午后甜点，野兔最好做您的晚餐。"①

这两则民间笑话的类似之处在于，它们都涉及角色隐喻、权力对比、价值标准的悖论以及重复式叙事模式等问题。在日常生活中，自然法则与伦理法则常常是相互矛盾的。尽管历史与社会的语境千变万化，但这种矛盾性却是亘古常有的事实，"笑话"正是人们面对上述两难时自我揭示与自我解嘲的有效手段。

前文个案中的笑话表演者清醒地发现了人文学科门类的学术论文判断标准的一般原则与具体的判断者（导师及发表异见者）的个人意见之间的内在矛盾性；发现了研究生、论文评阅者、导师之间的权力对比关系，准确地挪用了角色隐喻法与重复式叙事模式，通过现场表演，揭示了当时他认为的研究生学位论文评审工作中存在的问题，有效地支持了他的同学的观点。

他的成功表演吸引我（也许还有其他同学）去网络上查找所谓"有关兔子的一些笑话"，并试图进一步思考网络上集中传播的"兔子笑话"如何区别于面对面口头讲述的"兔子笑话"。首先，网络的开放性（尽管它的"开放性"带有某些伪装的意味）理论上可以使任何一个个体（包括传统笑话讲述者中不包括的女性群体）有机会随时、同时、集中地获得相关信息，这种被汇集起来的信息可以更进一步地刺激网上浏览者思考"兔子"的隐喻性意象，尽管这种隐喻性意象本身可能是多样化的。其次，网络传播的虚拟性在理论的层面上，可以使任何一个个体更自由地接触到"性的"或者"攻击性（种

---

① 这里引述的故事与突尼斯的民间故事《狮子、狼与狐狸》十分接近，全文如下：有一天，狮子、狼和狐狸一道去追捕猎物。它们捕获了一匹斑马、一只羚羊和一只兔子。狮子对狼说："你来给我们分猎物吧。"狼回答："这很容易，把斑马分给狮子，把兔子分给狐狸，把羚羊分给我。"狮子立刻给了狼一爪子，把它的脑袋给抓下来了。接着，狮子又问狐狸该怎么分。狐狸回答："把斑马给你当午餐，羚羊给你当晚餐，兔子给你当一顿点心。"狮子说："你是多么好的法官呐，这是谁教给你的？"狐狸回答："这是因为狼的脑袋被你用爪子抓了下来，才教会我这样做的。"参见：韩宝光.突尼斯民间故事[M].北京：中国民间文艺出版社，1982：92-93.突尼斯的这一民间故事更接近于伊索寓言中的"寓言"风格。

族、阶级、国别等）"的内容。比如"有关兔子的一些笑话"中就涉及相关内容，这些内容在日常生活的讲述语境中显然会因具体语境而受到限制。最后，网络传播的笑话可以促使人们更自由、更便捷地理解日常生活世界，也为任何一个个体创造性地参与虚拟的或者真实的"群体"提供了方便。许多网友在"跟帖"中转发了网站中未曾收录的与"兔子"相关的其他一些笑话，还有的人表达了自己阅读之后的感受，如此等等，进一步印证了前文所谓"虚拟社群"的观点。

"数码一代"正在把网络媒介纳入日常生活中来，未来的日常生活是媒介融合之后的日常生活，是被网络媒介重新语境化之后的日常生活。在"数码一代"的知识结构与行为模式中，虚拟空间与真实生活之间的区别将越来越模糊，口头的、文字的、图像的与数字的信息交流模式混杂在一起。数字媒介技术已经成为"口头传统"传播最重要的载体与语境。在"媒介融合"的日常生活中，"（口头）传统"——作为个体的交流性资源——的源起与出处问题变得不再重要了，重要是特定个体或者群体在何种语境下、基于何种意图来选择与创造性地应用"（口头）传统"的问题。换句话说，"数码一代"在创造性地定义自己的"（口头）传统"，并通过这种"定义"的行为来表达他们自己的身份认同。

本事、故事与叙事[*]

——唐传奇《柳毅传》的表演研究

赵世瑜教授在近期发表的论文中[①]，尝试用历史人类学的方法重新解读《柳毅传》[②]。他通过把该文本作为历史文本（而非文学文本或者宗教文本）来分析，探索其中隐藏的历史信息。

一篇中古时期的超自然文学作品被当作历史文本来研究，似乎是理所当然地可以被接受的。众所周知，中国早期的宫廷史官同时也负责记录与解释超自然的现象，只是到儒家思想成为官方意识形态之后，有关超自然现象的记录与解释才渐渐变成"史官之副业"与"别史"。况且，根据中国古代官方文献的分类标准，有关超自然内容的作品一直都被归入历史类，直到宋代初年，这些典籍才从历史类文献中分离出来。所以，鲁迅先生说，"缘自来论断艺文，本亦史官之职也"[③]。而李朝威《柳毅传》的写作时间虽无法确定，但是学者们认为它大致创作于 8 世纪 80 年代或者 90 年代。那时，小说与历史的边界仍然是十分模糊的。

当然，中国古代的超自然文学传统本身也十分庞杂，"志怪小说"是其中最特出的一种类型，它接续《庄子》《山海经》《穆天子传》等典籍所开启

---

[*] 本文原载于《民俗研究》2022 年第 6 期，收入本书时有改动。
[①] 赵世瑜.唐传奇《柳毅传》的历史人类学解读[J].民俗研究，2021（1）：53-64.
[②] 李昉.太平广记[M].民国影印嘉靖谈恺刻本.
[③] 鲁迅.中国小说史略[M]//陈洪.民国中国小说史著集成（第一卷）.天津：南开大学出版社，2014：105.

的古代神话传统,在魏晋六朝时期确立了基本的叙事类型特征,后经历唐代传奇的进一步发展而达到鼎盛。《柳毅传》就是唐代志怪类传奇的典型代表。"志怪小说"的传统一直延续到清代末年,袁枚的《子不语》、纪晓岚的《阅微草堂笔记》、蒲松龄的《聊斋志异》等一时蔚为大观,最终奠定了志怪小说在中国古代超自然文学传统中的位置。除了文人学士的"志怪"传统之外,民间各阶层与社会群体还有"谈怪"的口头讲述传统,长期以来,它普遍地流行于普通民众的日常生活中,绵绵不绝,广受欢迎。20世纪40年代,顾颉刚先生还给友人们讲述过发生在他自己身上的灵异故事。[1] 今天,"现代都市传说"[2]的普遍流行更是日常"谈怪"的一个鲜活证据。

这里所谓的"怪",几乎可以囊括一切超自然的现象(比如神、仙、鬼、灵、怪、妖、异等),它有时被理解为与人类行为相对应的自然预兆,有时被理解为隐秘的历史知识,有时又被当作反思日常生活秩序的思维方式或者存在方式等。而"志怪"这一术语则透露出相关文献与历史记录的关联性。显然,从汉魏六朝时代起,这些有关超自然现象的叙述、记录和解释就与现代所谓"虚构"和"非虚构"、"小说"与"事实"的区分无关,因为它们既让人信其有,又让人难以置信,但当时人们是把它们当作历史传记的分支来对待的。[3] 所有"志怪小说"的语言、结构、标题和叙述技巧,都与野史甚至是正史的叙事模式十分相似,这就使其与历史之间的界限更加模糊难辨了。

一

正是因为唐代传奇在文类特征上具有模糊性,所以它吸引着包括历史学

---

[1] 陈乃乾.顾颉刚夫人神回记[J].今报,1946(6).
[2] 王杰文.乘车出行的幽灵——关于"现代都市传说"与"反传说"[J].民俗研究,2005(4):146-159.
[3] "志怪小说"通常用一两句话来交代故事的起因,叙述某个灵异事件的目击者的姓名和出生地,其出生地往往跟作者的出生地一样。这样的叙事模式增加了个人亲身经历的成分,也为奇异的想象拓展了空间。此外,志怪小说除辑录古代神话传奇之外,大多数都是从口头传统中记录下来的,因此带有深刻的口头讲述的痕迹。

家在内的学者从不同的视角出发参与阐释,而赵世瑜教授特别标举"历史人类学"之"生活世界"的视角,通过参与观察当下民众的生活世界,希冀获得重新解读历史文献的灵感。具体来说,他是暂时悬置了《柳毅传》的故事文本,转而描述与分析江南太湖地区从水乡变成陆地的历史材料,试图以此来呈现他所谓故事文本的"情境"。然而问题在于:

(1) 作者把《柳毅传》故事中所谓"洞庭在哪里"[①]的争论给模糊掉了。他首先把文本中的"洞庭"予以现实化,直接将它看作太湖的洞庭东山,然后声称"故事发生地"的问题并不重要,最后又宣称自己的结论适合于任何一种"洞庭"地理观。

(2) 作者试图通过个案式的田野调查来概括有关"洞庭"在所有时代、所有水域、所有人群与社会从水上向岸上变迁的生活。尽管他也意识到这一研究方法的局限性。

(3) 作者依赖的口述材料、地方志及其他相关文献,绝大多数是晚于唐代的明清文献,他试图依据上述晚出文献中所描绘的太湖地区水上人的婚姻关系、亲属关系与社会合作关系,倒推《柳毅传》中的社会时代背景。

(4) 作者借助于零散的传说资料,言之凿凿地推论出水上人与江南商业社会之间的渊源关系。

(5) 作者把故事中人神、人兽婚(未能看到人神婚与人兽婚之间可能存在的区别)视为现实生活中不同族群间通婚关系的隐喻,进而把柳毅与龙女的婚姻关系简单地视为水上人(商人)与岸上人之间婚姻关系的艺术性反映。

总之,按照上述问题的逻辑,赵世瑜教授猜测说:"所以,故事背后可能是一个对水族/水上人/商人贸易的隐喻,讲述的可能是一个岸居的士子与一个凭借经商致富的水上人家族联姻的故事。"[②]

无可否认,赵世瑜教授的确提供了一种令人耳目一新的"研究路径",这是一种有关传奇文本与社会生活世界之间存在隐喻关系的有趣猜想,但是,

---

① 顾颉刚.顾颉刚全集(22)[M].北京:中华书局,2011:431.顾先生说:"顷偶翻唐李朝威《柳毅传》,乃知作者有意游移其辞,使之两属也。……一人之笔而眩乱若斯,洵难索解。"
② 赵世瑜.唐传奇《柳毅传》的历史人类学解读[J].民俗研究,2021(1):53-64.

它明显具有如下一些缺点。

第一，这只能是一种支离破碎的解释方式。作者有选择地解释《柳毅传》中某些与他的田野材料相关的内容，有意无意地肢解了文本的整体。比如，作者没有解释泾阳这一"地理意象"；没有解释龙女受虐、龙女牧羊、龙女报恩的情节；没有解释龙宫宴饮的情节；更没有涉及故事末尾有关柳毅获得"长生久视"之法的情节等重要内容。而这些内容恰恰是《柳毅传》文本中最重要的部分。

第二，历史解释上的倒果为因。作者拘泥于"历史人类学"的方法论，自我局限于明清文献与当代被转写成文字的口述资料，并试图以这些文献来倒推唐代的社会生活世界。这一研究方法在逻辑上是成问题的。

第三，庸俗化了文学艺术与生活世界的关系。尽管唐代传奇中可能保留了某些貌似历史记录的痕迹，但传奇并不是历史记录，历史记录也不等于历史事实，试图在传奇文本与生活世界之间建立直接的、实证的关系，早已经被证明是行不通的。

综合来看，赵世瑜教授试图利用明清文献解释唐代传奇的尝试，与其说是提供了某种全新的"研究路径"，不如说只能证明该研究路径本身所照亮的材料。换句话说，作者的历史人类学研究并没有为《柳毅传》提供令人信服的新解，倒是《柳毅传》为作者解释明清以来江南水上人生活世界的变迁提供了某种隐喻性的注脚。

二

既然《柳毅传》是一篇唐代传奇，那么，任何有关《柳毅传》的诠释都不应该忽视唐代传奇——作为一种特殊"类型"（Genre，或译为体裁）——的文体特征，不应该忽视该文类在中国小说发展史上的特殊位置，更不应该在该文类所预设的"框架（Frame）"之外肆意曲解。

有关中国古代"小说"发展历史及其基本特征的研究，今天的研究者仍然认同张静庐、鲁迅等先驱者的论断，鲁迅先生引述胡应麟《笔丛》云：

"变异之谈,盛于六朝,然多是传录舛讹,未必尽幻设语,至唐人乃作意好奇,假小说以寄笔端。"其云"作意",云"幻设"者,则即意识之创造矣。此类文字,当时或为丛集,或为单篇,大率篇幅曼长,记叙委曲,时亦近于俳谐,故论者每訾其卑下,贬之曰"传奇",以别于韩柳辈之高文,顾世间则甚风行,文人往往有作,投谒时或用之为行卷,今颇有留存于《太平广记》中者(他书所收,时代及撰人多错误不足据),实唐代特绝之作也。①

鲁迅先生的这段话,至少强调了如下三条重要信息:

第一,传奇是唐人有意识地创作的文体,它与"志怪"相区别之处,恰恰在于这种文学创作具有意识性,它在语言技巧、情节设置、主题立意等方面都有新的、自主的追求。鲁迅先生说:

> 传奇者流,源盖出于志怪,然施之藻绘,扩其波澜,故所成就乃特异,其间虽抑或托讽喻以纾牢愁,谈祸福以寓惩劝,而大归则究在文采与意想,与昔之传鬼神明因果而外无他意者,甚异其趣矣。②

换句话说,唐代传奇之着意于"文采与意想"而非"传鬼神明因果",其中有一种明确的、已经转换的语言意识:在唐代传奇的作者那里,语言不再只是传情达意的工具,作者不再只是"用语言去描述",而是把关注的焦点转向语言形象,致力于去描述"语言"本身了。这便是鲁迅先生所谓"甚异其趣"之所在,即唐代传奇扭转了魏晋志怪小说以"寓言为本,文辞为末"的

---

① 鲁迅.中国小说史略[M]//陈洪.民国中国小说史著集成(第一卷).天津:南开大学出版社,2014:173.本文着重号为笔者所加。
② 鲁迅.中国小说史略[M]//陈洪.民国中国小说史著集成(第一卷).天津:南开大学出版社,2014:174.

风气，明摆着要显示作者想象的才能与语言的技巧。今人试图把传奇文本的语言意象消解为功能性的、指涉性的交流工具，显然是一种曲解。

第二，传奇在唐代众文类中的地位卑下。当时，传奇在文学领域中的地位远远不能与诗歌、古文相比肩，但文人士子参与创作与传播的态度却十分积极。这就透露出一种处于上升阶段的文类的实际处境：某些文人士子正是通过创作传奇来提升自己的社会地位的，而那些已经获得较高社会地位的文人士子又通过其积极创作与传播，提升了传奇的文学地位。陈寅恪先生说：

> （小说）本与唐代古文同一原起及体制也。唐代举人之以备具众体之小说之文求知于主司，即与古文诗什投献者无异。①

显然，只有从小说与古文的"形式与起源"这两个层面来讲，二者才可以说有"同一"之处；至于社会上流行的对于传奇的鄙视态度，则仍应坚持鲁迅先生的观点。胡怀琛先生同样区分了传奇与古文，他说：

> （传奇）和纪事的"古文"不同，古文中的事"真"的部分多，"假"的部分少。传奇则和它相反，"真"的部分少，"假"的部分多，甚至全是假的。（传奇）辞藻比"古文"更浓厚，描写得比"古文"更深切细腻，独立成篇的篇幅也比"古文"为长。所以它和纪事的"古文"绝不相同。②

总之，小说研究家对于文类之间的细微差别是十分敏感的，粗枝大叶地混淆文类的做法应竭力避免。事实上，古人一再告诫后人："至于引史官之记载，证说部之抵牾；与援说部之异闻，入史官之实录，其为谬误，亦正相

---

① 陈寅恪. 元白诗笺证稿 [M]. 上海：上海古籍出版社，1978：4.
② 胡怀琛. 中国小说概论 [M]// 陈洪. 民国中国小说史著集成（第四卷）. 天津：南开大学出版社，2014：321.

同。"[1] 今人想把文学文本视为历史文本，可不慎乎？

第三，传奇的流行很可能与唐代文人士子的"行卷"习惯有关。宋赵彦卫在《云麓漫钞》上说：

> 唐之举人，先籍当世显人，以姓名达之主司，然后以所业投献，逾数日又投，谓之温卷，如《幽怪录》《传奇》等皆是，盖此等文备众体，可见史才、诗笔、议论。[2]

鲁迅先生发展了这一观点，他除了在上文中简单提及唐代传奇与士子"行卷"的习尚之间存在关联外，还进一步推测：

> 唐以诗文取士，但也看社会上的名声，所以士子入京应试，也须预先干谒名公，呈献诗文，冀其称誉，这诗文叫作"行卷"。诗文既滥，人不欲观，有的就用传奇文，来希图一新耳目，获得特效了，于是那时的传奇文，也就和"敲门砖"很有关系。但自然，只被风气所推，无所为而作者，却并非没有的。[3]

可见，传奇之所以"新人耳目"，是因为它是一种综合了多种"简单类型"的"复杂类型"，可以充分展示作者的"史才、诗笔、议论"，又能围绕一人一事，铺陈情节，修饰辞藻，驰骋思想。即使唐代的文人士子并未像鲁迅所言那样普遍地以传奇"行卷"[4]，然"风气所推，无为而作"的话总是可靠的。

---

[1] 刘永济. 小说概论讲义 [M]// 陈洪. 民国中国小说史著集成（第四卷）. 天津：南开大学出版社，2014：384.

[2] 赵彦卫. 云麓漫钞 卷八 [M]. 清咸丰涉闻梓旧本.

[3] 鲁迅. 鲁迅全集 [M]. 北京：同心出版社，2014：183.

[4] 俞钢. 唐代文言小说与科举制度 [D]. 上海：上海师范大学，2004. 俞钢认为：尽管鲁迅、陈寅恪、冯沅君、汪辟疆、程千帆等人强调"行卷"对于传奇具有促进作用，但是亦有学者认为行卷与传奇的勃兴无关，他们认为当时士子的行卷主要是诗文，并非文言小说。总之，他们认为赵彦卫的记载纯属臆测妄说，认为鲁迅等人所主张的用文言小说行卷的论据和例证并不充分，更不主张把行卷风习作为唐代传奇发达的重要原因。

总之，理解《柳毅传》必须置其于唐代传奇的整体文类框架之中，不能抛开传奇作为时人发挥想象力、着力为文的初始意图；不能无视传奇在当时正统文人眼中的卑下位置；不能不考虑传奇可能具有的被用于干谒自荐的社会交际功能。①唐代传奇（作为一种"叙事"类型）明显自我区别于生活实录，其"志怪"的习气不见容于正统的文学观念，却又作为一种探索中的文学类型正在赢得自己的地位。

除此而外，唐代传奇内部尚有多种亚类型，这一点也非常重要，张静庐说：

> 唐之小说思潮，非常膨胀，理想亦颇高超，非与晋隋南北朝间之小说思潮直承于汉者可同日而语。唐代小说之思潮既发展，则作者亦各就性之所近，成种种体裁，如张鹭之《朝野佥载》，唐骈之《剧谈录》，李肇之《国史补》等书专谈掌故；《芝田录》《唐语林》等书专谈社会；张说之《虬髯客传》，陶雍之《英雄传》等书专谈义侠；薛用弱之《集异记》，牛僧孺之《玄怪录》，段成式之《酉阳杂俎》，郑处诲之《明皇杂录》《白头宫人》，温庭筠之《乾馔子》，陈翰之《异闻集》等书的谈鬼怪；《章台柳传》《步非烟传》《霍小玉传》《游仙窟》《控鹤监记》等书之志艳。然在此时期内，仍以谈鬼说怪之文字占最多数，其故盖以其思想之遗传性，五百年来盘踞甚深，故创作仍不能尽发挥其个人性也。②

张氏继承前人划分小说类型的观念，非常敏锐地注意到唐代小说内部种种"体裁"的不同，它们分别是"谈掌故、谈社会、谈义侠、谈鬼怪、志艳"等五种。这种分类方法不同于《四库全书总目提要》中对于小说的分类③，后

---

① 胡应麟在《少室山房笔丛》中提到裴铏的《传奇》时说："裴，晚唐人，高骈幕客，以骈好神仙，故撰此以惑之。"转引自蒋伯潜，蒋祖怡.小说与戏剧［M］//陈洪.民国中国小说史著集成（第九卷）.天津：南开大学出版社，2014：73.
② 张静庐.中国小说史大纲［M］//陈洪.民国中国小说史著集成（第一卷）.天津：南开大学出版社，2014：43.
③ 《四库全书总目提要》中把小说分为三类：叙述杂事、记录异闻、缀辑琐语。

来，郭希汾先生提出一种新的分类方案，即：

（1）别传：关于一人一事之逸事奇闻；

（2）异闻琐语：架空之怪谈珍说；

（3）杂志：史外余放烟火，虚实相半，以补实录之缺。

郭氏以为，第（3）类不足为小说，而第（2）类仅稍有小说的材料。唐代小说之精华在第（1）类。这里他排除了"杂志"和"异闻琐语"，仅把"别传"视为传奇小说。他又依据《唐人说荟》（一名《唐代丛书》）中传奇小说的分类方法，把传奇小说分为"别传（史外逸闻）、剑侠（侠男女之武勇谈）、艳情（佳人才子之艳语）和神怪（神仙道释妖怪谈）"①。

刘永济先生也把唐人传奇划分为四门：一曰纪侠事，二曰写义侠，三曰记艳异，四曰传神异。他说："传神异者，因六代之余习，宗二氏之寓言，挈有以入无，翻空而出幻者也。属此门者，曰《南柯记》《枕中记》《柳毅传》《步非烟传》《离魂记》《杜子春传》《李林甫传》是也。"②

显然，无论是哪一种分类方法，《柳毅传》都毫无分歧地被归入"神怪"一类，也就是说，小说研究家从来都没有把它视为实有之人事。如果说其他类型的小说还有那么一点点现实的影子，那么神怪类小说就是距离现实最为遥远的了。作为神怪类的传奇作品，它更多地是要彰显天命的必然性，告诫俗世不可觊觎非命之所有；是要表现至情的高尚，期待天下有情人终成眷属；是要呈现人生荣枯之无常，悲叹人类生死瞬息之变数。刘永济先生说，传奇"敷布而似赋，微婉而如比，诡谲而善谑，慷慨而可讽。极文心之愉乐，恣笔阵之纵横者也。无非是下第不遇的秀才，籍仙侠艳情神鬼以吐其无聊不平之感慨，事皆新奇，情主凄婉，文则典丽，而饶风韵，有一唱三叹之妙"③。

传奇，尤其是神怪类的传奇乃是文学类型的表达，是文人之"文心""笔

---

① 郭希汾.中国小说史略［M］//陈洪.民国中国小说史著集成（第二卷）.天津：南开大学出版社，2014：48.日本盐谷温在《中国小说概论》中转述了他的观点。

② 刘永济.小说概论讲义［M］//陈洪.民国中国小说史著集成（第四卷）.天津：南开大学出版社，2014：386.

③ 刘永济.小说概论讲义［M］//陈洪.民国中国小说史著集成（第四卷）.天津：南开大学出版社，2014：386-387.

阵"，是内心有所蕴藉，借神怪奇事以抒个人情思之作，正所谓"人不奇不传，事不奇不传，其人其事俱奇，无奇文以演说之，亦不传"①。总之，传奇是唐人"作意好奇"的创造性发明，而如《柳毅传》之类的神怪传奇，则更是传奇中之特奇异者。②"神怪传奇"作为文类的特殊规定性为我们设定了阐释的框架与边界。

三

赵世瑜教授显然同样意识到了传奇文类的规定性特质，他说：

> 其实，无论是薛嘏还是李朝威，我们不知道是否真有其人，只能把"薛嘏"当作一个故事讲述者，而把"李朝威"当作一个故事记录者，仅此而已。③

问题在于，当我们不知道"是否真有其人"时，就转身离开，说一句"仅此而已"了事吗？事实上，他把"薛嘏"当作一个故事讲述者，是勉强说得通的；之所以说是"勉强"，是因为他也可能只是一个"虚构的"故事讲述者；而把"李朝威"单纯当作一个故事记录者，则明显是简单化了。因为李朝威显然并不只是一位"记录者"，而且是一位"叙述者"。"愚义之，为斯文"清楚地表明了李朝威的创作者身份；而作为"叙述者"的李朝威，当然也不等同于李朝威其人。这里，赵世瑜教授轻忽了《柳毅传》文本中的一个重要维度，即"故事讲述"，而这一维度恰恰是民间文艺学可能贡献新"研究路径"的关键所在。

唐代许多传奇作家热衷于"宵话征异"或者饮宴聚会时"各征其异说"，

---

① 争春图全传[M].清道光五年六经堂刻本.
② 胡应麟在《少室山房笔丛·巳部二酉缀遗中》（明万历刻本）中写道："唐人小说，如柳毅传书洞庭事，极鄙诞不根，文士亚当唾去，而诗人往往好用之，夫诗中用事本不论虚实，然此事特诞而不情，造言者至此，亦横议可诛。"胡氏虽刻薄，但头脑清醒，深知小说非事实.
③ 赵世瑜.唐传奇《柳毅传》的历史人类学解读[J].民俗研究，2021（1）：53-64.

比如,《太平广记·郗鉴》中说:

> 荥阳郑曙,著作郎郑虔之弟也,博学多能,好奇任侠。尝因会客,言及人间奇事。①

《太平广记·庐江冯媪》中则说:

> 元和六年夏五月,江淮从事李公佐使至京,回次汉南,与渤海高钺、天水赵儹、河南宇文鼎会于传舍,宵话征异,各尽见闻。钺具道其事,公佐为之传。②

诸如此类的记载在唐代传奇中屡见不鲜,由此可见,唐代文人士子之间交往频繁,聚会时喜欢搜奇谈怪。唐代小说的研究者甚至认为,唐代文人士子构成了某种非正式的"文学沙龙",而"唐代传奇是贵族士大夫的'沙龙'文学"③。这种"文学沙龙"是由官员、文人、儒者、道士、僧人等构成的文化圈子,他们常常私下饮宴聚会,高谈阔论,宵话征异,然后由善文者握管濡翰,疏而存之。他们撰写的传奇实际上表达了文学沙龙成员共同的思想倾向和审美情趣,而不只是叙写者或者讲述者个人的心理特征。有研究者说:

> 我们注意到,在文学沙龙中,担当由口语表达转变为文学样式这一角色的,大多是文高学博的科举士子辈,他们创作文言小说的目的,主要是敷衍文学沙龙共同的话题,表达文学沙龙共同的意趣,以显示自己创作文言小说这种新文体的奇才异能。④

总之,唐代文人士子之间"宵话征异"的风尚说明,传奇的形成有两个

---

① 李昉.太平广记[M].民国影印嘉靖谈恺刻本.
② 李昉.太平广记[M].民国影印嘉靖谈恺刻本.
③ 石昌渝.中国小说源流论[M].北京:生活·读书·新知三联书店,1994:150.
④ 俞钢.唐代文言小说与科举制度[D].上海:上海师范大学,2004.

过程，一是沙龙中某人的"谈怪"；二是随后某人的"志怪"①。从理论上说，"志怪"难免会保留某些"谈怪"的痕迹，以《柳毅传》而论，其文末有"毅常以是事告于人世"的话，即证明。

然而，如果对"谈怪"之于"志怪"，口头交流之于书面创作的影响进行研究，关键之处并不在于考察有多少口头讲述的内容与形式被保留在书面文本中，而在于揭示"言语交际"的模式如何塑造了书面文本，即不是把书面文本作为一种固定的、独白式的文本，而是视为一种讲述方式、一种交往艺术、一种交流模式，把"志怪"小说还原到其最初作为"怪谈"的原始交流语境中去，认为它们存在于人际交往中，是扎根于社会与文化生活中的，是在特定的社会生活行为中特定讲述者与创作者的表演与创造，是在总体的交流语境中被赋予个人的、文化的与社会的意义的交流媒介。

关于"言语交流"的实际情况，本雅明总结为：

> 讲故事的人取材于自己亲历或道听途说的经验，然后把这种经验转化为听故事人的经验。②

本雅明所谓"经验（Experience）"就是本文所谓"本事（Event itself）"，它是由因果关系、时间序列所构成的"行为过程"；而"故事（Story）"是对"本事"的讲述，这种讲述是一种由话语构成的"语言结构"。显然，被讲述的"故事"常常被人们等同于"本事"，但事实上，二者在本质上并不对等。人们只要稍微分析一下特定叙事的时间结构、叙述视角与调语，就可以轻易地了解这一点。换句话说，讲述故事的人——无论他是"本事"的亲历者还是转述者——都需要组织语言来叙述事件。民间文艺学家称之为"文本化（Textualization）"的过程，即把"思维文本（Metal text）"转化为"口头文本

---

① 于天池.唐代小说的发达与行卷无关涉［J］.文学遗产，1987（5）：53-59. 于天池先生通俗地说："这是一种多么浪漫的气氛，一群文人聚在一起，边吃饭，边讲新奇的故事，一篇小说就这样诞生了。"

② 阿伦特.启迪：本雅明文选［M］.张旭东，王斑，译.北京：生活·读书·新知三联书店，2014：99.

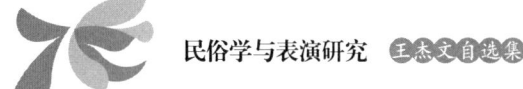

(Oral text)"。

进一步来说,正是因为人们想当然地以为"故事"是对"本事"的叙述,于是就顺理成章地感觉"本事"在时间与逻辑的顺序上先于"故事"的讲述。但事实上,大量的"故事"并没有"本事"可凭依,而只是一种虚构的讲述。某些文人创作的"叙事(Narrative)"更是伪装成对一个"故事"的记录,可事实恰好相反,倒是他的叙事中的意义结构赋予了读者对于其"本事"进行理解的内在连贯性,即读者在叙事的内在连贯性中,建构起一个对我们称之为"本事"的行为序列进行理解的认知工具。在这个意义上,"叙事"作为一种认知工具,使人类经验之流得以被理解,或者有时可能是被误解。

唐人"宵话征异"时,表演"怪谈"的士人必然要对热切的听众负责,努力呈现某种大家都认为"怪异"的内容,而这种"怪异"的内容必然得形诸相应的表演形式,观众必然会评判其表演的故事是否足够"怪异",而只有那些众人皆以为怪异的故事才会被形诸文字。在另一个维度上,文人学士组成的文学沙龙又成为书面创作"志怪小说"的作者所面向的预期受众,他们的欣赏标准与趣味同样潜在地影响着作者进行文字表达的形式、修辞、风格与结构。总之,无论是"谈怪"还是"志怪",从民间文艺学的观点来看,都是社会生活中的艺术性的交流行为,都不得不同时考虑到参与表演活动者的角色与身份、表演者的表达手段、交流互动的基本规则以及相应的评价标准等。

基于上述认识,我们有理由否定依据"叙事"回溯"故事"与"本事"的任何可能性与必要性,而将考察的焦点转向唐人传奇"叙事"中材料、形式、内容与主题的相互关系,转向其作者与主人公之间的相互关系,转向叙事文本时间意识与空间意象的组织策略。

四

上文已经说过,赵世瑜教授"发现《柳毅传》的内容包含了对中古时期南方湖区水上人/商人的社会-文化情境的隐喻"①。这个"隐喻"关系的发明，非常明显，表现了作者在"文学与社会"的关系问题上的潜在立场。

毋庸赘言，文艺作品与社会经济基础以及其他上层建筑之间关系密切，但社会经济基础与上层建筑之间不是只有一种简单的"机械因果关系"；文艺作品是一个被创造出来的整体，它不能被肢解为作者、主人公、故事情境等构成要素。把精力分散在肤浅地理解的偶然经验中，隐没在毫无意义的细节荒漠中，是实证主义者与庸俗的艺术社会学常犯的错误。经济基础的、认知的与伦理的因素并不直接反映在文学作品中，而是通过意识形态的氛围，作为文学描写的对象时才会得以呈现。正如巴赫金所言，"人的生活，作为一定的行为、事件或感受的总和，只有通过意识形态环境的棱镜，只有赋予它具体的意识形态的内容，才能成为情节、本事、主题、母题，还没有经过意识形态折射的所谓原生现实，是不可能进到文学的内容中去的"②。

按照前述民间文艺学的理论，任何个体的、孤立的人是无法创造意识形态的，意识形态的创作以及对它的理解只有在社会交往中才能实现。作品并不是在作者的心里，而是在与他人的交往中展开的；主人公的话语的意义并不是内在固有的，而是在与其他人物、作者以及听众的交往中生成的。换句话说，一切讲述行为——无论是口头的还是书面的——都是"我与你"之间交流的产物。

按照这一逻辑，《柳毅传》即李朝威、薛嘏、柳毅等人物以及听众之间交流的产物；他们的社会等级关系决定着他们之间的交际形式、交谈的内容以及交流的话题。从文本整体上来说，这是一场在上述人物之间展开的意识的游戏。透过这种意识的折射，社会文化生活可以反映在作品当中。③

首先，陇西李朝威与京畿令薛嘏"虽不知是否实有其人"，但正如冯沅君

---

① 赵世瑜.唐传奇《柳毅传》的历史人类学解读[J].民俗研究，2021（1）：53-64.
② 巴赫金.巴赫金全集 第二卷[M].李辉凡，张捷，张杰，等译.石家庄：河北教育出版社，2009：124.
③ 罗烨.新编醉翁谈录[M].宋刻本.罗烨把柳毅事定位为"神仙嘉会"，且故事止于"开元中，上方属意神仙之事，精索道术，毅不自安，遂与妻归于洞庭，莫知其迹"。

先生所言，"唐代传奇的作者多是唐科举制度所造就的人才"①，陇西李家是唐代望族，加上李朝威又与京畿令薛嘏有交往，而"嘏常以是事告于人世"，且"嘏咏而不载，独可邻其境"。联系前文所述唐代文人士子的"文学沙龙"，可以推测：至少在文本层面建构的关系网络中，陇西李朝威与京畿令薛嘏都是文人士子，都是科举制度造就的人才。"京畿令薛嘏"还应该是科举得意者，否则他不可能被委以重任。文本中李朝威与薛嘏的关系设置，符合前述唐人"宵话征异"的一般模式。

文中"京畿令薛嘏"是故事的讲述者，是故事中主要人物柳毅的表弟。二者的人物关系与命运对照是文本有意要凸显的内容：一为京畿令，一为落第儒生；前者是谪官，后者为神仙；前者"落魄人世"，后者优游仙境；前者毛发已黄，后者容颜益少。薛嘏自述上述情况，并且接受表哥馈赠的神药，听从其"无久居人世以自苦"的叮嘱，最后果然绝迹人世。李朝威叙述此事，无非是要在对比关系中贬抑人世生活的穷达荣辱，推崇神仙世界的无苦无恙，这显然是儒教与道教价值观之间的潜在对话。然而，故事一开始介绍柳毅时，说他"应举下第"，又恰恰反映出追求功名是社会风尚。而且，柳毅的言行举止显然就是儒者的化身，只是在故事终了的时候，他才变成一位修道者，而且俨然是神仙形象了②。在某种意义上，把这一对比解释为科场失意者的白日梦或者自我宽慰③，也不无道理。

文本叙述者李朝威、故事讲述者薛嘏以及本事的主人公柳毅之间的相互关系，为全文设定了阐释的框架。因为《柳毅传》开篇为"唐仪凤中，有儒生柳毅者，应举下第，将还湘滨"的话，这显然不是故事讲述者薛嘏的口吻，而是叙述者李朝威的口吻，因此，《柳毅传》应该被视为叙述者与主人公之间的对话关系，即作为叙述者的李朝威与作为故事人物的柳毅、龙女、武夫、洞庭君、钱塘君、洞庭君夫人等之间的关系，以及故事人物之间的对话关系。而李朝威依托薛嘏的讲述创作文本就成为虚设的套路，没有实际的叙事功能。在这里，"叙事"完全取代了"故事"的位置，李朝威与薛嘏形同一人。他们

---

① 冯沅君.唐代传奇作者身份的估计[J].文讯，1948（4）.
② 俞钢.唐代文言小说与科举制度[D].上海：上海师范大学，2004.
③ 白化文.三生石上旧精魂——中国古代小说与宗教[M].北京：北京出版社，2005：89.

作为现实世界的人，区别于传奇世界里的人，也区别于处于临界点上的柳毅。

在故事的世界里，叙述者把人物置于一个传奇的时空中，在这里，主人公的形象没有变化，变化的只是他的命运。主人公在传奇故事中是一个常数，而所有其他的因素，比如空间环境、社会地位、命运则是变数。换言之，主人公的恒定性和内部静止性是传奇小说发展的前提。这就决定了主人公对于时间缺乏意识，而对于空间则有一种抽象的膜拜情绪。传奇时间需要一种抽象的空间上的离散性，情节要求克服空间的障碍；空间取决于偶然性的需要，并不作为构成因素而进入事件。在传奇小说中，空间地点仅仅是抽象而粗略的空洞的场所，具有可移易性。总之，传奇的时间与空间只取决于"机遇"，任何具体化（地域、经济、社会政治、生活习俗等）都会束缚传奇的自由和随意，会限制"机遇"的绝对权力。在主人公的传奇时间中，他漫游他者的世界，历险并接受考验。这些经历并不会影响他的性格，时间因素在他身上并不起作用，也就是说，传奇时间并不具有质感，而只是一系列短暂的奇遇时光。

所以，柳毅与龙女之间的"偶遇"，意味着非理性力量干预人类生活的一种特殊时间的内在需要。柳毅说"似有命者"，正是命运、天神的干预促成了偶然性的设置，全部的主动性掌握在这一非理性的力量手里，主人公的历史命运在时间之外的空白处。但这种偶然性又不是一般意义上的偶然性，而是一种具有主动精神的偶然性，因为幸运之神显然只光顾那些有准备的人（比如儒者的代表柳毅）。

柳毅与其他故事人物之间的话语交流凸显了柳毅的儒生本色，除主人公自白"吾义夫也"之外，作为叙述者的作者也清楚表达了"愚义之"的话。故事中其他人物，比如洞庭君说他"公乃陌上人也，而能急之"；钱塘君称他"赖明君之信义昭彰"；龙女则称"知君无重色之心"等。总之，柳毅为龙女传书全是出于"信义"使然，但是他信守诺言，深入龙宫非有大勇不可；与武夫交接，则于细微中见其智慧；在龙宫接受宴请，非知书达礼者莫办，并且，这一切行为又以"自然无伪"而终始。无论是在泾阳之野偶遇龙女，还是在洞庭水府交接水族，或是在徙家金陵后与龙女成婚，柳毅的性格并没有变化。与人物的固定不变相对，地理空间却按照传奇时间的偶然性安排，其中，泾阳之野与洞庭水府都是"他者的世界"，表面上看是固定的地点，实质上其固定性仅体现在名称上，却并没有本质的、内在的属性特征①，它们明显代表着非日常的世界。叙述者着意渲染这种非常空间的"异己性"。显然，这并非主人公所熟悉的世界，并非现实生活中的地点，而且这种具有博物馆特点与异国风情特征的空间具有可移易性，只是为了给传奇人物的历险提供背景。

传奇人物、时间与空间的特殊性说明："偶遇"这个话题绝不是叙述者个人的臆想，也不是讲述者偶然间对本事的讲述，而是叙述者所属的那个社会群体共同感兴趣的内容。传奇的主人公也绝非社会典型，而只是社会典型的意识形态的折射；柳毅根本不能被当作真实的落第秀才来看待，而是一般知识分子的社会意识中意识形态的象征（比如士子们上升通道狭窄，难于出人头地），这种意识形态要素基本上是伦理的②与心理的③，在某种程度上也是哲学的④。如果真的去研究当时的社会经济史、制度史与科举史，研究历史上落第秀才的相关材料，那将会是一种无直接关系的、几乎是无关痛痒的努力。⑤因此，它只能是一种文学叙事，是作者李朝威借柳毅这个主人公的故事来与他同时代的人交往，他通过标举主人公象征的"信义"的无价，宣扬"受人滴水之恩，当以涌泉相报"的思想。信守儒家教条（仁、义、礼、智、信）

---

① 湘滨、泾阳、洞庭、钱塘、金陵、吴、楚、京畿、南海等地名，均不可作为实际地名来看待，在传奇中使用这些地名，更多地是利用了时人信仰中的"地理膜拜"。比如，"洞庭"在神话传说中乃是洞天府地。有关"洞庭"在中国宗教文化中的地位，参见李小龙. 何处是洞庭:《洞庭灵姻传》的小说史语境及道教洞天观念[J]. 中华文史论丛，2020（2）：375-395.
② 于天池. 说《柳毅传》[J]. 北京师范大学学报，1989（5）：105-110."千百年来，人们提起《柳毅传》，往往把它看作人神恋爱的神话、一个书生与龙女的美丽动人的爱情故事，实际并非如此，起码这不是作者创作《柳毅传》的本意。按照我的理解，《柳毅传》所表达的乃是儒家的伦理观念信义与道家的长生不老理想的混合体，所体现的乃是唐代士大夫一般的人生价值观念。而爱情的悲欢离合不过是作者表现它们的美丽的结构而已。"
③ 周承铭. 重新评估《柳毅传》的思想价值[J]. 江西教育学院学报（社会科学），1993（1）：32-37. 作者认为柳毅与龙女之间的关系并非爱情。
④ 俞钢. 唐代文言小说与科举制度[D]. 上海：上海师范大学，2004.
⑤ 林建. 龙与《柳毅传》和《张生煮海》[J]. 中山大学学报（哲学社会科学版），1987（1）：110-114. 作者在论文中批评了1976年3月18日《文汇报》上孙鹊发表的《柳毅何处传书?》中的观点："仔细考证柳毅的籍贯、生平、生活活动范围等，人们可以发现柳毅太湖传书的可能性较大，而洞庭湖传书，根据似乎不足。"总之，试图从实证的角度研究传奇的学者人数众多且向不乏人。

的主人公，不期然而然地、一劳永逸地解决了婚姻、财富以及长生久视等三个方面的人生问题，成功摆脱了俗世人生的一切烦扰。

故事中人物之间的交往则是上述"意识形态"的具体展开：叙述者一边描绘，一边评论，从而在叙述者与人物之间构成了对话关系；在另一层面上，人物之间相互应答交流，构成另一种对话关系。

柳毅偶遇龙女于泾阳之野，对于殊色女子牧羊一事"怪视之"，对于其家庭遭遇义愤填膺，但是，对于她作为"龙女龙妻"的异类身份以及龙女之"闻君将还吴"的神通竟不觉惊诧；他转而询问进入水府的法术以及有关牧羊何所用的问题。显然，无论是叙述者还是柳毅，似乎都没有显示出"人与龙"之间有任何交往隔膜的迹象，但同时又意识到二者分属异域的事实。既至洞庭，受到洞庭武夫的迎迓，柳毅一方面"不告其实"，另一方面又问题不断，这"答"与"不答"，微妙地表现了人物之间的等级关系。也正是通过武夫的介绍，叙述者面向柳毅与读者陈述了"人与龙""水与火"既相亲近又不相同的人际观念。洞庭水府中发生的故事是全文的重点，洞庭君温文知礼，钱塘君疾恶如仇，两位龙君对柳毅感恩戴德，龙宫上下敬之如上宾。其间，作者叙述了钱塘君震怒救龙女，飞升九天，纵横南北的勇武行为，又铺叙了豪华宴会上吟诗作对、载歌载舞、宴饮酬宾的欢乐场景，还呈现了钱塘君以势胁迫柳毅，而柳毅临危不惧，据理抗辩的冲突场面。最后，洞庭夫人出面酬答柳毅，水府上下俱以金钱表达感恩之情。这里，宾主、兄弟、夫妇、主仆、朋友、父女之间的人际关系一应俱全，围绕着信守诺言与知恩图报的精神主线，交往双方充分展演了恰当的"礼"数，并对不合"礼"数的行为进行了批评。故事中，柳毅是改变龙女命运的重要人物。虽然钱塘君亲自解救了龙女，但当他威逼柳毅，以威加人，有违礼法时，柳毅毫不妥协地怒斥了他，维护了"礼"的周全。正是在这里，柳毅说出"江河灵类"的话，潜在地表达了他对龙族的鄙视。除此之外，人物之间的交往都是恰如其分地"演礼"而已。

关于故事中人物之间的社会关系，似乎只有龙女对于自己"龙"的身份深感自卑，她自陈曰，"勿以他类，遂为无心"。柳毅则在盛怒之下不经意间表达了对龙族的鄙视。而叙述者对于龙族的鄙夷态度却是明显的，他说，"人，裸也，移信鳞虫"。除此之外，故事人物之间似乎并未表露出这种不平等的关系。赵世瑜教授认为，"这场'灵姻'是不同族群间通婚的隐喻"，具体来说，就是"水上人与岸上人"之间的社会关系的投射。但是，联系唐代门阀制度的历史事实来看，这种不平等的人物关系似乎更有可能与唐代科举士子以娶五姓（李、王、郑、卢、崔）女为婚的心态有关。① 当时的文人士子深受门户观念的影响，渴望与高门显族的女子缔结婚姻，目的是借此博得名望禄位。陈寅恪先生指出，唐代士大夫"婚姻苟不结高门第，则其政治地位、社会阶级，即因之而低降沦落"②。显然，唐代的贵族不愿意与卑姓为婚，一般士人也把未娶到五姓女当作人生憾事③，而理想的选择当然是"男女二姓，俱为豪族"了。

事实上，在唐代文言小说中，除了前述的"李（朝威）"姓外，"柳（毅）、薛（嘏）"等"郡姓"都是地方性的高门大户，在讲究"门地相埒"的唐代，故事人物的姓氏安排绝不会是偶然的。况且，"综观现留存的唐代文言小说，其中塑造的大多数人物形象，不出李、王、郑、卢、崔五姓以及部分其他郡姓"④。《柳毅传》里，在柳毅"鳏旷多感，或谋新匹"之际，媒人向他介绍卢氏女时，不仅突出其来自范阳卢氏高门，而且突出其母亲出自郑氏高门，这明显是在强调"门当户对"；柳毅闻听之后，则似乎毫不犹豫地"卜日就礼"，最终这桩"郎德女貌"的婚姻让"金陵之士，莫不健仰"。在强调娶五姓女的唐代，金陵之士所健仰者何？莫非就是"男女二姓，俱为豪族"？柳毅安慰龙女时说，"今日君卢氏也，又家于人间"，可见此时的"卢氏女"本质上已非昔日的"龙女"，尽管柳毅"深觉类于龙女"，可事实上卢氏女在柳毅的心目中占有与龙女绝不相同的位置。在潜文本的层面上，也许"门当户对"才是柳毅之婚姻选择前后差异的关键，而龙女的自卑感很大程度上可能是豪族出身的作者与主人公对卑姓出身的龙女的鄙视态度的反射。柳毅与卢氏女"俱为豪族"的婚姻关系带给柳毅的远不只是金钱、子嗣（潜在意义上的"性"），更重要的是长视久听。龙女说，"夫龙寿万岁，今与君同之，水陆无往不适，君不以为妄也"，这种夸张的"结果"明显是对其"原因"之重要性的强调。

---

① 俞钢.唐代文言小说与科举制度[D].上海：上海师范大学，2004.
② 陈寅恪.元白诗笺证稿[M].北京：生活·读书·新知三联书店，2001：86.
③ 王妍.试述古代小说中龙女形象的发展演变[J].理论界，2011（10）：119-120.
④ 俞钢.唐代文言小说与科举制度[D].上海：上海师范大学，2004.

在某种意义上，如果李朝威也像柳毅一样仕途失意，那么，《柳毅传》还可以被理解为一种失意的文人士子妄图通过婚姻关系出人头地的狂想，他们希望通过传奇世界的丰足来弥补生活世界的"匮乏"，故事的讲述变成一种集体性的心理补偿行为。最可嗟叹的是，他们还要把这种狂想设计为一种"他者"（龙女）的投怀送抱，而"他者"之所以固执地要投怀送抱的唯一理由，就是他们的儒者身份以及这一身份所蕴含的，可能的或者实际的行为。这样一来，失意的文人士子的幸福人生就只好全部依赖于"偶遇"，而传奇是"偶遇"的主题得以充分表达的最重要的文学类型。

五

在传奇类型的总体框架之内，叙述者自然会辗转挪用一些"前文本"，从而与前文本构成互文性的关系，比如，有关"龙女报恩"的故事，季羡林、白化文等人早已经追溯到佛教龙女的故事中去了。① 而"人神传书"的故事也有相当久远的传统②，比如俞樾先生很早就发现了这一点，他说：

> 水经溱水篇注云：溱水又西南迳中宿县，其处隘，名之为观歧，晋中朝时县人有使者至洛，事讫将还，忽有一人寄其书云："吾家在观歧前，石间悬藤，即其处也。但扣藤，自当有人取之。"使者谨依其言，果有二人出外取书，并延入水府，衣不沾濡。③

俞樾先生注曰：

> 按渭水篇注引春秋后传，载华山君使托郑容致书镐池君，言过

---

① 季羡林.论释迦牟尼［J］.世界宗教研究，1982（2）.白化文；三生石上旧精魂——中国古代小说与宗教［M］.北京：北京出版社，2005：89. 季、白两位先生都强调佛教与商人之间的密切关系，但此"商人"非赵世瑜所指的太湖"商人"。
② 赵世瑜.唐传奇《柳毅传》的历史人类学解读［J］.民俗研究，2021（1）：53-64.
③ 俞樾.茶香室丛钞 卷十五［M］.北京：中华书局，1995：343-344.

镐池，见大梓下有文石，取以款列梓，当有应者。郑容至镐池，见一梓，下果有文石，取以款梓，应曰诺，郑容如睡，觉而见宫阙若王者之居焉。款梓、扣藤，其事相类，而唐人小说载柳毅致书洞庭事，亦曰洞庭之阴有大橘树焉，扣树三发，当有应者。可知古来小说，皆转展沿袭而来，世人不博览，则但诧其奇怪耳。①

除了"人神传书"的情节外，钱塘君复仇场景也并非李朝威首创，《太平广记·濛阳湫》记录了彭州濛阳县一湫龙与当地西山慈母池龙为婚时，"雷雨冥晦，狂风拔树""须臾雷电之势止于湫上，倏然而霁，天无纤云"的景象，又叙及云安县小汤溪溪龙与云安溪龙为亲的类似景象，作者最后说，"有柳毅洞庭之事与此相符"②。

至于将泾阳、洞庭、钱塘作为"龙族府第"与"神仙洞天"的传统意象，也是古已有之。《太平广记·灵应传》中，神女九娘子便说："妾家族望，海内咸知。只如彭蠡洞庭，皆外祖也。陵水罗水，皆中表也。内外昆季，百有余人。散居吴越之间，各有地土。咸京八水，半是宗亲。……顷者，泾阳君与洞庭外祖世为姻戚，后以琴瑟不调，弃掷少妇，遭钱塘之一怒，伤生害稼，怀山襄陵。泾水穷鳞。寻毙外祖之牙齿。今泾上车轮马迹犹在，史传具存，固非谬也。"③所谓"史传具存"，当即指《柳毅传》而言。此处所谓"彭蠡、洞庭、泾阳与钱塘"，绝不可以实指来理解。

明代《橘浦传奇叙》中有这样的话：

> 夫吴楚相去数千里，而吾郡中有柳毅桥、柳毅祠，洞庭山有橘社，无非因楚之洞庭而传，吴之洞庭山以讹传讹，好事者诧为龙宫异迹，神仙姻眷云耳，何必问其有无哉？④

---

① 俞樾.茶香室丛钞 卷十五[M].北京：中华书局，1995：344.
② 李昉.太平广记[M].民国影印嘉靖谈恺刻本.
③ 李昉.太平广记[M].民国影印嘉靖谈恺刻本.
④ 许自昌.橘浦记·橘浦传奇叙[M].日本影印明刊本.

由此可见，早在明代即有人深知《柳毅传》乃是传奇故事，因此劝人不必问其有无，但"好事者"向不乏人，《太平广记·萧旷》叙及太和处士萧旷在洛水河畔，夜遇洛浦神女与织绡娘子：

> 旷因语织绡曰，近日人世或传柳毅灵姻之事，有之乎？女曰：十得其四五尔，余皆饰词，不可惑也。①

织绡娘子劝人"不可惑也"，然而"真假掺半"的说法仍然持久地诱惑着后人，随着柳毅桥、柳毅祠、柳毅庙的修建，这一传奇被附加了更多的内容，清人褚人获在《坚瓠集·柳毅井》中写道："洞庭东山有井，云是当年柳毅时所凿，周回橘树参差，月夜常见龙女与毅双偕出游。天启辛酉，田子蓺与王子同游，酒酣赋诗云，'橘花垂荫碧栏干，此地曾经柳毅传，卿亦有书吾肯寄，辘轳肠断碧丝烟'。"② 这是后人依据唐人传奇发明新传统的故事，它属于另外一个问题了，兹不论及。③

总之，民间文艺学研究"故事讲述"，特别强调故事讲述者及听众之间的交流关系，认为两者之间特定的交流关系影响着特定话语类型的选择与意义。唐代传奇大多是在"宵话征异"的基础上创作出来的，其中包含着"谈怪"与"志怪"、口头讲述与书面创作两个过程。这两个过程涉及故事人物之间、讲述者与听众、叙述者与读者等三个层面的交流关系。民间文艺学从"话语交流"的角度来理解传奇，强调文本之"类型与讲述（表演）"的互动关系，似乎也是历史人类学之外的某种新的"研究路径"。

---

① 李昉.太平广记[M].民国影印嘉靖谈恺刻本.
② 褚人获.坚瓠集[M].清康熙刻本.
③ 顾颉刚.柳毅传说与遗迹[J].史林，1979（1）.顾先生说："传说变迁，类皆若是，柳毅传说其一端也。"他猜测，李朝威之所以莫衷一是，可能是基于范成大《吴郡志·卷十五》的记载，即（吴中洞庭西山有灵威丈人洞）"有宫五门，东通林屋，西达峨嵋，南接罗浮，北连岱岳"。

复杂类型及其表演*
——以打哑谜的故事（AT924）为例

"类型（Genre）"是民间文学研究领域的核心概念之一，具体指的是神话、传说、故事、歌谣等民间文学形式。在早期研究者的观念中，这些民间文学类型不同于精英文学类型，即区别于文人创作的诗歌、散文、戏剧、小说等。民间文学的诸类型具有集体创作性、口头性、传承性、变异性等特征，这使其区别于精英文学作品的个体创作性、书面性、稳定性、同一性等特征。因此，它们被看作特殊的文学现象，为正在形成中的民间文学学科提供了特殊的材料来源。自19世纪中叶以来，英国的神话与仪式学派、德国的文化传播学派、芬兰的历史地理学派以及苏联的形式分析学派（特别是以普罗普的故事形态学为代表）等，针对这些民间文学类型或者是其中某些亚类型，分别提出了独特的研究方法与理论观点。从某种意义上说，早期的民间文学研究正是通过"类型"这一概念，成功地确立了民间文学作为一门新学科的独立地位。

民间文学研究者把"类型"当作一种"理想型"范式，这是一种被研究者建构出来的具有理想化特征的民间文学形态，因此，它是一个被用于分类的概念工具。这一概念工具既不会完全符合个别文本的特征，也不能摆脱自身从地方性概念上升为普遍性概念的原始局限性。与文学学派民俗学者"理想型"的类型观不同，人类学派民俗学者强调，在承认"类型"作为普遍的分析性概念工具的同时，研究者还应该在现象学的意义上，关注地方讲述中

---

* 本文原载于《民俗研究》2023年第4期，收入本书时有改动。

的分类性概念。这种分类性概念服务于特定区域人们人际交流的需要，却未必符合学术界通用的分类标准。换句话说，作为一个分析性概念，民间文学的"类型"是一种服务于学术语境的、客观的概念体系；而作为一个本土性概念，它又是一种服务于日常交流语境的、主观的语言体系。①

与此同时，民俗学者发现，"类型"既是一种普遍性存在，又是一种历史性存在。既提供一套稳定的思维框架，又服从于发展演变的历史规则；既具有持久地建构思维的功能，又具有灵活地应对即时情境的交际功能；既包括比较稳定的、作为人际交流的构造单元的"简单类型"，也包括千差万别的、作为具体的交流事件的"复杂类型"。从学科发展的历史来看，民间文学研究者倾向于静态地分析"简单类型"的结构特征。为了实现学科专业化发展的目的，民间文学研究者不惮其烦地条分缕析，试图更加清晰地定义"类型"的本质特征，然而部分民俗学者已经发现，从多变的分类标准出发，面对一个模糊不清、变动不居的材料总体，任何试图作出清晰分类的学术工作都是一件十分困难的事情。

面对这样一个十分棘手却又不能轻易抛弃的概念，民俗学的表演研究不再把它作为一个分类的概念，而是把它作为一个交流行为中的实践性概念；不再界定与描述"类型"之稳定的形式特征，而是描述与分析"类型"在交流行为中，是如何被参与者作为协商与斗争的手段而应用的②。在这一研究范式的指导下，本文试图通过"打哑谜的故事（AT924）"来具体应用这一研究方法，描述日常生活中"类型"模糊化的趋势，揭示"复杂类型"在表演实践中的形式、意义与功能，展示表演研究在深入而全面地理解日常交流活动上的学术潜力。

一、复杂类型与模糊类型

一百多年来，国际民间文学研究者前赴后继，在类型研究领域积累了丰

---

① BEN-AMOS D. Folklore genres [M]. Austin：University Of Texas Press，1976：225.
② HARRIS T. Genre [J]. Journal of American folklore，1995（430）：526-527.

厚的研究成果。比如,安蒂·阿尔奈与史蒂斯·汤普森编著的《民间故事类型:分类与目录》,就是国际民间故事研究领域的经典成果,是民间故事研究的必备工具书。2004年,汉斯-乔格·乌瑟编著的《国际民间故事类型:分类与目录》对它进行了完善,在基本遵循其分类模式的前提下,扩大了材料的范围,使它变得更丰富、更详细——然而,正如阿兰·邓迪斯评价的那样,"还不曾有一个类型被彻底地定义过"①。

"还不曾有一个类型被彻底地定义过",究其原因,一方面,是"分析性类型"本身有一个细致化程度的问题,即在多大程度上算是"彻底"的问题;另一方面,如果是作为"本土性类型",那么如前所述,本土使用者并不关心那些类型概念如何被彻底地定义,而是关心在日常交流中如何娴熟地使用它们,如何通过恰当的使用,达到理想的交际目的。

事实上,转向关注日常交流中的"类型"的民俗学,已经从根本上改变了民间文学的学术传统。具体来说,这至少体现在如下三个方面:

第一,它扩展了使用民间类型的主体范围。自从阿兰·邓迪斯重新定义了"民"的指涉对象之后,国际民俗学界逐渐打破了学科传统上关注的对象群体,即从传统上稍嫌狭隘的对象群体,扩展到任何共享某种文化传统的小群体。"民"的指涉范围在理论上获得了更新与扩展。非常明显,任何小群体,即便是精英群体,即使他们以文字作为最主要的交流方式,也会继承、传播、使用乃至创造民间文学的类型。意识到这一点,民俗学就不会自我设限,不会只关注特定的社会群体。

第二,它扩展了民间文学类型的材料范围。众所周知,"民间文学(Folk literature)"这一概念,就是相对于"文学(Literature)"的概念被提出来的。早期的民间文学研究者不加反思地直接去搜集和转录那些口头传播的"民间的文学形式",这一"对比式"的思维模式,虽然为早期民俗学者自证其学术身份的合法性提供了捷径,却也为他们制造了难以摆脱的思维牢笼。他们在描述与界定民间文学之可与经典文学相比俦的形式与内容特征时,严重地忽

---

① DUNDES A. Texture, text, and context [J]. Southern folklore quarterly, 1964 (28): 252.

视了民间文学的口头性与交际性的特征。民间文学在获得现代学科地位的同时,又不得不接受一种从属性学科地位的宿命。当表演研究者开始主张使用"口头艺术(Verbal arts)"取代"民间文学"时,意味着新时期的民俗学注意到它所关注的研究对象的多媒介性(不只是口头性),由此自反性地意识到民俗学传统的"文字中心主义",意识到被这种"文字中心主义"所遮蔽的本土类型的丰富性与复杂性,意识到作为分类性概念的"类型"研究的局限性。表演研究者认为:在日常生活中,口头讲述的"类型"的边界是模糊的,不同的类型经常混杂在一起,许多口头讲述形式无法被命名,无法被生硬地归并到既有的分类框架中;此外,随着新媒介技术的发展,传统的民间文学类型又被创造性地传承与创新了,因此,他们认为,应该在日常生活中来理解小群体应用讲述的类型开展社会实践的整体过程。

第三,它转变了民俗学的研究范式。既然类型不限于分析性地区分出来的静态模式,而是宽泛地涵盖日常生活中被混杂地应用的各种讲述模式,那么新民俗学的研究焦点就自然地从文本转向了表演,转向了表演行为与事件中类型的稳定性与变异性的具体关系,转向了表演者的责任与听众的义务之间的复杂关系。在全球化与信息化时代,人类的空间移动变得越来越容易,也越来越频繁,新媒介技术广泛地渗入民众的日常生活,信息的传播与交流更加便捷,也更加迅速。任何传统意义上为小群体所共享的生活知识、行为方式乃至身体姿势都在经历着巨大的变化与重组,群体的交流与文化的混杂现象越来越普遍;一国之内,多人种、多民族、多阶层、多文化的融合现象越来越普遍。与之相适应,民众与民俗学家都在创造性地适应新现象与新技术,应用新媒介记录与传承的民俗知识已经成为新民俗学不得不面对的新现象。民众既用数码技术记录生活,也通过数码技术传承、传播甚至改造生活。民众的生老病死、节日与仪式、吃穿住行等都被记录在新媒体中,这就构成了"全球化时代新媒介语境下的新民俗"。这种多元混杂的、媒介化的新民俗材料,既是对日常生活(尤其是对节日仪式与庆典)的影像记录,又是对这种生活传统的媒介化讲述,还是民众对自身日常生活的艺术性呈现。

从日常生活的视角来看,传统上孤立地、静态地分类与界定"类型"的工作，已经明显地变得不合时宜，因为它从根本上忽视了民俗类型在生活交往过程中的多维性、复杂性与模糊性。"复杂类型"意味着不同的类型相互依赖，不可分割，从类型之间复杂的互文性关系出发，去理解小群体民众的讲述行为，是理解口头艺术与民众生活的新视角；"模糊类型"意味着类型之间的边界并不是可以清晰地截然区分的，而是犬牙交错、重叠互渗的。日常交流行为中不同的符号体系——口头的、文字的、图像的、数码的与身体语言的——相辅相成，共同构成了一个完整的交流行为与事件。任何类型的综合应用，都服务于讲述者与听众之间即时互动的需要，在这个意义上，"类型"并不像是一个容器，而更像是一块被争夺的场地。通过这一被改变了的类型观念，民俗学的表演研究转而关注民众利用"类型"进行日常交流的复杂过程，探讨人类通过讲述行为所传达的"元交流"层次的观念。

二、打哑谜的故事（AT924）

"打哑谜的故事"就是一种典型的"复杂类型"，它是谜语与故事两种类型的混合体，还明显带有笑话的类型特征。在 AT 分类法中，它属于"AT924（用手势语言讨论）"，被看作民间故事类型的亚类型"一般的民间故事"的子类型"聪明的言行（AT920-929）"中的一种，其内容梗概如下：

"两个人（国王与牧羊人、神父与犹太人、罗马人与希腊人、士兵与艺术家）用手势语言展开了一场对话（争论），由于错误地解释手势符号，他们误解了对方。"① 史蒂斯·汤普森区分了"AT924A 式"与"AT924B 式"两个亚类型。"AT924A 式"被称为"神父与犹太人通过符号进行讨论"。比如，神父伸出三根手指代表"三位一体"，犹太人举起手臂代表"只有一个上帝"；而"AT924B 式"被称为"被误解的手势语"。比如，国王与牧羊人有一场争论，国王伸出一个手指，牧羊人伸出两个手指，国王伸出三个，诸如此类。国王

---

① HANS-JIRG U. The types of international folktales: a classification and bibliography: based on the system of antti aarne and stith thompson [M]. Helsinki: Suomalainen Tiedeakatemia. 2004（284）: 557.

承认他输了。国王的一个手指意味着"我是唯一有权力的人",而牧羊人以为国王是向他索要一只羊,于是举起了两个手指,意味着他愿意献给国王两只羊。而国王以为他举两个手指,是想说"上帝与你拥有同样的权力",如此等等。①事实上,"AT924A式"与"AT924B式"的区分性特征并不十分明显,汉斯-乔格·乌瑟在修订类型索引的时候,就没有再对二者进行区分。

在中国,丁乃通把"AT924A式"称为"僧侣与商人用手势讨论问题",把"AT924B式"称为"以手势代语言而被人误解"②。从表面上看起来,丁氏区分的"AT924B式"似乎更接近国际通行的类型模式,但事实上,从他介绍的简单情节来看,恰好是他定义的"AT924A式"更为典型。金荣华则认为,丁氏描述的"AT924A式"更接近于"AT1660A式",他称之为"比手画脚会错意"③,而他没有提及"AT924B式"。从以上诸多"索引"工具书中提供的信息来看,"AT924式"在全世界流行与分布的区域十分广泛。

中国人习惯上把"AT924式"谜语故事称为"打哑谜的故事",其中最流行的版本,当属有关《三国演义》中张飞与诸葛亮之间打哑谜的故事,当然还有其他许多异文。本文将集中讨论一个含有"打哑谜的故事"的单口相声《山东斗法》,许多相声表演艺术家都表演过这一故事。其中,刘宝瑞、常连安、郭德纲的表演都有录音资料,而马季与苗阜等人的表演则有录像资料可供欣赏。之前,刘宝瑞的表演还被记录成书籍出版④,其他同一类型的异文故事也在各种报刊中广泛传播。

单口相声《山东斗法》具有广义上民间故事的典型特征——事实上,有

---

① STITH T. The types of the folktale [M]. Helsinki: Suomalainen Tiedeakatemia, 1961 (184): 322–323.
② 丁乃通. 中国民间故事类型索引 [M]. 郑建成,李倞,商孟可,等译. 北京:中国民间文艺出版社,1986:294–296.
③ 金荣华. 中国民间故事集成类型索引(一)[Z]. 台湾:"中国口传文学学会",1991:74,130.
④ 刘宝瑞. 刘宝瑞表演单口相声选 [M]. 北京:中国曲艺出版社,1983:13–24.

的表演者认为它是一则传说①。比如，故事一开始就说，"明朝永乐年间，北京前门大街五牌楼……"这是民间故事典型的叙述方式。此外，整个故事按照一个行动的时间序列展开，即琉球国派来老道，要求明朝派人跟他斗法，如不能胜，则由明朝向琉球国称臣纳贡。故事由此建构了一种紧张的结构关系与矛盾冲突：山东登州府人孙德龙乃一屠夫，酒后失智，贸然应征，与琉球国老道斗法并取得胜利。故事开始时建立的失衡关系，最终通过斗法的胜利恢复了平衡。其中的主人公屠夫，是一个普遍地流行于民间故事中的常常会出奇制胜的人物形象。

"打哑谜"这种交际类型，具有对抗性的特征，他要求出谜人与猜谜人双方都具备相应的知识能力与聪明才智，而出谜人与猜谜人作为故事中矛盾的双方，分别展示出高超的互动性技术，使得哑谜成为故事的表达性资源②，从而展示出故事的事件性特征。在《山东斗法》中，屠夫通过打哑谜及其他斗法活动，完成了其命运与地位的逆转，打哑谜任务的完成，对应着故事中人物命运的颠倒，这是传统故事的核心主题。

在这一故事类型内部，有其他口头讲述的类型，即"会打哑谜会念经"以及"会斗法"，而打哑谜、念经、斗法构成了整个故事的核心。故事中，明朝上上下下竟然无人敢接受琉球国老道的挑战，这就为故事主人公预设了一个关乎国家兴亡的行动背景：一个有备而来，号称"会打三十六手哑谜，会念七十多本《金刚经》"，会斗法并敢于以国家称臣纳贡之事作赌注的老道，与一个醉醺醺的、爱抬杠、好吹牛、对于自己的行为及其连带的责任完全无知的屠夫，形成了鲜明的对比，故事就是围绕着屠夫如何在稀里糊涂中打败老道，化解难题展开的。屠夫战胜老道，使故事带上了浓厚的喜剧意味。这

---

① 广义上的"民间故事"包括神话、传说与故事等多种叙事类型，由于这些叙事类型之间的边界并不是十分清晰，因此，本文拟在广义上来使用"民间故事"这一概念。在本文采用的故事类型中，主人公虽然常常被说成是张飞，或者如《山东斗法》中是张德龙，但从故事整体上来看，它想要强调的并不是这个具体的历史人物的特殊身份，而是其作为"屠夫"这一身份的一般性，即底层的、无知识的、无知无畏的人物形象。

② HASAN-ROKEM G, SHULMAN D. Untying the knot: on riddles and other enigmatic modes [M]. Oxford: Oxford University Press. 1996.

也是"单口相声"的表演艺术家把《山东斗法》作为保留节目的主要原因。

屠夫与老道的整个斗法过程包括如下几个部分：首先是二人如何分别登上高台，其次是如何互相打招呼，再次是打哑谜，然后是比法术，最后是下高台。打哑谜只是整个比赛过程中的一个环节。老道是被一阵黑旋风托举到高台上的，而屠夫则是凭借皇帝身边的侍卫的托举，才被抛上高台；老道打了"无量佛"的道号，而屠夫则口呼"好家伙"这一土语；老道打了"无量寿佛"的道号，而屠夫则叫了声"一大堆破烂家伙"；老道用火烧了屠夫的半边头发，而屠夫用钩猪的竿子钩破了老道的嘴；老道最后跌落高台并在皇帝面前认输，而屠夫被人用梯子接下高台并获得皇帝的赏识。

屠夫在上述比拼中之所以会获胜，主要是因为他借酒壮胆，震慑住了老道。他的屠夫身份不仅没有损害他的气势，反而挫败了老道的威风。老道竟然以为他"足踏祥云，从天而降，金光护体，手持八宝如意紫金钩，腰悬百宝囊与翻天印"。在整个斗法的过程中，屠夫成了老道眼中的"谜"，老道基本上没有获得关于屠夫的真实可靠的信息。二人之间的交流行为，完全是一种对所获信息的"错误解码"，是一种"自以为是的阐释"。相声表演者正是通过营造紧张的故事情节，渲染上述对比性故事人物关系中村俗的一方，以出其不意的方式，在欢快的笑声中最后解除了故事情节的紧张氛围。

打哑谜的故事程式把整个《山东斗法》的故事给"谜语化"了，正像故事中皇帝询问老道与屠夫时所疑惑的那样，听众对于斗法的结果也很疑惑，到底是老道胜了还是屠夫胜了呢？按照故事直接展示的内容来看，是屠夫获得了胜利，然而，真的是屠夫胜利了吗？答案也许是开放的。或者正像许多异文呈现的那样，故事的主人公只是分别讲述了自己的理解，他们误解了对方，而只有故事的讲述者与听众才能在更高级的层面上了解整个交流行为。因此，《山东斗法》真正想表达的也许是，老道自以为失败了，而屠夫自以为胜利了。可是，故事的表演者与听众在故事之外想表达与领悟的内容是什么呢？

三、打哑谜与解码哑谜

如上所述,打哑谜,或者说用手势语言进行交流,与其说是一种通过肢体语言进行的交流,不如说是一种由肢体语言造成的不成功的交流。事实上,从老道没有看到屠夫如何上法台、不能理解他喊出的招呼语,到不知道他以何种方法破解了火轮,再到不认识他的钩猪竿,所有故事情节都是围绕"不成功的交流"展开的。在某种意义上,老道与屠夫之间"打哑谜"的故事情节,是对整个《山东斗法》故事的隐喻。它甚至是一种元交流的表达,即"不成功的交流"同样可以达到令人满意的效果。

为了强化这种不成功的交流模式,所有表演者都着意强调屠夫与老道的身份地位,他们共同采用的艺术手段是分别赋予二人不同的讲述方式,即屠夫使用山东登州方言,而老道使用北京官话。不同的语言手段与讲述方式极大地增强了二人分别作为市井小人与番邦高人的形象。在故事叙述与表演的层面,屠夫的村俗形象与老道的懵懂特征被呈现得栩栩如生,这种地位悬殊的不成功的交流,在打哑谜的故事片段中体现得十分集中。而这种各行其是、各自理解的交流行为,在整体的故事表演中被捏合在一起,听众正是在这种叙述的(Narrating)层面上体会与欣赏被叙述(Narrated)的层面上所无法意识到的意义和误会的。

如上所述,在《山东斗法》中,打哑谜的情节片段内含在一个关乎国家命运、责任重大的故事框架中,"打哑谜"采用的符号体系是手势语,而不是口语。从符号学的角度来看,手势语的"所指"具有模糊性,它的意义是不固定的。然而,对于故事中的老道来说,基于他自身的思想逻辑,他认为自己的手势具有特定的意义,而且,他固执地把屠夫回应的手势也基于自己的逻辑,解释成特定的意义。可是,他的手势对于屠夫与听众来说,其实都是一个"谜"。屠夫以自己的方式来理解这些手势,并据此发出手势回应老道。但是对于听众来说,屠夫与老道的手势一样,同样也是"谜"。因此,虽然老道与屠夫都对自己的解释十分确定,并坚定地认为对方也是以同样的方式来理解与交流的，但当他们分别向皇帝解释各自对于"哑谜"的理解时，我们就可以看到三组对于同一哑谜（手势语）的解释了。

在被叙述的事件中，老道与屠夫的当面交锋，只是通过互打哑谜的手势语来进行，故事的表演者也只是通过扮演方式的不同来呈现双方的肢体动作，听众就像被叙述事件现场的观众一样，看到的是比拼双方的肢体语言。在皇帝面前，他们又分别展示了这些肢体动作，在这里，表演者侧重于通过老道与屠夫的肢体动作来展示他们对于这些动作的理解。换言之，表演者在通过老道的角色来表演这些动作时，渗透了老道对动作的理解，这种理解之下的动作自然就区别于屠夫对相关动作的理解，因此，即使是相同的动作，表演者的表演也是不同的。就是说，在表演老道与屠夫视野中的同一个打哑谜动作时，表演者掺杂了自己的理解。

在对"打哑谜"的手势语言的描述上，老道与屠夫之间并没有分歧，即老道伸一个手指头，屠夫伸两个手指头；老道伸三个手指头，屠夫伸五个手指头；老道拍了拍心口，屠夫拍了拍脑袋。差异之处在于，面对同样的手势语言，他们分别作出了不同的解释①，如表1所示。

表1 对手势语言的不同解释

手势语言	老道的解释	屠夫的解释
老道伸一个手指	一佛顶礼	他想买我一口猪
屠夫伸两个手指	二圣护心	买两口猪我也有
老道伸三个手指	三皇治事	他说要个三十来斤的
屠夫伸五个手指	五帝为君	顶少也有五十多斤呀
老道拍了拍心口	佛在心头坐	得带下水（心肝脾肺）
屠夫拍了拍脑袋	头上有青天	连猪头都是你的

---

① BRONNER J, MIEDER W. Contexts of folklore: festschrift for Dan Ben-Amos on his eighty-fifth birthday [M]. NewYork: Peter Lang Publishing, 2019: 47-57. 鲍曼教授也分析了他所搜集到的"AT924式"故事，本文受到了他的分析方法的启示。

非常明显，老道对于手势的阐释与理解，囿于他身处其中的宗教的、哲学的知识与思维范围。这种思维的惯性使他从一开始就把屠夫的言行举止置于他熟悉的知识框架中；而屠夫对于手势的阐释与理解，则始终没有超越他日常生活的、屠宰行业的知识与眼界，这种生活和职业的常识又使他把老道的一切行为都予以生活化、粗鄙化的处理。然而，在表演者以老道和屠夫的身份分别给皇帝解释他们对哑谜的理解时，听众会发现，他们二人在提及自己的手势时是重复性"引述"，而在提及对方的手势时是创造性"表演"；尽管所有故事人物对于作为交流符号的"手势"的描述是相同的，但同样的手势在老道的肢体表演与屠夫的肢体表演中是不同的。比如，同样是"屠夫拍了拍脑袋"的动作，在老道的表演中，动作幅度比较小，看起来比较文雅；而在屠夫的表演中，动作就显得粗暴有力，让人觉得他粗糙而朴实。一方面，表演者通过分别扮演老道与屠夫，向皇帝解释他们对哑谜的理解，以此来叙述故事；另一方面，表演者面向现场听众，通过被他赋予个性化的角色的肢体语言，来实现与听众的现场互动。正是通过口头故事的表演活动，被叙述的事件与叙述性的事件连接在一起。

在被叙述的故事层面，《山东斗法》吸引人之处在于：作为宗主国的大明王朝，曾遭到附属国琉球的挑战，一国之中，竟无一人可以（能够或者愿意）为国分忧（注意故事中提到了文化名人解缙）；而一个来自社会底层、处于半醉半醒状态的屠夫，竟然误打误撞，斗败了琉球派来的最有法力、最为博学的老道。两国之间旧有的结构关系得以维持。这一故事的情节模式非常符合人类学家维克多·特纳所谓"社会戏剧"的一般程式，即"常规社会关系的破坏—出现危机—作出修复性的行为—被扰乱的社会关系得以恢复"[①]。这一故事情节，就是一个从打破结构关系走向恢复结构关系的过程。而老道与屠夫之间斗法的复杂环节，正是修复这一被打破的结构关系的关键。

在相声表演的层面，表演者除了借助于上述故事的经典情节框架之外，

---

① TURNER V. Dramas, fields and metaphors [M]. NewYork: Cornell University Press, 1974: 37-41.

作为一种商业性的口头艺术表演行为，表演者最重要的任务是呈现自身在说、学、逗、唱等技艺上的高超水平。单就《山东斗法》来说，所谓"说"就是清晰而准确地讲述故事的情节脉络，这要求表演者发音准确、吐字清楚，把故事的发展有条不紊地叙述出来；"学"则需要模仿故事中的人物，这在斗法的故事中最为要紧，表演者需要准确又略带夸张地模仿人物，既要模仿他们的语言，又要塑造他们的性格，这是最能展示表演者艺术魅力的地方；"逗"是相声艺术之所以是"相声"的类型特质，《山东斗法》这一谜语故事，原本就蕴含着喜剧的情节张力，相声表演者更是通过他们的表演行为，挖掘并凸显了其中可笑的因素，从而使这个"谜语故事"增加了"笑话"的类型特质，进一步模糊了其作为复杂类型的类型特征。

总之，作为一种口头表演艺术形式，相声表演者与听众之间的艺术性交流，显然并不仅仅局限于对"信息"本身的传递与获取。不同的相声表演者创造性地表演同一段相声，生动地反映了口头艺术的传承性与变异性之间的复杂关系。事实上，从现有的材料来看，他们不仅会改编故事情节本身，还会以个性化的方式塑造人物形象。而在塑造人物形象时，他们除了通过口头叙述介绍故事情节与人物性格之外，还要表演人物的言行举止，以此凸显故事人物在地位与能力方面的差距，展示他们在斗法过程中不成功的交流。也就是说，在表演者与听众之间，人际交流是口头的、手势的、面部表情的等多种媒介、多个维度的综合性交流，"类型"的确为这一人际交流提供了相互理解的框架，但这种"类型"不再是简单的、分析意义上的类型，而是复杂的、交际意义上的类型；在表演的层面上，这些复杂类型的意义并不固定，还可能因为类型的混杂、类型边界的模糊以及多媒介、多信道的信息传递，呈现出不同的甚至是截然相反的意义。《山东斗法》中的"打哑谜"正是这样一种本土讲述的复杂类型，在元符号学的层面上，它似乎说明，人物之间社会地位的悬殊、生活经历的差异、文化教养的不同，并不会隔绝人与人之间的交流，相反，在天悬地隔的人群或个体之间，同样能够"交流"，同样能建构出有趣的故事。

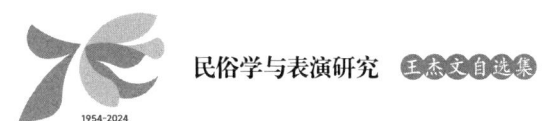

后 记

本书中所收录的 14 篇论文，是笔者十余年之间零星撰写而成的。当初写作这些论文的时候，每篇都是为了讨论一个独立的问题，它们之间并没有什么内在的联系。今天，当我有机会把它们编辑在一起时，我发现它们之间隐约存在着一丝内在的关联，似乎所有这些论文都在围绕着"表演"这一关键词展开。

的确，作为一名民间文艺研究者，我一直都想要更加清楚地了解"表演研究"的前世今生，一方面，我努力在国际民俗学的理论发展史中寻找它的思想渊源；另一方面，我又在跨学科的背景下理解它的复杂图景。可惜我坚韧有余，聪明不足，自知阅读的范围仍然很有限，而对于这有限范围内的相关文献的理解与把握，也仍然十分浅薄，之所以斗胆把这些不成熟的旧文章结集起来出版，主要是为了纪念自己走过的学术历程，如果还能引起某位读者朋友的共鸣或者是批评，那就是不期然而然的惊喜了。

本书中论文发表于《民间文化论坛》《长江大学学报（社会学科版）》《民族艺术》《天津社会科学》《文学评论》《文化遗产》《青海社会科学》《遗产》《民俗研究》《杭州师范大学学报（社会科学版）》等期刊。

在此特别感谢上述学术期刊长期以来对本人的大力支持与鼓励！

张琪舒涵、张浏晗帮助我认真校对了全书的参考文献，统一了脚注格式；张笛编辑认真审阅了全文。真诚地感谢她们的无私帮助！

王杰文
甲辰年正月二十于玉瓶斋